KB206355

『찬집백연경』에서 얻어야 할 가장 소중한 깨달음은 **지금· 여기· 우리**라는 것이 얼마나 소중하고 행복하고 감사한 것인지를 매 순간 잊지 말아야 한다는 점입니다. 우리가 저마다의 삶에 지칠 때 신세 한탄에 빠지기 마련입니다만, 스스로는 깨닫지 못할지라도 지금의 나는 그동안 스스로 쌓아온 무수한 선업을 통해 가능하였음을 『찬집백연경』이 일깨워 줍니다.

찬집백연경
撰集百緣經

월지국 지겸 한역漢譯

제안용하 편역編譯

귀 경 게

그 행위가 모든 세간에 이익을 주는 성자,
부사의(不思議)한 힘을 지닌
최상의 도사(導師)에게 귀의(歸依) 합니다.

그 행이 구족하면서도
출가(出家)하여 무상의 깨달음을 얻은
성자가 공경하는
최상(最上)의 법(法)에 귀의(歸依) 합니다.

계율(戒律)행의 공덕을 갖추고
네 가지 과위에 이르며
무상(無上)의 복전(福田)이 되는
성스러운 승가(僧家)에 귀의(歸依) 합니다.

이 세 가지 보배에 귀의(歸依) 함으로 복(福)이
생기고 그 위력(威力)에 의하여 모든 장애(障碍)
는 끊어졌습니다.

의상대사 일승(一乘) 발원문

한량없는 부처님께 머리숙여 귀의하고
원만하신 팔만장경 귀의정례 하시오며
일체모든 현성전에 삼가귀의 하옵나니.

시작없는 옛적부터 이내몸에 이르도록
탐욕성냄 어리석음 갈마들며 업을짓되
알고짓고 몰라짓고 제스스로 업을짓고
남들에게 보고듣고 따라짓게 했나이다.

지어온바 온갖악업 오무간의 죄를지어
팔만사천 항하사수 모래처럼 많은죄업
삼보전에 머리숙여 모두참회 하옵나니
모든업장 남김없이 소멸하게 하옵소서.

원하오니 임종시에 온갖고통 전혀없이
아미타불 친견하여 극락세계 왕생하고
보현보살 광대행을 모두몸소 성취하여
미래제가 다하도록 중생제도 하여지다.

두루두루 원하오니 법계모든 중생들을
번뇌업장 영원토록 벗어나게 하옵시고
열부처님 보현경지 부지런히 닦고닦아
중생계가 다할때에 모두성불 하여지다.

다만오직 바라오니 세세생생 어디서나
삼도팔난 가운데에 떨어지지 않게하고
선재동자 큰마음을 본받기를 원하오며
문수보살 깊은지혜 닮아가게 하옵소서.

관음보살 크신자비 모두얻기 원하옵고
보현보살 광대원을 닦아가길 원하오며
노사나불 대각열매 증득하기 원하옵고
법계모든 중생들을 제도하기 원합니다.

바라건대 세세생생 태어나는 곳곳마다
그릇중생 앎의세간 행동언어 마음으로
한량없는 여러가지 공양구를 만들어서
동서남북 상하중에 모든세계 가득채워

삼보님께 공양하고 정례불족 하사오며
육도세계 일체류에 두루베풀 겠나이다.
한생각의 티끌로서 한량없는 불사짓고
일체생각 티끌로도 또한그와 같이하리

하나의 악 끊을적에 일체악이 끊어지고
하나의선 이룰적에 일체선이 이뤄지며
끝이없고 한량없는 선지식을 만나뵙고
법문받아 듣사오니 싫고족함 없나이다.

저들모든 선지식이 큰마음을 내시듯이
나와모든 중생들도 한결같이 마음내며
저들모든 선지식이 크신행을 닦으시듯
나와모든 중생들도 한결같이 닦으리다.

넓고크신 보현행을 완벽하게 갖추어서
화장세계 연화계에 생각대로 왕생하여
비로자나 부처님을 몸소만나 뵈온뒤에
너와 나도 우리함께 부처님도 이뤄지다.

나를 다스리는 지혜의 말씀

나의 행복도 나의 불행도 모두 내가 스스로 짓는 것, 결코 남의 탓이 아니니라.
나의 생명이 소중하듯 모든 생명도 소중한 것이니 늘 아끼고 보살펴라.

모든 죄악은 탐욕과 성냄과 어리석음에서 생기는 것, 늘 참고 적은 것으로 만족하라.
웃는 얼굴, 부드럽고 진실된 말로 남을 대하고, 늘 베푸는 마음으로 살아라.

나의 바른 삶이 세상 위한 길임을 깊이 새길 것이며, 나를 아끼듯 부모님을 섬겨라.
웃어른을 공경하고 아랫사람을 사랑할 것이며, 어려운 이웃들에게 따뜻한 정(情)을 베풀어라.

내가 지은 모든 선악(善惡)의 결과는 반드시 내가 받게 되는 것, 순간순간 후회 없이 살아라.
불자(佛子)들이여, 하루 세 번씩 나를 돌아보고, 남을 미워하기 보다는 내가 참회하는 마음으로 생활하라.

들어가는 말

불교 경전은 종종 비유설법을 통하여 은근하고 직관적으로 대중에게 이사무애(理事無礙)한 법진리를 선설(宣說)합니다.

『찬집백연경(撰集百緣經)』은 비유설법 가운데 특히 인연(因緣)에 관한 설법으로 총 10권으로 구성되어 있습니다.

부처님을 위시한 다양한 신분의 존자와 중생(衆生)들의 100가지 인연이야기를 모아 설한 경전으로, 자세히 보면 여기에서도 마찬가지로 나름의 규칙과 방향을 가지고 내용이 구성되어 있음을 확인할 수 있습니다. 그 특징을 말하자면, 인(人) · 물(物) · 사(事) · 리(理)의 측면으로 나눠서 생각해 볼 수 있겠습니다.

"인(人)" 은 곧 인연의 주체들을 말함이니,

『찬집백연경』은 부처님을 위시하여, 보살(菩薩), 벽지불, 성문(聲聞), 비구(比丘), 비구니(比丘尼), 외도(外道), 왕(王), 상인(商人), 도적(盜賊), 천민(賤民), 하늘[天], 독룡(毒龍), 아귀(餓鬼), 축생(畜生) 등 다양한 신분들의 인연을 이야기하고 있습니다.

이러한 인물의 다양성은 불교의 진리를 더욱 생동감 있게 전달합니다.

　　"물(物)" 은 곧 작은 것을 통해서 큰 것을 보는 것이니,

　　우리에게 익숙한 환경과 동식물 등 자연계의 일체 사물을 통해서 비유를 하는 것입니다. 이를 통하여 불교의 윤리사상을 효과적으로 드러나게 합니다. 업력의 과보와 인과의 윤회에 대한 설법을 통하여 선업을 쌓고 악업을 짓지 않음이 궁극적으로 우리에게 얼마나 중요한지를 절실하게 알려줍니다.

　　또한 『찬집백연경』은 우리가 처한 위치를 무량하고 광대무변한 시공간의 좌표상에서 인식하게 함으로써 깊이 있는 통찰을 이끌어 냅니다. 예를 들어, **제1권 보살수기품**에서 부처님은 게으름뱅이 난타를 보고 미소를 띠시면서 3아승기겁이 지난 미래세에 난타가 성불할 것이라고 수기를 하십니다. 그런가 하면 **제9권 성문품**에서는 수만나(須曼那)가 꽃 옷을 입은 채 태어난 이유에 대해 부처님은 91겁 이전의 과거세(過去世)의 공덕 쌓은 인연을 설하십니다.

　　"사(事)" 는 곧 우리가 생활하면서 겪는 제반 관계와 감정을 말하는 것이니, 의식주(衣食住)와 희노애락(喜怒哀樂), 사랑하고 미워하고 정들고 복수하는 등의 애증의 관계, 생로병사(生老病死) 등 생활 가운데 일체의 일들은 어느 것 하나 비유의 대상에 들지 않는 것이 없습니다. 『찬집백연경』에는 부처님의 자비심에 따른 희생에서 영원히 채워지지 않는 굶주림에 고통받는 아귀의

회한에 이르기까지 다양한 행과 감정이 녹아들어 있습니다. 이러한 행과 감정들은 곧 우리 중생들의 애환을 속속들이 대변하는 것이기도 합니다.

"리(理)" 는 곧 정교롭고 깊고 지극히 비밀한 이치를 말합니다. 부처님 말씀 가운데 세상에 대한 비유는 그 논조가 교묘하고 섬세하며, 감동으로 사람의 마음을 움직이게 하며, 심오하고 현묘한 이치로 대중이 즉각적으로 진리를 깨닫게 합니다. 『찬집백연경』에서 100가지 인연이야기를 통하여 우리에게 강조하고자 하는 점을 몇 가지 정리하자면 다음과 같습니다.

첫째, 우리는 자신이 쌓은 행업에 따라 그 과보를 받는다는 인연(因緣)의 법칙에서 벗어날 수 없는 존재임을 확인하게 됩니다. 우리는 보통 기껏해야 백 년의 세월 동안 주어진 이 몸을 영위하는 것에만 집착(執着)하여, 현생(現生)의 순간만이 유일하다 망상하고, 현생의 행업은 목숨이 다하면 아무 의미가 없는 것이라는 착각에 빠집니다. 그러나 『찬집백연경』의 각종 인연설법은 우리의 현재가 곧 까마득히 먼 옛날부터 하나하나 쌓아온 온갖 행업의 소산이며 또한 억겁의 미래를 결정짓는 씨앗임을 일깨웁니다. 또한 우리의 현재가 아무리 천국(天國)과 같은 좋은 상황이든 혹은 지옥(地獄)의 나락과 같은 악한 상황이든, 우리의 행에 따라 그 상황이 영원하지 않다는 것을 설합니다.

둘째, 경전에서 등장하는 본생(本生), 즉 부처님 전생의 인연이야기는 자리(自利)와 이타(利他)가 둘이 아님을 깨우쳐 줍니다. 반복적으로 등장하는 부처님의 전생이야기는 하나같이 대자비심을 내어 타인(他人)에게 공감하고 이해하고 사랑하며, 자신의 목숨조차 아끼지 않고 타인을 구제하고자 합니다. 결국 이렇듯 철저히 나를 버림으로써 부처님이 상(常)·락(樂)·아(我)·정(淨)의 덕성을 갖춘 열반에 이를 수 있었음을 설하고 있습니다. 이는 곧 자리(自利)와 이타(利他)가 둘이 아니고 하나이며, **남을 위함이 곧 자신을 위하는 최상의 행위라는** 대승불교의 핵심사상을 드러내는 것이라 하겠습니다.

셋째, 그러므로 『찬집백연경』에서 얻어야 할 가장 소중한 깨달음은, **지금· 여기· 우리**라는 것이 얼마나 소중하고 행복하고 감사한 것인지를 매 순간 잊지 말아야 한다는 점입니다. 우리가 저마다의 삶에 지칠 때 신세 한탄에 빠지기 마련입니다만, 스스로는 깨닫지 못할지라도 지금의 나는 그동안 스스로 쌓아온 무수한 선업을 통해 가능하였음을 『찬집백연경』이 일깨워 줍니다. 그런데 나의 선업은 또한 누군가에게는 타인의 선업 공덕을 얻는 것이니, **마찬가지로 무수한 타인의 무량한 선업이 나를 도왔기에 지금의 내가 있는 것임을 알 수 있습니다.** 이를 깨닫는다면 지금 나의 존재 자체에 대해 감사한 마음을 가지지 않을 수 없으니, 이 또한

『찬집백연경』이 강조하는 중요한 법진리 입니다.

　　이와 같이 귀한 법공덕을 널리 나누고자 『찬집백연경』을 출판하였습니다. 대장경의 한역(漢譯)본과 동국대 역경원의 한글본을 저본으로 하였으며, 불자 여러분들이 이해를 돕기 위하여 주석을 덧붙이고, 약간의 윤문 작업을 하였습니다.

　　아무쪼록 『찬집백연경』을 독송하는 인연공덕을 통해 소박한 우리네 일상의 소중함을 새삼 일깨우는 계기가 되길 바라며, 경에서 부처님께서 지으신 그 은근한 깨달음의 미소를 따라 짓게 되는 행복을 누리시길 기원합니다.

　　불기2566, 2022년 임인년 10월 5일
　　정변지사 난야에서
　　미타행자　제안 용하　합장

교진여(최초의 아라한)여!
일체법은 인연을 좇아 생기므로 체성이 없나니,
허공과 같이 상견常見을 여의고 단견斷見을 여의어
비록 짓는 자와 받는 자가 없을 지라도
선악의 법은 패망하여 사라지지 않는다.

僑陳如 一切法從因緣生無有體性 離常離斷猶如虛空
雖無作者及以受者 善惡之法而不敗亡
- 붓다, '전법륜경' 중에서

『찬집백연경』의 역자 지겸(支謙)에 대하여

　　『찬집백연경찬(撰集百緣經)』 각권의 첫머리에는 "오(吳) 월지(月支) 우바새(優婆塞) 지겸(支謙) 한역(漢譯)"이라 쓰여 있는데, 이는 이 경전이 중국 오나라에서 월지국 출신의 지겸 거사에 의해 역경 되었음을 알리는 것이다. 역자인 지겸에 대해서는 〈출삼장기집(出三藏記集)〉 제13권 "지겸전"에 가장 상세히 기록되어 있다.

　　지겸(支謙)의 자(字)는 공명(恭明)이고 다른 이름은 월(越)이니, 대월지국(大月支國) 사람인데, 조부(祖父)인 법도(法度)가 한(漢)나라 영제(靈帝) 때 수백 명을 인솔하고 한나라에 귀화하였다.

　　지겸은 어려서부터 유달리 남의 아픔을 헤아리는 이타(利他)의 마음이 강하였다고 하는데, 그의 나이 일곱 살 때 죽마(竹馬)를 타고 놀다가 이웃집 개에게 물려서 뼈가 부러질 정도로 큰 부상을 입었다. 이에 이웃집에서 사죄의 뜻으로 그 개를 죽여 간을 꺼내어 상처난 곳에 붙이려 하였다. 그러자 월(越)이 말하였다.

　　"하늘이 이 개를 낸 것은 주인을 위해서 지키고 짖도록 한 것입니다. 만약 제가 댁의 집에 가지 않았다면 끝내 개에게 물리지 않았을 것입니다. 이와 같다면 과실은 저에게 있는 것이고 개와는 상관이 없습니다. 가령 개를 죽여서 제 상처가 아문다 하여도

이는 오히려 해서는 안 되는 것인데, 더구나 실제로 회복에 아무런 이익이 없는 것인데 어찌 그러하겠습니까? 공연히 큰 죄만을 부를 뿐입니다. 또 축생은 무지한 것인데 어떻게 따져서 책망할 수 있겠습니까?"

마을 사람들이 그 말에 감동하고 깨닫는 바 있어서 살생을 함부로 하지 않았다고 한다.

10세 때 글을 배웠는데 같은 시기에 배운 사람들이 모두 그 총명하고 명민함에 탄복하였다. 13살 때 서역의 책들을 익혔는데, 6개국의 언어를 모두 갖추어서 통달하였다. 지겸은 환제(桓帝)·영제(靈帝) 때 역경으로 활약한 지참(支讖)-지량(支亮)의 계보를 이어 불교와 역경을 공부하였다. 경적(經籍)을 널리 열람하여 연구해서 수련하지 않은 것이 없었고, 세간의 예술까지 모두 종합적으로 익혔다. 이때 지겸의 모습은 여위고 키가 크고 피부가 검고 수척했으며, 눈은 흰색이 많은 청황색이었다. 이 때문에 그 당시 사람들이 말하기를, "지랑(支郎), 즉 지겸은 눈에 황달끼가 있고 몸도 비록 여위었지만, 지랑(智囊: 지혜주머니)이다"라고 하였다.

지겸은 본래 대승을 받들었으며 경의 종지[宗旨]를 정밀하게 공부했다. 헌제(獻帝) 말기(3세기초)에 한(漢)나라 황실이 크게 어지러워졌기 때문에 고향 사람 수십 명과 함께 오(吳)나라로 망명하였다. 처음 출발하는 날에 오직 이불 한 채밖에 없었다. 어떤 나그네가 따라왔는데 크게 추운 날씨에 이불이 없었다. 지겸은 나그네를 불러서 함께 잠을 잤는데, 나그네가 밤중에 이불을 빼앗아서 도망가 버렸다.

다음날 아침 함께 가는 사람들이 지겸이 나그네에게 이불을 빼앗긴 것을 알고 물었다.

"무엇 때문에 우리에게 알리지 않았습니까?"

지겸이 답하였다.

"내가 만약 고발했다면 당신들이 반드시 그에게 겁죄(劫罪)를 주었을 것입니다. 한 채의 이불 때문에 사람을 죽이는 것이 어찌 마땅한 일이겠습니까?"

그의 선량함이 이와 같이 한결같으니, 멀리서 이 소문을 들은 사람들이 탄복하지 않는 이가 없었다.

그 후에 오나라의 군주인 손권(孫權)이 그가 박학하고 재주와 지혜가 있다는 소문을 듣고는 곧바로 불러서 만나 보았다. 이에 경전에 있는 은밀하고 심오한 뜻을 물어 보니, 월(越)이 근기에 맞게 질문을 풀이해 주었는데, 의문 나는 것마다 풀어주지 않음이 없었다. 손권이 이에 크게 기뻐하여 박사(博士) 벼슬을 내리고 동궁(東宮)을 보좌해서 인도하도록 하고 더욱더 총애를 하였다.

지겸은 대승불교가 비록 오나라 땅에 행해지긴 하지만 경(經)이 대부분 서역어로 되어 있기 때문에 이해하지 못하는 사람이 많다고 여겼다. 그는 이미 중국어와 서역의 언어를 모두 잘 알고 있었으므로 이에 여러 경

본(經本)을 수집해서 중국어로 번역하였다.

황무(黃武) 원년(222년)에서 건흥(建興) 연간 (223-237)에 이르기까지 『유마힐경(維摩詰經)』, 『대반니 원경(大般泥洹經)』, 『법구경(法句經)』, 『서응본기경(瑞應本起經)』 등 총27경을 역출하였는데, 성스러운 의미를 완전하게 체득하여 문체와 종지(宗旨)가 고아하였다. 또 『무량수경(無量壽經)』과 『중본기경(中本起經)』에 의거해서 『찬보살연구범패삼계(讚菩薩連句梵唄三契)』를 짓고, 『요본 생사경(了本生死經)』에 주를 달았는데 모두가 세간에 유행되었다.

그 후에 태자가 왕위에 오르자 마침내 궁애산(穹隘山)에 은거하여 세간의 업무에 간섭하지 않고, 축법란(竺法蘭)에게 5계(戒)를 수련하였다. 비록 출가의 연은 닿지 않았지만, 그가 교유하고 따른 것은 모두 사문들뿐이었다. 후에 이 산에서 천명(天命)을 마치니, 춘추 60세였다.

오나라의 군주인 손량(孫亮)이 여러 스님들에게 편지를 보내어 말하였다.

"지공명(支恭明, 지겸)은 비록 출가하여 중생의 아픔을 직접 구제하는 신세는 아니었으나, 그의 업은 그윽하고 행은 청정하여 시종 드높기만 하였으니, 이제 그를 떠나보냄에 슬프고 처참함을 그칠 수가 없도다."

그 당시에 세인(世人)이 그를 추도함이 모두 이와 같았다.

목 차

찬집백연경 제10권
10. 제연품(諸緣品)

찬집백연경(撰集百緣經) 제1권

오(吳) 월지(月支) 우바새 지겸(支謙) 한역

1. 보살수기품(菩薩授記品)

1) 만현(滿賢) 바라문이 멀리서 부처님을 초청한 인연

❀**부처님께서는 왕사성(王舍城)의 가란타죽림(迦蘭陀竹林)에 계셨다.**

그때 저 남방(南方)에 만현(滿賢)이라는 바라문이 있었다. 그는 한량없고 헤아릴 수 없는 재보(財寶)를 지녀 마치 비사문천(毘沙門天)과 같은 큰 부호(富豪)이면서, 또 덕과 믿음이 있어 현명하고 선하였다.

체성(體性)이 조화로워 도리에 따르며, 스스로도 이롭고 다른 사람을 이롭게 함으로써 온 중생들에 자비를 베푸는 것이 자식을 사랑하는 어머니와 같았다. 한편 이학(異學)들을 위해 큰 모임을 마련하되 항상 갖가지 음식을 준비하여 그 백천의 외도(外道)들을 공양하면서 범천(梵天)에 태어나기를 희망하였다.

그러던 차에 만현 바라문의 친구 한 사람이 왕사성으로부터 만현 바라문의 처소로 와서 불·법·승 삼보

(三寶)가 가진 공덕을 찬탄하였다.

　"명성이 멀리까지 떨치고 삼명에 통달[三達][1]하여 멀리 살피니, 이름이 바가바(婆伽婆)[2]이시다. 지금 왕사성 가란타 죽림에 계시면서 모든 하늘·용·야차·건달바와아수라·가루라·긴나라·마후라가[3] 등, 인·비인(人非人) 무리에 둘러싸여 설법하시므로, 국왕과 장자(長子)를 비롯한 모든 민중들이 다 정성껏 공양하여 존중 찬탄한다. 그 닦아 익힌 정밀하고 오묘한 법 맛이 온 세계에 두루하여 모두 우러러 흠모하지 않는 이가 없노라."

　이때 바라문이 그의 친구로부터 부처님의 공덕을 찬탄함을 듣고 역시 깊은 신심을 내어 곧 높은 누각에 올라가서 손으로 향·꽃을 잡고 무릎을 세우고 꿇어앉아 합장하며 멀리 세존을 초청하면서 이렇게 염원하였다.

　'여래의 공덕이 이제 사실 그대로라면, 원하옵건대 제가 사르는 이 향의 기운이 왕사성에 두루 풍기고, 또 이 뿌리는 꽃이 허공에서 꽃 일산이 되어 부처님 정수

---

1) 삼달(三達) 또는 삼명(三明)이라 하며, 부처님이 갖추신 세 가지 자유자재한 지혜를 말한다. 첫째, 숙명지증명(宿命智證明)으로 나와 남의 과거와 전생을 훤히 아는 지혜이다. 둘째, 생사지증명(生死智證明)으로 중생의 미래와 과보를 훤히 아는 지혜이다. 셋째, 누진지증명(漏盡智證明)으로 모든 번뇌를 끊어 미혹하지 않는 지혜이다.

2) 바가바(婆伽婆, bhagavat)는 부처님의 지위를 증득한 이를 칭하는 호칭의 하나이다. 그 의미는 모든 선을 성취하고 만덕이 지극한 자이다.

3) 팔부중(八部神衆), 즉 불법을 수호하는 여덟 신(神)을 말한다. 인비인(人非人)은 인간과 인간이 아닌 중생 즉 팔부중, 귀신, 축생 등을 총칭하는 말이다.

리 위를 덮어 주소서.'

이렇게 서원(誓願)을 세우자, 곧 향·꽃이 한꺼번에 변화를 일으켜 뿌리는 꽃은 꽃 일산이 되어 부처님 정수리 위를 덮고, 사르는 향은 연기가 왕사성에 두루 퍼지기 시작하였다.

때마침 아난(阿難)이 이러한 신통 변화를 보고는 부처님 앞에 나아가서 아뢰었다.

"이 향의 구름이 어느 곳으로부터 오는 것입니까?"

부처님께서 아난에게 말씀하셨다.

"남방에 금지(金地)란 국토가 있고 거기에 만현이라는 장자가 있는데, 저 장자가 멀리서 나와 또 여러 비구승들을 초청하는 것이니라. 내가 이제 그에게 가서 공양을 받겠으니, 너희들도 각자 신통으로 가서 초청에 응하도록 하여라."

여러 비구들이 부처님의 분부를 받고는, 허공을 타고 그곳을 향해 출발하여 가까운 거리에 이르렀다. 부처님께서는 신통력(神通力)으로 그 많은 비구들을 은신시킨 다음, 부처님 자신만이 발우를 가지고 만현 장자가 사는 곳에 나타나셨다.

이에 앞서 만현 장자는 이미 부처님께서 오신다는 소문을 듣고 오백여 무리를 거느린 채 각각 맛있는 음식(飲食)을 가지고서 받들어 맞이할 준비를 하고 있었다.

세존께서 삼십이상(三十二相)과 팔십종호(八十種好)로 마치 백천의 해처럼 광명을 비추면서 조용히 걸어오시는 그 위의(威儀)를 보고는, 부처님 앞에 엎드려 예배하고 아뢰었다.

"잘 오셨습니다. 세존이시여, 저희를 가엾이 여기시어 오늘의 이 보시하는 음식을 받아 주시옵소서."

부처님께서 장자에게 말씀하셨다.

"장자여, 음식을 보시하려거든 이 발우에 가득 차게 해 주시오."

이에 장자를 비롯한 저 오백여 무리들이 각자의 손에 가진 음식을 모아 부처님 발우 안에 넣었으나 그 발우를 가득 채울 수 없었으니, 모두들 찬탄하였다.

"기이하도다. 세존(世尊)의 이 신통력이여."

이 신통력으로 인하여 저 장자와 오백여 무리들의 마음이 곧 조복(調伏)됨과 동시에 천 비구의 발우에도 음식이 가득 찼다. 그리고 모든 비구가 홀연히 앞에 나타나 부처님을 둘러쌌다.

그러자 저 장자가 전에 없었던 이 일을 보고 찬탄한 나머지 곧 온몸을 땅에 엎드려 예배하고 큰 서원을 세웠다.

'원하옵건대 이 보시(布施)하는 음식의 선근 공덕으로 말미암아 미래세(未來世)에 가서 눈 어두운 중생(衆生)에게는 밝은 눈을 얻게 하고,

❀귀의(歸依)할 데 없는 중생에게는 귀의할 곳을 얻게 하고,

❀구호(救護)를 받지 못한 중생에게는 구호를 얻게 하고,

❋해탈(解脫)하지 못한 중생에게는 해탈하게 하고,

❋안온(安穩)하지 못한 자에게는 안온하게 하고,

❋열반(涅槃)에 이르지 못한 자에게는 열반의 경지에 들어가게 하옵소서.'

이러한 서원을 세우자, 부처님께서 곧 빙그레 웃으시고, 입으로부터 오색의 광명을 놓아 온 세계에 두루 비추시니, 갖가지 빛깔이 부처님을 세 겹으로 둘러쌌다가 도로 부처님의 정수리로 들어갔다.

이때 아난이 부처님 앞에 나아가 아뢰었다.

"여래께선 존중하시어 함부로 웃음을 나타내지 아니하셨거늘, 이제 빙그레 웃으심은 무슨 까닭이옵니까? 원하옵건대 세존께서 자세히 말씀해 주시옵소서."

부처님께서 아난에게 말씀하셨다.

"너는 부나(富那 : 만현(滿賢) 장자가 나에게 공양하는 것을 보았느냐?"

아난이 아뢰었다.

"그러하옵니다. 이미 보았나이다."

"그가 미래세에 삼아승기겁4)을 지나는 동안 보살행을 갖추어 대비심을 닦고, 육바라밀5)을 원만히 구족함

---

4) 아승기겁(阿僧祇劫)은 헤아릴 수 없는 무량한 시간을 말한다. 3아승기겁이란 초발심을 낸 후 일체지를 원만히 구족할 때까지의 과정과 시간을 말하는 것으로, 해탈을 위해 무량한 시간의 수행이 필요함을 보여준다.

5) 육바라밀(六波羅密)은 육도(六度)라고도 하며, 생사의 고해를 건너 열반의 피안에 이르기 위해 닦아야 할 보살의 여섯 가지 수행 혹은 실천의 덕목을 말한다. 즉 보시(布施), 지계(持戒), 인욕(忍辱), 정진

으로써 마침내 성불(成佛)하여 만연이란 명호를 얻어 그 한량없는 중생(衆生)들을 다 제도할 것이다. 이런 까닭으로 웃었느니라."

　　부처님께서 이 만현의 인연을 말씀하실 때에 혹은 수다원(須陀洹)의 지위를, 혹은 사다함(斯陀含)의 지위를, 혹은 아나함(阿那含)의 지위를, 혹은 아라한(阿羅漢)의 지위를 얻은 자도 있으며, 혹은 벽지불(辟支佛)의 마음을 냈고, 혹은 위없는 보리심을 내는 자도 있었다.

　　여러 비구들이 부처님의 말씀을 듣고는, 기뻐하면서 받들어 행하였다.

2) 명칭(名稱)이라는 여인이 부처님을 초청한 인연

※ 부처님께서는 비사리(毘舍離)6) 의 미후(獼猴) 연못7) 기슭의 중각강당8)에 계셨다.

(精進), 선정(禪定), 지혜(智慧)이다.

6) 비사리(毘舍離, Vaisālī)고대 인도의 6대 도시의 하나로 갠지스강 남쪽에 자리하고 있다. 〈대반열반경〉에 의하면, 석가모니 부처님은 이곳에서 3개월 후 열반할 것을 예고하셨다고 한다. 〈유마경〉의 유마거사도 이곳의 장자로 기록되어 있으며, 부처님 열반 100년 후 이곳에서 제2차 경전결집이 이루어졌다.

7) 미후강은 곧 원숭이강을 의미한다. 현장법사의 〈대당서역기〉제7권에 의하면, 부처님이 과거에 이곳을 지날 때에 원숭이 한 마리가 부처님의 발우를 낚아채서 나무에 올라간 후, 꿀을 채취하여 다시 부처님께 바치고, 또한 부처님을 위해 연못을 파서 샘물을 공양하였다 한다. 그리하여 미후연못이라 부르는 것이다.

8) 중각강당은 큰숲에 지어진 정사라 하여 대림정사(大林精舍)라고도

그때 세존께서 옷을 입고 발우를 가지고서 여러 비구들과 함께 성(城)에 들어가 걸식하기 시작하여 사자(師子)의 집에 도착하셨다.

때마침 사자 장자의 며느리인 명칭(名稱)이라는 여인이, 부처님의 위의와 그 몸을 장엄한 갖가지 상호(相好)를 보고 곧 시어머니 앞에 나아가 이렇게 말하였다.

"어떻게 저러한 몸매를 얻을 수 있습니까?"

시어머니가 대답하였다.

"너도 이제 더없는 광대한 마음을 내어 모든 공덕을 닦는다면 그와 같은 상호(相好)를 얻게 될 것이다."

이 말을 들은 며느리는 곧 시어머니에게 허락을 받아 재물을 얻어서 부처님을 초청할 모든 음식 준비를 끝낸 다음, 갖가지 꽃을 가지고 부처님 정수리 위를 향해 뿌렸다. 그러자 그 꽃들이 허공에서 꽃 일산으로 변하여 부처님을 따라다니기도 하고 멈추기도 하였다.

명칭 여인이 이 변화를 보고는 기쁨을 이기지 못하고 온몸을 땅에 엎드려 이러한 큰 서원을 세웠다.

'원하옵건대, 이 공양의 공덕으로 말미암아 미래세에 가서 눈이 어두운 자에겐 밝은 눈을 얻게 하고,

불린다. 석가모니 부처님의 생모인 마야부인은 부처님을 낳고 7일 만에 돌아가시고 이후 이모인 마하파자파티의 품에서 자랐으니, 이모가 부처님에겐 제2의 어머니인 셈이다. 이모 마하파자파티와 부인이었던 아소다라는 이곳에서 부처님의 인가를 얻어 최초의 비구니가 되었다고 한다.

귀의할 데 없는 자에겐 귀의할 곳을 얻게 하고,
구호를 받지 못한 자에겐 구호를 받게 하고,
해탈하지 못한 자에겐 해탈하게 하고,
안온하지 못한 자에겐 안온하게 하고,
열반에 이르지 못한 자에겐 열반의 경지에 들어
가게 하소서.'

이에 세존께서 그 여인이 광대한 마음을 내는 것을 관찰하시자, 곧 빙그레 웃으시고 입으로부터 다섯 빛깔 광명을 놓아 온 세계를 두루 비추시니 갖가지 빛깔이 세 겹으로 부처님을 둘러쌌다가 도로 부처님의 정수리에 들어갔다.

그때 아난이 부처님 앞에 나아가 아뢰었다.

"여래께선 존중하시어 함부로 웃음을 나타내지 아니하셨거늘, 이제 빙그레 웃으심은 무슨 까닭이옵니까? 세존이시여, 알기 쉽게 자세히 말씀해 주시옵소서."

부처님께서 아난에게 말씀하셨다.

"너는 지금 저 명칭 여인이 나에게 공양하는 것을 보았느냐?"

아난이 아뢰었다.

"그러하옵니다. 이미 보았나이다."

"이제 명칭 여인이 광대한 마음을 내었으니, 그 선근 공덕으로 말미암아 삼아승기겁을 지나는 동안 보살행을 갖추어 대비심(大悲心)을 닦고 육바라밀을 원만히 구족 마침내 성불하여 보의(寶意)라는 명호로 한량없는 중생들을 제도하게 될 것이다. 이러한 까닭으로 웃었느니라."

부처님께서 이 명칭 여인의 인연을 말씀하실 때, 혹은 수다원의 지위를 얻을 자도 있고, 혹은 사다함의 지위를 얻은 자도 있고, 혹은 아나함의 지위를, 혹은 아라한의 지위를 얻은 자도 있으며, 혹은 벽지불의 마음을 내거나, 혹은 위없는 보리심을 내는 자도 있었다.

여러 비구들이 부처님의 이 말씀을 듣고는, 모두 기뻐하면서 받들어 행하였다.

3) 게으름쟁이 난타(難陀)가 부처님을 뵙게 된 인연

❀**부처님께서는 사위국(舍衛國) 기수급고독원(祇樹給孤獨園)[9]에 계셨다.**

그때 저 성에 한량없는 재보를 가진 어떤 장자의 집에 외아들이 있었으니, 이름을 난타(難陀)라고 하였는데, 게으르고 항상 잠자기를 좋아하고 걷거나 앉는 것을 좋아하지 않았다.

그러나 일반 사람들보다 매우 총명하여 침대에 누워 있어도 경론(經論)을 들은 대로 기억하여 널리 통달

---

9) 사위국 또는 사위성(舍衛城)은 석가모니 부처님 당시 코살라국의 수도였다. 기수급고독원은 국왕 바사닉왕의 태자 기수와 장자(長子) 급고독원이 각자 절터와 절을 지어 바친 것에서 유래하며, 달리 기원정사(祇園精舍)라고 불리기도 한다. 이곳에서 부처님은 여러 외도들을 논파하고 갖가지 신변(神變)을 보이신 것으로 유명하다.

하지 않음이 없었다.

이때에 아버지인 장자가 그 아들이 총명하여 경론(經論)을 잘 풀이함을 보고 이렇게 생각하였다.

'내가 이제부터 부란나(富蘭那) 등의 외도(外道) 여섯 스승을 청해 집에 모셔 두고 이 아들을 가르치게 하리라.'

이렇게 생각하고서 모든 음식을 준비하여 곧 그들을 청해 접대한 뒤에 여섯 스승들에게 말하였다.

"제 아들이 너무나 게을러서 잠만 자면 일어나질 않으니, 원하옵건대 대사께서 이 아들을 가르쳐 가업(家業)과 경론을 닦게 하여 주시오."

그리하여 여섯 스승들이 함께 아들의 처소로 갔으나 아들은 누워서 일어나지도 않았으니, 하물며 그들에게 가르침을 받기 위해 자리를 깔아 맞이했겠는가.

아버지인 장자가 이것을 보고는, 손으로 턱을 괴고 매우 괴로워했으며, 근심이 되어 즐겁지가 않았다.

그때 세존께서는 대비하신 마음으로 낮과 밤 여섯 때육시(六時)로 중생들 가운데 누가 고뇌를 받는지를 관찰하시고는 곧 그에게 가서 법을 설하여 그들을 깨우치곤 하셨는데, 문득 저 장자가 아들 때문에 괴로워 턱을 괴고 있는 것을 보시고는, 여러 비구들과 함께 그 장자의 집에 이르셨다.

그제서야 게으름쟁이가 홀연히 놀라 일어나서 자리를 깔고 부처님을 맞이하면서 엎드려 예배한 뒤 한쪽에 물러나 앉았다.

　　부처님께서 곧 그에게 갖가지로 설법하시어 게으름에 대한 많은 허물을 꾸짖고 훈계(訓戒)하시자, 역시 스스로 뉘우침과 함께 깊이 믿고 공경하는 마음을 내기 시작하였다.

　　부처님은 그 게으름쟁이에게 전단(栴檀)나무 지팡이를 주시면서 다시 말씀하셨다.

　　"네가 이제부터 정근하여 조금이나마 성심을 다한다면 이 지팡이를 두드릴 때에 매우 사랑스럽고도 즐거운 소리가 날 것이며, 이 소리를 들은 뒤엔 흙에 묻힌 보장(寶藏), 즉 복장(伏臟)을 볼 수 있으리라."

　　이때 게으름쟁이가 지팡이를 두드리자 과연 지팡이로부터 소리가 나고, 흙 속에 묻힌 보장을 볼 수 있게 되었다. 그러자 그는 기쁨을 이기지 못하고 이렇게 생각하였다.

　　'내가 이제 조금만 정근에 마음을 써도 이러한 큰 이익을 얻거늘 하물며 정성껏 온 마음과 힘을 다한다면 미래세에 더없는 큰 이익을 얻을 것은 틀림없는 사실이리니, 내가 이제부터 온 힘을 기울여 바다에 나아가서 보물을 채취하리라.'

　　이와 같이 생각하고서 곧 여러 사람들에게 외쳤다.

　　"내가 이제 상주(商主)로서 바다에 나아갈 것인데, 누가 나와 함께 가서 값진 보물을 채취하려는가?"

　　그러자 여러 사람들이 서로 맹세하고 바다에 나아가는 대로 다 값진 보물을 얻어서 무사히 돌아왔다. 그리고 돌아와서는 온갖 맛있는 음식을 갖춰 부처님과 여러 스님께 공양하였다.

부처님께서도 그들에게 갖가지로 설법하시자 마음이 열리고 뜻을 이해하게 되었다. 그러자 곧 땅에 엎드려 예배하고 이러한 큰 서원을 세웠다.

'원하옵건대 이 공양의 선근 공덕으로 말미암아 미래에 가서 눈 어두운 중생에겐 밝은 눈을 얻게 하고,

귀의할 데 없는 중생에겐 귀의할 곳을 얻게 하고,

구호를 받지 못한 자에겐 구호를 받게 하고,

해탈하지 못한 자에겐 해탈하게 하고,

안온하지 못한 자에겐 안온하게 하고,

열반에 이르지 못한 자에겐 열반의 경지로 들어가게 하소서.'

이렇게 발원하자 부처님께서 곧 빙그레 웃으시면서 그 입으로부터 다섯 빛깔 광명을 놓으시니 그 광명이 세 겹으로 부처님을 둘러싼 뒤에 도로 부처님의 정수리로 들어갔다.

그때 아난이 이것을 보고 부처님 앞에 나아가 아뢰었다.

"여래께선 항상 스스로 존중하시어 함부로 웃음을 나타내지 않으셨거늘, 이제 빙그레 웃으심은 무슨 까닭이옵니까? 세존이시여, 자세히 말씀해 주시기를 바라나이다."

부처님께서 아난에게 말씀하셨다.

"너는 이제 게으름쟁이가 바다에 나아가 보물을 채취해 돌아와서 온갖 음식을 베풀어 나에게 공양하는 것을 보았느냐?"

아난이 아뢰었다.

"그러하옵니다. 이미 보았나이다."

"이 게으름쟁이는 미래세 삼아승기겁을 지나 마침내 성불하여 정진력(精進力)이라는 명호로 중생을 다 제도하게 될 것이다. 이러한 까닭으로 웃었느니라."

여러 비구들이 부처님의 이 말씀을 듣고 기뻐하면서 받들어 행하였다.

4) 오백 명 상객(商客)이 바다에 나아가 보물을 채취한 인연

❀부처님께서는 사위국 기수급고독원에 계셨다.

그때 저 성에 어떤 상주(商主)가 오백 명 상객을 거느리고 함께 바다에 나아가다가 배가 부서져 되돌아왔다. 그러자 밤낮으로 정성껏 꿇어앉아 귀신(鬼神)들에게 절하면서 두 번 세 번 거듭하여 복을 구하였다. 그리곤 다시 바다에 나아갔으나 배가 전과 같이 부서졌다.

그때 저 상주만은 복덕의 힘이 있어 물에 빠지지 않고 육지에 되돌아와서 큰 고뇌에 사로잡혀 이렇게 생각하였다.

'내가 일찍이 들은 바에 의하면, 부처님 세존께서는 천상·세간의 그 누구도 따를 수 없는 일체 지혜를 구족하시고 중생을 가엾이 여겨 자기와 다른 사람을 다 이롭게 하신다 하니, 내 이제 부처님 세존의 명호를 외우면서 큰 바다에 나아가리라. 만약 바다에 나아갔다가 무사히 돌아온다면 채취한 값진 보배의 절반을 부처님 세존께 받들어 보시하리라.'

이렇게 생각한 다음, 곧 상인들을 모아 부처님의 명호(名號)를 외우면서 함께 큰 바다에 나아갔는데, 과연 값진 보배들을 많이 얻어 무사히 돌아오게 되었다. 집에 돌아와서 그 채취한 보물을 보자 탐나고 아까운 생각이 들어 부처님께 보시하고 싶지 않아 이렇게 생각하였다.

'만약 이 보물의 절반을 나눠 보시한다면 내 몫이 얼마 되지 않을 것이다. 그러니 이제 이 보물을 모두 아내에게 주어 저자에 팔아서 거기에 수입된 일부의 돈으로 훈육향(薰陸香)을 사들여 기원(祇園)에 나아가서 향을 살라 공양하리라.'

이렇게 생각하고 얻은 돈 이전(二錢)으로 훈육향을 사들여 기원에 나가서 향을 살라 공양하였다.

그러자 부처님께서 신통력으로 이 향 연기가 자욱하여 두루 기원정사(祇園精舍)를 덮어 빙빙 돌게 하셨다. 그때 상주가 그 향 연기를 보고 부처님 앞에서 깊이 자책하고 후회하였다.

'내가 지금 무엇 때문에 이 보물을 아껴 부처님께 보시하지 않았던가. 여래께서 이제 신통력으로 온 기원에 향 연기를 두루 덮어 빙빙 돌게 하심은 매우 희유한 일이다. 내가 지금부터 온갖 맛난 음식을 준비하여 부처님과 스님들을 초청해 공양하리라.'

이렇게 생각한 다음 곧 꿇어앉아 부처님 세존께 청하자, 부처님께서 묵연히 허락하셨다.

이에 상주는 집에 돌아와 음식 준비를 끝내고 이튿날 시간이 되어 심부름꾼을 보내 부처님께 아뢰게 하였다.

"음식 준비를 끝냈사오니, 원하옵건대 큰 성인께서는 때를 아시옵소서."

그때 여래께서 옷을 입고 발우를 지니고 여러 비구들과 함께 그 집에 이르러 공양을 받으신 뒤에 간탐(慳貪: 제 것은 아끼고 남의 것은 탐냄)의 나쁜 허물을 설법하시자, 마음이 다 열리고 뜻을 이해하게 되었다. 곧 보배 구슬을 가지고 부처님 정수리 위를 향해 뿌리니, 허공에서 보배 일산으로 변하여 부처님을 따라다니기도 하고 멈추기도 하였다.

상주는 마침내 이 변화를 보고는, 온몸을 땅에 엎드려 예배하고 큰 서원을 세웠다.

'원하옵건대 이 공양의 선근 공덕으로 말미암아 미래세에 가서 눈이 어두운 자에겐 밝은 눈을 얻게 하고,

귀의할 데 없는 자에겐 귀의할 곳을 얻게 하고,

구호를 받지 못한 자에겐 구호를 받게 하고,

해탈하지 못한 자에겐 해탈하게 하고,

안온하지 못한 자에겐 안온하게 하고,
열반에 이르지 못한 자에겐 열반의 경지에 들어
가게 하소서.'

이렇게 원을 세우자 부처님께서 빙그레 웃으시면서
그 입으로부터 다시 다섯 빛깔 광명을 내시니, 그 광명
이 세 겹으로 부처님을 둘러싼 뒤에 도로 부처님의 정
수리로 들어갔다.

그때 아난이 부처님 앞에 나아가 아뢰었다.

"여래께서 존중하시어 함부로 웃음을 나타내지
아니하셨거늘, 이제 빙그레 웃으심은 무슨 까닭이옵
니까? 원하옵건대 세존께서 자세히 말씀해 주옵소
서."

부처님께서 아난에게 말씀하였다.

"너는 이제 저 상주(商主)가 부끄러운 마음으로 나
에게 공양하는 것을 보았느냐?"

아난이 부처님께 아뢰었다.

"그러하옵니다. 이미 보았나이다."

"지금 상주가 나를 공양했기 때문에 지옥·아귀·
축생에 떨어지지 않고 천상(天上)·인간에 태어나 항상
쾌락을 받게 될 것이다. 그리곤 삼아승기겁을 지나서 마
침내 성불하여 보성(寶盛)이라는 명호를 얻어서 한량없
는 중생들을 제도하게 될 것이다. 이러한 까닭으로 웃었
느니라."

여러 비구들이 부처님의 이 말씀을 듣고 모두 기뻐
하면서 받들어 행하였다.

5) 가난한 사람 수마(須摩)가 실을 가지고 부처님께 보시한 인연

❀부처님께서는 사위국 기수급고독원에 계셨다.

그때 성에 어떤 직사(織師)가 있었으니, 이름이 수마(須摩)였다. 그는 살림이 빈궁하고 어려워 집에 한 되, 한 말의 곡식조차 없어 항상 뜨내기 품팔이로 겨우 생활해 오던 차에 어느 날 이렇게 생각하였다.

'내가 전생에 보시하지 않았기 때문에 이제 이와 같은 빈궁한 고통을 겪는 것이다. 그렇다면, 현재(現在)세에 보시하지 않으면 곧 미래(未來)세에 가서 보다 더 극심한 빈궁한 고통을 받게 될 것이다. 내가 이제부터 노력을 더하여 조그마한 물건이나마 그것을 보시함으로써 미래세에 어떤 과보를 받게 하리라.'

이와 같이 생각하고서 조그마한 실을 구해 길을 건너 집으로 돌아가다가 어느 거리 복판에서 멀리 세존께서 옷을 입고 발우를 가지고서 여러 비구들과 함께 성(城)에 들어가 걸식하시는 광경을 보고는, 곧 부처님 앞에 나아가 가지고 있던 실을 받들어 보시하였다. 세존께서 이를 받아 입고 있는 옷의 해진 곳을 꿰매시는 것을 보았다.

이때 저 수마가 세존께서 해진 옷을 꿰매시는 것을 보고 마음 속으로 기뻐하며 엎드려 예배한 뒤 큰 서원을 내고 부처님 앞에서 이러한 게송(偈頌)을 읊었다.

> 비록 보시하는 것이 적지만
> 큰 복밭을 만나 지녔기에
> 세존께 받들어 보시함으로써
> 후에 성불하기를 서원하여
>
> 그 수효 헤아릴 수 없는
> 온갖 중생을 제도하려 하오니
> 큰 위덕을 갖추신 세존께옵서
> 이 일을 증지(證知)해 주소서.

이때 세존께서 게송(偈頌)을 읊어 대답하셨다.

> 그대 이제 나를 만났기에
> 성실한 신심 내어 보시함이니
> 미래세에 가서 성불할 때엔
> 십연(十綖)이란 명호로
> 그 소문이 시방에 두루함으로써
> 한량없는 중생들을 제도하리라.

그때 수마는 부처님께서 읊으신 이 게송(偈頌)을 듣고서 깊은 신심과 공경심을 내어 곧 온몸을 땅에 엎드려 예배하며 큰 서원을 세웠다.

　　'원하옵건대 이 실을 보시한 공덕으로 말미암아 미래세에 가서 눈이 어두운 자에겐 밝은 눈을 얻

게 하고,

　귀의할 데 없는 자에겐 귀의할 곳을 얻게 하고,

　구호를 받지 못한 자에겐 구호를 받게 하고,

　해탈하지 못한 자에겐 해탈하게 하고,

　안온하지 못한 자에겐 안온하게 하고,

　열반에 이르지 못한 자에겐 열반의 경지에 들게

하소서.'

　이렇게 발원(發願)하자, 부처님께서 빙그레 웃으시면서 곧 그 입으로부터 다섯 빛깔의 광명을 놓으시니 그 광명이 세 겹으로 부처님을 둘러싼 뒤에 부처님의 정수리로 들어갔다.

　그때 아난이 부처님 앞에 나아가 아뢰었다.

　"여래께선 존중하시어 함부로 웃음을 나타내지 아니하셨거늘, 이제 빙그레 웃으심은 무슨 까닭이옵니까? 원하옵건대 세존께서 부연 설명해 주소서."

**　부처님께서 아난에게 말씀하셨다.**

　"너는 이제 저 가난한 사람인 수마가 내게 실을 보시하고서 환희심을 가지고 큰 서원을 세우는 것을 보았느냐?"

　아난이 아뢰었다.

　"그러하옵니다. 이미 보았나이다."

　"저 수마가 은근하고 정중한 마음으로 나에게 실을 보시한 인연으로 미래세에 마땅히 성불하여 십연(十綖)이라는 명호로 한량없는 중생을 제도하게 될 것이다. 이러한 까닭으로 웃었느니라."

여러 비구들이 부처님의 이 말씀을 듣고 기뻐하며 받들어 행하였다.

6) 파지가(婆持加)가 병에 시달린 인연

✦부처님께서는 사위국 기수급고독원에 계셨다.

그때 저 성에 파지가(婆持加)라는 어떤 장자가 있었는데, 그는 성품이 매우 포악하고 성내거나 미워하기를 좋아해서 한 사람도 그와 친한 이가 없었다. 그러나 외도(外道)의 여섯 스승에겐 신심(信心)과 공경(恭敬)심이 많았다.

그 뒤 병(病)을 얻어 앓고 있었는데, 어느 누구도 음식과 약품을 주지 않아 생명이 거의 남지 않자, 이렇게 생각하였다.

'내가 지금 이 고통을 겪는 것은 당연한 이치로다. 누가 내 목숨을 구제할 수 있겠는가. 내가 마땅히 목숨이 다할 때까지 받들어 섬기리니, 오직 부처님 세존만이 내 생명을 구할 수 있으리라.'

이렇게 생각하고 곧 부처님이 계신 곳에 가서 은근하고 정중한 마음을 내어 뵈옵기를 갈망하였다.

그때 세존께선 대비하신 마음으로 밤낮없이 중생들을 관찰하되 '그 누가 고뇌를 받는가. 내가 거기에 가서 구제하여 부드러운 설법으로 그들의 마음을 다 즐겁게 하리라. 혹시 나쁜 갈래에 떨어지는 자가 있을 때엔 갖가지 방편으로 구제하여 인간과 천상에 편안히 있게 하여 다 도과(道果)를 얻게 하리라' 하셨다.

때마침 여래께서 중생들을 관찰하시다가 저 장자가 병에 시달리어 초췌하기 짝이 없으나 돌보아 주는 이가 없는 것을 보시고는, 곧 광명을 놓으시어 저 병자에게 비춤으로써 그 몸을 시원하게 하고 마음을 깨우치게 하셨다.

그러자 저 장자가 스스로 기쁨을 이기지 못하고 온 몸을 땅에 엎드려 부처님께 귀명하였다. 그때 세존께서 저 파지가 장자의 선근(善根)이 이미 성숙되어 교화를 받을 수 있으리라 생각하시고서, 곧 장자의 집으로 찾아 가셨다. 이에 장자는 깜짝 놀라 일어나서 합장하고 받들어 맞이하였다.

"잘 오셨습니다. 세존이시여, 자리를 깔고 앉으시옵소서."

부처님께서 파지가에게 물으셨다.

"지금 그대의 병 증세 가운데 어느 부분이 가장 아픈가?"

"세존이시여, 저는 지금 몸과 마음이 다 고통스럽습니다."

부처님께서 스스로 염언(念言)하셨다.

'나는 오랜 겁(劫)에 걸쳐 자비를 닦으며 중생들의 몸과 마음이 모두 고통스러운 것을 치료하기를 서원하였다.'

이때에 제석천(帝釋天)이 부처님께서 염원하시는 뜻

을 알고서 곧 향산(香山)에 이르러 백유(白乳)라는 약초를 캐 와서 세존께 바치었다. 세존께서 이 약초를 얻어 곧 파지가 장자에게 복용하게 하시었다. 그 약을 복용하자 병이 이미 완쾌되어 몸과 마음이 쾌락하였다.

이에 파지가 장자는 더욱 부처님께 신심과 공경심을 내어 곧 갖가지 맛있는 음식으로써 부처님을 비롯한 여러 비구 스님들에게 공양하고, 한편 또 미묘한 의복과 가치가 백천 냥 되는 금을 받들어 보시하면서 큰 서원을 내었다.

'원하옵건대 이 공양(供養)의 선근 공덕으로 말미암아 지금 세존께서 제 몸과 마음의 일체 병을 다 치료하여 쾌락을 얻게 하신 것처럼, 저도 미래세에 가서 온 중생들의 몸과 마음의 병을 치료해 다 쾌히 안락을 얻을 수 있게 하여 주시옵소서.'

이러한 큰 서원을 세우자, 부처님께서 빙그레 웃으시면서 곧 그 입으로부터 다섯 빛깔의 광명을 놓으시니, 그 광명이 세 겹으로 부처님을 둘러싼 뒤에 도로 부처님의 정수리로 들어갔다.

그때 아난이 부처님 앞에 나아가 아뢰었다.

"여래께선 존중하시어 함부로 웃음을 나타내지 아니하셨거늘 이제 빙그레 웃으심은 무슨 까닭이옵니까? 원하옵건대 세존께서 자세히 말씀해 주시옵소서."

부처님께서 아난에게 말씀하셨다.

"너는 이제 저 파지가 장자가 자신의 병(病)이 회복

되자 나와 비구승들에게 공양하는 것을 보았느냐?"

아난이 아뢰었다.

"그러하옵니다. 이미 보았나이다."

"그는 미래세에 성불하여 석가모니라는 명호를 얻어 널리 한량없는 중생을 제도하게 될 것이다. 이러한 까닭으로 웃었느니라."

여러 비구들이 부처님의 이 말씀을 듣고 기뻐하면서 받들어 행하였다.

7) 왕가(王家)의 연못을 지키던 사람이 부처님께 꽃을 공양하게 된 인연

❀**부처님께서는 왕사성 가란타 죽림[10]에 계셨다.**

그때 파사닉(波斯匿)왕은 부처님이 계신다는 말을 듣지 못해 낮밤 여섯 때로 향·꽃을 가지고 천신(天神)만을 받들어 섬겼다.

부처님께선 이미 정각(正覺)을 이루어 세간에 출현하셔서 장차 바사닉왕을 교화할 목적으로 옷을 입고 발우를 지니고서 국왕의 처소에 이르렀다.

---

10) 석가모니 부처님 재세시에 부처님이 주로 설법하신 5대 정사가 있으니, 곧 죽림(竹林), 기원(祇園), 영취산(靈鷲山), 암라수원(菴羅樹園), 대림(大林) 등 다섯 정사이다. 죽림정사는 마가다국의 왕사성 남쪽 가란다에 세운 정사로, 부처님이 깨달음을 이루고 마가다국의 왕사성을 찾았을 때 가란타 장자가 자기 소유의 대나무숲[竹林]을 시주하고, 빔비사라 국왕이 건립한 최초의 사찰로 알려져 있다.

이때에 바사닉왕11)은 부처님의 오시는 그 모습이 온 천지에 광명이 비치는 듯하고 위의가 조용하여 사람으로서 가장 뛰어남을 보고는 마음 속으로 환희했다. 그는 앉으시길 청하여 온갖 맛있는 음식을 베풀어 공양했다. 공양을 드신 다음, 부처님께서도 국왕(國王)을 위해 갖가지로 설법하시자 왕은 더욱 부처님께 신심과 공경심을 내어 천신(天神)을 섬기던 일을 버리고 마음으로 받들어 경배하지 않았다.

이에 왕은 날마다 세 때로 꽃과 향을 가지고 여래를 공양하였다. 어느 날 못을 지키는 사람이 왕에게 꽃을 다 바친 뒤에 자신이 꽃 한 송이를 가지고 저자 거리를 향해 가던 도중에 외도(外道)를 만났다. 저 외도가 물었다.

"그대가 가진 꽃은 팔려고 하는가?"

"예, 팔려고 합니다."

때마침 수달다(須達多) 장자12)가 그 옆에 와서 또 물었다.

"그대가 이 꽃을 팔려고 하는가?"

이와 같이 두 사람이 각각 서로 경쟁하여 백천 냥

---

11) 코살라국의 국왕. 코살라국은 마가다국와 함께 부처님 당시의 양대 강국이었다. 부처님과 같은 나이었던 바사닉왕은 나중에 부처님께 귀의하고 불교의 호법자가 되었다.

12) 수달다 장자는 수달(須達), 선시(善施), 선급(善給)이라고도 불린다. 코살라국 바사익왕의 대신이자 부유한 상인으로 그에 못지않은 풍부한 동정심으로 가난하고 외로운 사람들을 많이 도왔다고 한다. 그리하여 고독한 이들에게 보시하는 자, 즉 급고독(給孤獨) 장자라는 칭호를 얻었다. 부처님께 기원정사를 시주한 바로 그 장자이다.

의 값을 불러도 서로가 양보하기를 싫어하므로, 마침내 꽃을 가진 사람이 먼저 외도에게 물었다.

"당신은 이 꽃을 사서 무엇을 하려는 것입니까?"

외도(外道)가 대답하였다.

"나는 이 꽃을 사서 나라연천(那羅延天)[13]에게 공양(供養)하여 복(福)을 구하려 하오."

다음엔 수달다 장자에게 물었다.

"당신은 이 꽃을 사서 무엇을 하려고 하십니까?"

수달다 장자가 대답하였다.

"나는 부처님께 공양(供養)하는 데 쓸 것이오."

꽃 가진 사람이 다시 물었다.

"어떠한 분을 부처님이라 합니까?"

수달다가 대답하였다.

"과거를 기억하는 지혜가 끝이 없고, 미래를 관찰하는 지혜가 또한 끝이 없어, 삼계(三界) 중에 가장 존귀하시며, 모든 천상과·세간의 사람들 모두가 공경하는 분이오."

꽃 가진 사람이 이 말을 듣고는 환희심을 품고 이렇게 염원하였다.

'수달다 장자는 거동이 찬찬하며 신중하고 빈틈이 없어 느닷없이 일을 결정하지 않거늘, 오늘 이 꽃을 사

---

13) 나라연천은 곧 범천(梵天)으로 제석천(帝釋天)과 함께 불법을 수호하는 금강역사이기도 하다.

기 위해 백천 냥의 대가를 치르려고 하니, 이 꽃을 사서 가려는 것에 반드시 이익이 있기 때문에 값의 고하(高下)를 따지지 않고 꼭 꽃을 얻으려는 것이로다.'

곧 꽃을 사려는 두 사람에게 대답하였다.

"나는 이 꽃을 팔지 않고 그대로 가지고 가서 부처님께 공양하려 합니다."

이 말을 들은 수달다는 기쁨을 이기지 못하고 곧 꽃을 가진 사람을 데리고 가서 부처님을 뵙게 하였다. 이 꽃을 가진 사람이 세존의 그 삼십이상(三十二相)과 팔십종호의 널리 비추는 광명이 마치 백천의 해와 같음을 보고는, 깊이 신심과 공경심을 내어 가진 꽃을 부처님께 뿌렸다.

그러자 허공에서 꽃 일산으로 변화하여 부처님을 따라다니기도 하고 멈추기도 하므로, 이러한 신통 변화를 보고 나서 곧 온몸을 땅에 엎드려 예배한 다음 이러한 큰 서원을 세웠다.

"원하옵건대 이 꽃을 공양한 선근 공덕으로 말미암아 미래세에 가서 눈 어두운 자에겐 밝은 눈을 얻게 하고,

귀의할 데 없는 자에겐 귀의할 곳을 얻게 하고,

구호(救護)를 받지 못한 자에겐 구호를 얻게 하고,

해탈(解脫)하지 못한 자에겐 해탈하게 하고,

열반(涅槃)에 이르지 못한 자에겐 열반의 경지에 들어가게 하옵소서."

이러한 큰 서원을 세우고 나자 부처님께서 빙그레 웃으시면서 곧 입으로부터 다섯 빛깔의 광명을 놓으시니 그 광명이 세 겹으로 부처님을 둘러싼 뒤에 도로 부처님의 정수리로 들어갔다.

이때에 아난이 부처님 앞에 나아가 아뢰었다.

여래께선 존중하시어 함부로 웃음을 나타내지 아니하셨거늘, 이제 빙그레 웃으심은 무슨 까닭이옵니까? 원하옵건대 세존께서 자세히 말씀해 주시옵소서."

부처님께서 아난에게 말씀하셨다.

"너는 이제 정원의 연못을 지키는 사람이 꽃을 가지고 나에게 공양하는 것을 보았느냐? 그는 미래세 삼 아승기겁을 지난 뒤에 성불하여 화성(花盛)이라는 명호를 얻어 한량없는 중생을 제도하게 될 것이다. 이런 까닭으로 웃었느니라."

여러 비구들이 부처님의 이 말씀을 듣고 환희심을 내어 받들어 행하였다.

8) 범지(梵志) 두 사람이 부처님과 그 누가 수승(殊勝)한가를 논쟁하는 인연

❀**부처님께서는 사위국 기수급고독원에 계셨다.**

그때 저 성에 두 범지가 있었으니, 한 사람은 깊이 불법을 믿어 항상 여래의 공덕이 삼계에 있어서 가장 존귀하다고 찬탄하는 범지였으며, 다른 한 사람은 깊이 삿된 소견에 집착되어 외도(外道)의 여섯 스승보다 더 뛰어난 이가 없다고 말하는 범지였다.

이와 같이 서로 끊임없이 논쟁하다가 드디어 나라 에까지 알려지자, 어느 날 바사닉왕이 범지 두 사람을 불러서 그 논쟁하는 이유를 물었다. 먼저 외도(外道)를 믿는 범지(梵志)가 말했다.

"제가 받들어 섬기는 부란나(富蘭那) 등은 실제 신통력이 있어서 저 구담(瞿曇)14) 사문보다 수승합 니다."

왕이 다시 불법(佛法)을 믿는 범지(梵志)에게 물었 다.

"이제 그대가 섬기는 구담 사문은 어떠한 신통력을 지니었는가?"

불법(佛法)을 믿는 범지가 대답하였다.

"제가 섬기는 구담 사문이야말로 그 누구도 따를 수 없는 절대의 신통력을 지니셨습니다."

바사닉왕은 이 두 범지의 말을 듣고 나서 이렇게 말하였다.

"그대들이 이제 각자가 섬기는 천신(天神)을 제일이 라 칭찬하니 그 누가 수승한가를 알 수 없구나. 내가 지 금부터 그대들을 위해 앞으로 7일 동안의 기간을 두고 온 국내에 명령하여 백천만 백성들을 넓은 곳에 집합시

14) 구담(瞿曇)은 범어 고타마(gautama)의 한역어로 석가족이란 뜻이 다. 여기서는 석가모니 부처님을 가리킨다.

켜 그대들의 신통을 시험해 보겠으니, 그대 두 사람은 각자 향을 사르고 꽃을 흩고 물을 뿌린 뒤에 그대들 스승을 청해 이 모임에 오게 하여 공양해야 하리라.”

이때 두 범지(梵志)는 왕의 말을 듣고 서로 그렇게 하기를 약속하였다. 왕 역시 7일이 되던 날 백성들을 불러 보았다.

이에 두 범지가 대중 앞에서 각각 발원하기를 시작하여, 먼저 부란나 외도를 믿는 범지가 향·꽃과 깨끗한 물을 가지고 대중 앞에서 큰 서원을 세웠다.

‘제가 받드는 부란나께서 과연 신통력이 있으시거든 이 향·꽃과 깨끗한 물을 허공으로부터 스승님의 처소에 이르게 하소서. 또한 저의 마음을 아시어 이 모임에 왕림해 주시고, 만약 신통력이 없으시거든 이 향·꽃과 깨끗한 물을 그대로 멈추어 가지 않게 하옵소서.’

이와 같이 발원(發願)하자, 저 범지가 뿌린 향·꽃과 깨끗한 물이 다 멈추어 가지 않고 곧 땅에 떨어지고 말았다. 대중들이 이 광경을 보고 그 신통력 없음을 알게 되자 서로가 말했다.

“저 부란나 등은 실제로 신통력이 없으면서 우리들 온 국민의 공양만 헛되이 받아 왔소.”

다음엔 불법(佛法)을 믿는 범지가 대중 앞에서 향·꽃과 깨끗한 물을 가지고 허공에 뿌리면서 이렇게 발원하였다.

‘여래께서 이제 실제 신통력이 있으시다면 제가 뿌

린 이 향·꽃과 깨끗한 물을 여래의 처소에 이르게 하
소서. 또한 저의 마음을 아시어 이 모임에 왕림해 주옵
소서.'

　이와 같이 발원(發願)하자 곧 향 연기와 꽃 구름이
멀리 사위국을 덮은 뒤에 허공에서 꽃 일산으로 변화하
여 부처님 위에 이르러서 부처님을 따라다니기도 하고
멈추기도 하였다.

　한편 깨끗한 물은 마치 유리처럼 부처님께서 계시
는 앞의 땅을 씻고 나서 되돌아오자, 이때 대중들은 이
러한 변화를 보고 전에 없던 일이라 찬탄하면서 깊이
부처님께 신심과 공경심을 내어 그 외도를 섬기던 생각
을 다 버렸다. 범지는 소원을 이미 성취했으므로, 곧 온
몸을 땅에 엎드려 이러한 큰 서원을 세웠다.

**'원하옵건대 이 향기와 꽃을 뿌리고 물을 뿌린 공덕
으로 미래세에 가서 눈 어두운 자에겐 밝은 눈을 얻
게 하고,**
귀의할 데 없는 자에겐 귀의할 곳을 얻게 하고,
구호를 받지 못한 자에겐 구호를 받게 하고,
해탈하지 못한 자에겐 해탈하게 하고,
안온하지 못한 중생은 안온하게 하고,
**열반에 이르지 못한 자에겐 열반의 경지에 들어가게
하옵소서.'**

　이렇게 발원하자 부처님께서 빙그레 웃으시면서 곧
그 입으로부터 다섯 빛깔의 광명을 놓으시니 그 광명이
세 겹으로 부처님을 둘러싼 뒤에 도로 부처님의 정수리

로 들어갔다.

그때 아난이 부처님 앞에 나아가 아뢰었다.

"여래께선 존중하시어 함부로 웃음을 나타내지 아니하였거늘 이제 빙그레 웃으심은 무슨 까닭이옵니까? 원하옵건대 세존께서 부연 설명해 주시옵소서."

부처님께서 아난에게 말씀하셨다.

"너는 이제 저 범지가 향·꽃과 깨끗한 물로써 나에게 공양하는 것을 보았느냐?"

아난이 아뢰었다.

"그러하옵니다. 이미 보았나이다."

"저 범지는 미래세 3아승기겁을 지난 뒤 성불하여 부동(不動)이란 명호를 얻어 한량없는 중생을 제도하게 될 것이다. 이러한 까닭으로 웃었느니라."

여러 비구들이 부처님의 이 말씀을 듣고 기뻐하면서 받들어 행하였다.

9) 부처님이 설법하시어 두 국왕을 제도하고 출가시킨 인연

❀부처님께서는 사위국 기수급고독원에 계셨다.

그때 어떤 두 국왕이 서로 투쟁하여 많은 백성들을 해치고 밤낮으로 음모를 꾸몄다. 때마침 바사닉왕은 저 두 왕이 생사에 유전(流轉)15)되어 구제하기 어려운 것을 보고 생사에서 해탈시키기 위해 부처님 처소에 나아가서 엎드려 예배한 뒤에 한쪽에 물러나 앉아 아뢰었다.

"세존이시여, 여래께선 더없는 법왕(法王)이시라 항상 저 고액(苦厄)에 허덕이는 중생들을 관찰하시어 구호하시고 서로 투쟁하는 자를 화해하게 하십니다. 이제 두 왕이 항상 투쟁하기를 일삼아서 화해할 줄 모르고 많은 백성들만 살해하오니, 원하옵건대 세존께서 저 두 왕을 화해시켜 서로 투쟁하지 못하게 하시옵소서."

부처님께서 곧 그렇게 하기를 허락하시고, 그 뒤 어느 날 옷을 입고 발우를 잡고서 여러 비구들에 둘러싸여 바라날국(波羅㮈國)의 녹야원(鹿野苑)16)에 도착하셨다.

그때가 바로 두 왕이 제각기 군사를 집합시켜 전투를 시작할 무렵이었는데, 그 중의 한 국왕이 매우 겁약(怯弱)하여 당황하다간 물러나와 부처님에게로 갔다. 곧 앞에 나아가 엎드려 예배하고 한쪽에 물러나 앉아 있었다.

부처님께서 그 왕을 위해 다음의 무상게(無常偈)를 말씀해 주셨다.

높다는 것도 언젠가는 떨어지고

15) 유전(流轉)이란 중생이 육도(六道: 천, 인간, 아수라, 축생, 아귀, 지옥)의 가운데에 생사의 고(苦)에서 벗어나지 못함을 말한다.

16) 지금의 바라나시(Varanasi)에서 북동쪽으로 7km 떨어진 사르나트(Sarnath)에 위치한다. 녹야원은 석가모니 부처님이 초전법륜(初轉法輪)을 굴리신 곳이다. 부처님께서는 부다가야에서 깨달음을 얻으신 후, 삼칠일 동안 200km 떨어진 이곳에 당도하여 교진여를 비롯한 다섯 비구에게 최초의 설법을 하셨다고 한다.

있다는 것도 언젠가는 없어지며
태어난 자 언젠가는 죽어가고
모이는 자 마침내는 흩어지네.

그때 국왕은 세존의 이 게송(偈頌)을 듣고 나서 곧 마음이 열리고 뜻을 이해하게 되어 수다원과(須陀洹果)를 얻었다. 곧 부처님께 출가하기를 청하므로, 부처님께서 그에게 말씀하셨다.

"잘 왔도다. 비구야."

그러자 저절로 수염과 머리털이 떨어지고 몸에 가사가 입혀졌다. 그리고 사문이 되어서 부지런히 닦고 익혀 아라한과(阿羅漢果)를 얻었다.

저 두 번째 왕은 부처님 세존께서 그 왕을 제도하여 출가시켰음을 듣고 두려움 없이 마음이 태연해졌다. 다시 부처님께 나아가 엎드려 예배하고 한쪽에 물러나 앉아 설법을 듣고 더욱 환희심을 내었다. 그리고 부처님을 자기 나라에 오시기를 청하여 부처님의 허락을 얻고, 본국에 돌아가 온갖 맛있는 음식을 준비해 부처님과 여러 스님들을 청하여 공양한 뒤에 부처님 앞에서 곧 서원을 세웠다.

'원하옵건대 이 공양의 선근 공덕으로 말미암아 미래세에 가서 눈 어두운 자에겐 밝은 눈을 얻게 하고,

귀의할 데 없는 자에겐 귀의할 곳을 얻게 하고,
구호를 받지 못한 자에겐 구호를 받게 하고,
해탈하지 못한 자에겐 해탈하게 하고,

안온하지 못한 자는 안온하게 하고,

열반에 이르지 못한 자에겐 열반의 경지에 들게 하소서.'

이렇게 발원하자 부처님께서 곧 빙그레 웃으시면서, 다시 그 입으로부터 다섯 빛깔의 광명을 놓으시니, 그 광명이 세 겹으로 부처님을 둘러싼 뒤에 도로 부처님의 정수리로 들어갔다.

그때 아난이 부처님 앞에 나아가 아뢰었다.

"여래께선 존중하시어, 함부로 웃음을 나타내지 아니하셨거늘 이제 빙그레 웃으심은 무슨 까닭이옵니까? 원하옵건대 그 까닭을 자세히 말씀해 주시옵소서."

부처님께서 아난에게 말씀하셨다.

"너는 이제 이 반차야(般遮耶) 국왕이 나에게 공양하는 것을 보았느냐?"

아난이 아뢰었다.

그러하옵니다. 이미 보았나이다."

그는 나를 공양한 공덕으로 말미암아 나쁜 갈래에 떨어지지 않고 천상·인간에서 항상 쾌락을 받으며, 앞으로 3아승기겁을 지난 뒤에 성불하여 무승(無勝)이라는 명호로 한량없는 중생을 제도하게 될 것이다. 이러한 까닭으로 웃었느니라."

여러 비구들이 부처님의 이 말씀을 듣고 기뻐하면서 받들어 행하였다.

10) 장자가 7일 동안 임금 노릇을 하게 된 인연

❖부처님께서는 사위국 기수급고독원에 계셨다.

그때 바사닉왕과 아사세왕(阿闍世王)[17]이 서로 분쟁하여 각 상병(象兵)·마병(馬兵)·거병(車兵)·보병(步兵) 등 네 가지 군사를 집합시켜 서로 교전했는데, 바사닉왕

---

[17] 아사세왕은 마가다국 빔비사라왕과 위제희 왕비(王妃)의 태자로 유명한 미생원(未生怨) 이야기의 주인공이다. 〈관무량수경〉에는 부왕(父王)인 빔비사라와 아사세왕 사이의 깊은 악연(惡緣)에 따른 비극적 이야기를 전하고 있다: 마가다국 수도 왕사성에 살고 있던 빔비사라 왕은 예언가로부터 산속에 은거한 한 선인(仙人)이 입적하면 그 인연으로 왕자를 얻는다는 계시를 듣는다. 이에 빔비사라왕은 속히 왕자를 볼 욕심(慾心)에 선인의 죽음을 기다리지 않고 자객(刺客)을 보내 살해(殺害)하였는데, 그날로 왕비 위제희가 임신(姙娠)을 하고 열달 후 아세사 왕자를 낳게 되었다. 아세사가 태어날 때에 손을 꼭 움켜쥐고 있어 그 손을 펴보니 '미생원(未生怨)'이란 글자가 새겨져 있었는데, 이는 곧 '태어나기 전부터의 원한'이란 뜻이자, '아직 발아하지 않은(미래의) 원한'이란 뜻이다. 이를 보고 불길하다 하여 부왕 빔비사라는 아기를 죽이고자 하였으나, 번번히 실패하게 되니 곧 운명으로 생각하고 기르게 되었다. 아사세 태자가 성장한 후 제바달다가 아사세 태자에게 과거(過去)의 일을 알리고 부추겨 왕위(王位)를 찬탈하게 하였다. 빔비사라왕과 위제희 왕비는 감옥에 갇히게 되자, 지난 죄업을 부처님께 참회하고 극락으로 가는 16가지 관법(觀法)을 배운다. 빔비사라는 아세사가 왕위를 굳히고자 자신을 참살하는 죄를 또 지을 것을 걱정하여 자결을 하였는데, 한발 늦게 이들을 석방하라는 아사세왕의 명(命)이 당도하였다. 마침 태어난 자신의 첫아이를 안게 된 아사세왕이 뒤늦게 부모(父母)의 심정을 헤아리고 사형(死刑)을 멈추게 했던 것이나, 이미 때는 늦었고, 아사세왕은 마지막까지 자신(自身)을 염려한 부모(父母)의 소식을 듣고 피눈물을 흘리며 뉘우쳤다 한다. 역사적으로는 아사세왕 역시 자식(子息)에게 죽임을 당한 것으로 전하고 있으니, 참으로 묘하고도 질긴 업보(業報)의 소산이 아닐 수 없다.

의 군사가 모두 패하였다.

　이렇게 세 번을 거듭하자, 왕은 단신으로 성에 돌아와서 매우 우울하고도 수치스러워 잠자는 것을 잊어버린 채 음식을 먹지 않았다.

　때마침 한량없고 헤아릴 수 없는 많은 재보(財寶)를 지닌 어떤 장자(長子)가 이 사실을 듣고 왕에게 와서 말하였다.

　"저의 집에 금(金)·은(銀) 따위의 값진 보물이 많이 있으니, 왕께서 이것을 마음대로 이용하여 코끼리와 말을 사들이고 상을 걸고 장정을 모집한다면, 도로 적군을 반격하여 승리를 거둘 수 있을 것입니다. 이제 왕께서는 너무 근심하거나 괴로워하지 마십시오."

　왕(王)이 그렇게 하기를 허락하자, 장자는 곧 갖은 보물을 모두 꺼내어 왕에게 바쳤다. 왕은 이에 장정을 모집하기 위해 나라에 두루 다니면서 힘센 장정을 구하였다. 한 장정이 그 모집에 응해 기원(祇洹)의 문에 이르렀는데, 어떤 두 장사가 전법(戰法)에 대해 논쟁하는 것을 들었다. 그 장사의 말에 의하면 '가장 날래고도 용맹스러운 군사를 진두(陳頭)에 세우고, 그 다음 보통 군사를 중간에 두고, 맨 뒤에 저열한 군사를 배치해야만 승리할 수 있다'는 것이었다.

　이 말을 들은 장정이 바로 왕의 처소에 나아가서 저 장사들이 논쟁한 전법 그대로를 왕에게 보고하였다. 왕이 또한 이 말을 받아들여 곧 네 가지 군사사병(四兵)를 모집해 과연 저 장사의 전법 그대로 가장 날랜 군사를 진두에, 저열한 군사를 맨 뒤에 배치하였다.

서로 교전한 결과, 마침내 그 적군을 쳐 모든 코끼리와 말을 노획하고 아사세왕을 사로잡아 크게 기뻐하며 보배 수레에 싣고 부처님께 나아가 아뢰었다.

"세존이시여, 저로선 아사세왕과 오랜 세월을 지내는 동안 당초부터 아무런 원한도 없고 질투도 없었건만, 저 왕이 도리어 저를 원수처럼 여겨 왔습니다. 그러나 아사세왕의 부왕이 바로 저의 친한 친구인지라 차마 그 아들의 생명을 해칠 수 없어 이제 본국으로 돌려보낼까 하옵니다."

그때 부처님께서 바사닉왕을 칭찬하셨다.

"좋습니다, 좋습니다. 친한 사이건 친하지 않은 사이건 간에 마음을 항상 평등히 해야 성현들이 칭찬합니다."

이렇게 말씀하시고 다시 게송(偈頌)을 읊었다.

싸워서 지는 자 두려워하고
이기는 자 기뻐하기 마련이지만
그대 이제 저 왕을 해방시킴은
한꺼번에 두 사람의 즐거움을 얻는 것이네.
그보다도 지고 이김을 초월하는 것이
바로 최상의 미묘함이라.

이때 바사닉왕은 부처님께 이 게송(偈頌)을 듣고 곧

아사세왕을 그의 본국으로 돌려보낸 다음, 사위국으로부
터 돌아와서 스스로 이렇게 염언(念言)하였다.

'내가 이번 전투에서 승리를 거둔 것은 오로지 저
장자가 값진 재보를 나에게 희사해 줌으로써 그것을 자
본 삼아 상을 걸어 장사를 모집할 수 있었기 때문이다.'

이렇게 생각하고 나서, 곧 장자를 불러 말하였다.

"내가 이번 전투에서 그대가 희사한 값진 보물로
상(賞)을 걸어 장사들을 모집하였기에 승리를 거두게 되
었다. 이제 그대의 은혜를 갚겠으니 그대의 소원이 무엇
인가?"

이때 장자가 무릎을 꿇고 왕에게 대답하였다.

"저로 하여금 두려움 없이 말할 수 있게 허용하신
다면 감히 말씀드리겠나이다."

왕이 곧 허락하였다.

"그대의 말대로 모든 것을 다 들어 주리라."

장자가 다시 말하였다.

"제가 원하옵건대, 왕을 대신하여 7일 동안 이 천
하를 통치하고자 합니다."

이에 왕이 곧 허락하였다. 동시에 소원을 만족시키
기 위해 북을 치고 장자를 세워 정식 국왕으로 모셨다.
그리고 온 국민들에게 북을 치고 명령하며 다 그 사실
을 알게 하였다.

곧 경내의 작은 왕소왕(小王)들에게 각자 사신을 보내어
7일 동안 모든 정사를 중지하고 모두 와서 자기에게 조
배(朝拜)하게 했다. 함께 삼보(三寶)에 귀의하여 부처님을

청해 공양하기를 7일 동안 하고 매우 크게 기뻐하며 온 몸을 땅에 엎드려 예배하고서 이러한 큰 서원을 세웠다.

'원하옵건대 이 7일 동안 왕 노릇을 한 공덕으로 말미암아 미래세에 가서 눈 어두운 중생에겐 밝은 눈을 얻게 하고,

귀의할 데 없는 중생에겐 귀의할 곳을 얻게 하고,

구호를 받지 못한 중생에겐 구호를 받게 하고,

해탈하지 못한 중생에겐 해탈하게 하고,

안온하지 못한 중생에겐 안온하게 하고,

열반에 이르지 못한 중생에겐 열반의 경지에 들게 하소서.'

이렇게 발원하자, 부처님께서 빙그레 웃으시면서 곧 입으로부터 다섯 빛깔의 광명을 놓으시니, 그 광명이 세 겹으로 부처님을 둘러싼 뒤에 도로 부처님의 정수리로 들어갔다.

그때 아난이 부처님 앞에 나아가 아뢰었다.

"여래께선 항상 스스로 존중하시어, 함부로 웃음을 나타내지 아니하셨거늘, 이제 빙그레 웃으심은 무슨 까닭이옵니까? 원하옵건대 세존께서 자세히 말씀해 주시옵소서."

부처님께서 아난에게 말씀하셨다.

"너는 이제 저 장자가 7일 동안 국왕(國王) 노릇을 하면서 나에게 공양하는 것을 보았느냐?"

아난이 아뢰었다.

"그러하옵니다. 이미 보았나이다."

"저 장자는 나를 청한 것으로 말미암아 미래세 삼아승기겁을 지난 뒤에 성불하여 최승(最勝)이라는 명호로 한량없는 중생을 제도하게 될 것이다. 이러한 까닭으로 웃었느니라."

부처님께서 이 장자가 국왕 노릇을 하게 된 인연을 말씀하실 적에, 혹은 수다원과(須陀洹果)를 얻은 자도 있고, 혹은 사다함과(斯陀含果), 혹은 아나함과(阿那含果), 혹은 아라한과(阿羅漢果)를 얻은 자도 있으며, 혹은 벽지불(辟支佛)의 마음과 혹은 위없는 보리의 마음을 내는 자도 있었다.

여러 비구들이 부처님의 이 말씀을 듣고는, 모두 기뻐하면서 받들어 행하였다.

찬집백연경 제2권

오 월지 우바새 지겸 한역

2. 보응수공양품(報應受供養品)

11) 뱃사공들이 부처님께 청해 물을 건너시게 한 인연

❀**부처님께서는 사위국 기수급고독원에 계셨다.**

그때 이라발(伊羅拔) 강가에 여러 뱃사공들이 머물고 있었는데, 어느 날 부처님께서 여러 비구들을 데리고 선사(船師)들을 교화하기 위해 강(江)을 건너려고 하셨다.

뱃사공들이 부처님께서 오시는 모습을 바라보고 각각 환희심을 내어 배를 타고 강물을 건너와서 부처님 앞에 예배하고 아뢰었다.

"세존이시여, 내일 배를 타고 강을 건너 오십시오."

부처님께서 곧 그렇게 하기를 허락하셨다.

이에 뱃사공들은 배를 장엄하게 꾸미고 길을 평탄하게 닦아 기와·돌 따위의 온갖 부정한 물건을 다 제거했다. 동시에 당기와 번을 세우고 향수를 뿌리며, 온갖 미묘한 꽃을 흩뿌리고 배를 장엄하여 부처님을 비롯한 여러 스님들을 기다리고 있었다.

이튿날이 되자, 세존께서 여러 비구들을 거느리고

강가에 도착하시어 배를 타고 강물을 건너 마을에 이르러 자리 깔고 앉으셨다. 뱃사공들이 대중들의 좌정함을 보고는 손수 갖가지 맛있는 음식을 받들어 공양한 다음, 모두 부처님 앞에서 우러러 설법 듣기를 기다렸다.

이때 세존께서 곧 그들의 근기에 맞추어 사제(四諦)의 법[18]을 설하시자 마음이 열리고 뜻을 이해하게 되어 수다원과를 얻는 자, 혹은 사다함과를 얻은 자, 혹은 아나함과를 얻은 자도 있고, 내지 위없는 보리심을 내는 자도 있었다.

이때 여러 비구들이 물을 건너 공양하시는 것을 보고는, 전에 없던 일이라고 괴이하게 여기면서 부처님 앞에 나아가 아뢰었다.

"여래께서는 과거세에 어떠한 복을 심으셨기에 이제 강물을 건너와서 이러한 자연스러운 공양을 받게 되나이까?"

부처님께서 여러 비구들에게 말씀하셨다.

"너희들은 자세히 들어라. 내가 이제 너희들을 위해 분별 해설하리라. 과거세 한량없는 겁 때에 바라날국(波羅捺國)에 비염바(毘閻波)라는 부처님이 세간에 출현하시어 비구들을 데리고 다른 여러 국토를 다니시면서 교화하셨다. 한 강가에 이르자 많은 상객(商客)들이 값진 보물을 가지고 역시 다른 나라로부터 이 강가에 와서 부처님을 비롯한 그 육만 이천 아라한(阿羅漢) 대중을

---

18) 사제법(四諦法)이란 고(苦), 집(集), 멸(滅), 도(道)의 네 가지 진리를 말한다.

보고 깊이 신심과 공경심을 내어 부처님 앞에 나아와서 이렇게 물었다.

'강물을 건너려고 하십니까?'

부처님께서 곧 그렇다고 하시자, 그들은 부처님과 여러 스님들께 온갖 맛난 음식을 갖춰 공양한 다음, 다시 이렇게 간청하였다.

'원하옵건대 세존께서 먼저 강을 건너시옵소서. 혹시 도적이 비구들의 옷과 발우를 빼앗을까 염려되옵니다.'

그때 저 세존께서 곧 강물을 건너시어 모든 상객들을 위하여 갖가지 법을 설하시자 그들이 각각 기뻐하여 보리심을 내었으며, 곧 상주(商主)에게 수기(授記)하시되 '그대는 미래세 성불할 때 석가모니란 명호를 얻어서 한량없는 중생들을 널리 제도하리라'고 하셨다."

부처님께서 여러 비구에게 말씀하셨다.

"알아 두라. 그때의 상주는 바로 나의 전신이고, 그때의 상객은 바로 지금의 6만 2천 나한들의 전신이다.

이것은 다 그 당시 부처님을 공양하였기에 한량없는 세간에서 나쁜 갈래에 떨어지지 않고 천상·인간에 항상 쾌락을 받아 왔으며, 현재세에 성불하였기에 모든 하늘·사람들이 다 나에게 와서 공양하는 것이니라."

여러 비구들이 부처님의 이 말씀을 듣고 기뻐하면서 받들어 행하였다.

12) 관정왕(灌頂王)이 부처님을 청해 공양한 인연

✤부처님께서는 왕사성 가란타 죽림에 계셨다.

그때 세존께서 6만 2천의 아라한들을 거느리고 구비라국(拘毘羅國)에 가셨다. 그 나라의 백성들이 품성(禀性)이 착하고 인자하며, 생각이 너그럽고 넓은지라, 여래께서 이렇게 생각하셨다.

'내가 이제 우두전단(牛頭栴檀)나무로 중각(重閣) 강당을 만들어 저 일만 대중들을 교화하리라.'

이렇게 생각하고 나자, 때마침 제석천이 부처님의 생각하시는 마음을 알고서 여러 하늘·용·야차·구반다(究槃茶)[19] 등과 함께 제각기 우두전단 나무를 가지고 부처님께 바쳤다. 여래를 위해 큰 강당을 세우고서 천상의 상탑(床榻)·침구·담요와 천상의 음식 등을 자연스럽게 갖춰 부처님을 비롯한 비구 스님들께 공양하였다.

이때 저 민중(民衆)들이 이 일을 보고서 전에 없던 일이라고 찬탄한 나머지, 각각 이렇게 말하였다.

"이제 여래께서 이러한 큰 공덕과 이익을 보여주시니, 이에 감격하여 저 하늘들이 모두 공양을 바치는 것이로다."

그리고는 한꺼번에 부처님 앞에 나아가서 엎드려 예배한 다음, 한쪽에 물러나 있었다. 부처님께서 곧 그들에게 사제법(四諦法)을 펴서 말씀하시니, 마음이 열리

---

19) 구반다는 불교에서 전하는 귀신(鬼神)의 일종으로 사람의 정기를 먹는다고 한다.

고 뜻을 이해하게 되자, 혹은 수다원과를 얻은 자, 혹은 사다함과를 얻은 자, 혹은 아나함과를 얻은 자도 있고, 혹은 위없는 보리심을 내는 자도 있었다.

이때 여러 비구들이 저 하늘들이 상탑(床榻)을 마련하고 음식을 준비하며 부처님께 공양하는 광경을 보고는, 전에 없던 일이라고 찬탄하면서 부처님 앞에 나아가 아뢰었다.

"알 수 없는 일이옵니다. 여래께선 과거세에 어떠한 복을 심으셨기에 이제 여러 하늘들이 이러한 공양을 바치나이까?"

이때 세존께서 여러 비구들에게 말씀하셨다.

"너희들은 자세히 들어라. 내가 이제 너희들을 위해 분별 해설하리라.

과거세 한량없는 세간에 범행(梵行)이란 부처님이 바라날국(波羅捺國)에 출현하시어 여러 비구들과 함께 유행(遊行)하면서 교화하셨는데, 때마침 관정왕(灌頂王)이 부처님이 오신다는 소문을 듣고 성문에 나와 받들어 맞이한 다음, 땅에 엎드려 예배하고서 부처님과 여러 스님들을 청하였다.

'원하옵건대 저의 처소에 왕림하시어, 석 달 동안 우리의 네 가지 공양(四事供養)[20]을 받아 주시옵소서.'

부처님께서 그렇게 하기를 허락하셨다.

이에 곧 중각강당을 마련하여 거기에 상탑(床榻) · 와구(臥具)를 갖춰 두며, 한편 온갖 음식을 준비하여 석

---

20) 음식(飮食), 의복(衣服), 침구(寢具), 약(藥)의 네 가지 공양.

달 동안 공양하고 다시 미묘한 의복 한 벌씩을 보시하였다.

부처님께서 왕을 위해 갖가지로 설법하시자, 마음으로 기뻐하여 보리심을 내는지라, 왕에게 수기(受記)하시되, '그대가 미래세에 성불할 때엔 석가모니란 명호로 그 한량없는 중생들을 다 제도하리라'라고 하셨다."

부처님께서 여러 비구들에게 말씀하셨다.

"알아 두라. 그때의 관정왕은 바로 나의 전신(前身)이고, 그때의 많은 신하들은 바로 지금의 6만 2천 아라한들의 전신이다. 그 당시 부처님을 모두 공양하였기에 한량없는 세간에서 나쁜 갈래에 떨어지지 않고 항상 천상·인간에 태어나 쾌락을 받아 왔으며, 현세에 스스로 성불하였기에 저 하늘·사람들이 모두 나에게 와서 공양하는 것이니라."

여러 비구들이 부처님의 이 말씀을 듣고 기뻐하면서 받들어 행하였다.

13) 법호왕(法護王)이 부처님을 청해 목욕하시게 한 인연

❀**부처님께서는 사위국 기수급고독원에 계셨다.**

그때 저 성(城)에 머물러 있던 5백 명의 상객(商客)들이 다른 나라에 가서 물건을 팔아 많은 이익을 얻기는 했으나 돌아오는 도중 한 벌판에서 길을 잃어 나아갈 바를 알지 못하고 있었다.

　때 마침 혹독한 더위까지 만나 갈증으로 죽을 지경에 이르러 각각 천신(天神)에게 기도를 올리면서 신의 도움을 구하였으나 아무런 감응이 없자, 그 상인들 가운데 어떤 우바새(優婆塞)[21] 한 사람이 대중들에게 이렇게 말하였다.

　"여래 세존께서 항상 대비하신 마음으로 밤낮없이 중생들 가운데 그 누가 고액(苦厄)을 받는가를 관찰하시어 직접 가서 구호하신다고 하니, 우리들도 이제 다 지극한 마음으로, **'나무불타(南無佛陀)'**[22]를 불러 이 고액을 구하자."

　여러 상객들이 이 말을 듣고 한꺼번에 같은 소리로 '나무불타'를 부르면서 갈증과 더위에서 구제 받기를 원하였다.

　이때 여래께서는 멀리 여러 상객들이 이러한 부처님의 명호를 부르는 음성을 들으시고 곧 제석천과 함께 상객들이 있는 곳에 가서 큰 단비감우(甘雨)를 퍼부어 더위와 갈증을 다 제거해 주셨다. 그들이 각기 기쁨에 넘쳐 본국에 돌아가서 부처님과 스님들을 청하였다.

　부처님께서 즉시 그 청을 허락하시자, 당기와 번을 세우고 온갖 보배 방울을 달고 향수를 땅에 뿌리고 미묘한 꽃을 흩고 갖가지 향을 사르며, 맛난 음식을 준비

---

21) 우바새(優婆塞, upasaka)는 부처님의 가르침을 따르는 남자 재가 제자를 칭하는 말이다. 불교계율이 확립된 후 출가하지 않고 수행하는 남자신도를 우바새, 여자신도를 우바이(優婆夷)라고 불렀다.

22) 나무(南無)는 '귀의(歸依)'를 의미한다.

해 두고서 부처님께 나아가 아뢰었다.

"원하옵건대 세존께서는 때를 맞춰 왕림하소서. 식사 준비가 이미 끝났습니다."

그때 세존께서는 옷을 입고 발우를 가지고 여러 비구들과 함께 그 집에 도착하시어 공양을 받으셨다. 이때 상객들이 법을 듣고자 하므로 부처님이 곧 갖가지 법을 설하시니 마음이 열리고 뜻을 이해하게 되어, 혹은 수다원과를 얻은 자, 혹은 사다함과를 얻은 자, 혹은 아나함과를 얻은 자도 있으며, 내지 위없는 보리심을 내는 자도 있었다.

이때 여러 비구들이 이 일을 보고 나서 부처님께 아뢰었다.

"여래 세존께선 과거세(過去世)에 어떠한 복을 심으셨기에, 이제 상객들이 이러한 공양을 바치고 다시 도과(道果)를 얻게 하시나이까?"

세존께서 여러 비구들에게 말씀하셨다.

"너희들은 자세히 들어라. 내 이제 너희들을 위해 분별 해설해 주리라.

과거세 바라날국(波羅奈國)에 전단향(栴檀香)이라는 부처님이 출현하시어 여러 비구들을 데리고 법호왕(法護王)의 나라에 가셨다. 그때 마침 오랜 가뭄으로 인하여 농작물들을 거두지 못하고 있었다. 그러나 왕은 부처님이 오신다는 소문을 듣고 여러 신하들과 함께 부처님을 맞이하여 청하기를, '원하옵건대 석 달 동안만이라도 저희들의 네 가지 공양을 받아 주소서'라고 하였다.

　　부처님께서 그 청을 받아들이시자, 왕은 다시 성문
안에 목욕 연못욕지(浴池)을 만들어서 부처님과 스님들이
수시로 목욕할 수 있게 하고는, 이러한 큰 서원을 세웠
다.

　　**'바라옵건대 이 공덕으로 말미암아 제석천께서
는 온 염부제에 큰 단비를 두루 퍼부어 모든 농작물
을 윤택하게 하시어 중생들을 구제해 주소서.'**

　　이와 같이 발원하자 곧 하늘에서 비가 내리기 시작
하여 모두 이익을 받지 않음이 없었다. 왕은 또 8만 4
천의 보배병보병(寶瓶)을 만들어 그 보배병 안에 부처님이
목욕하신 물을 가득 넣어서 온 염부제의 8만 4천 성(城)
마다 각자 한 병씩을 나눠 주어 탑묘(塔廟)를 만들어 공
양하게 하고 곧 위없는 보리심을 내었다.

　　저 전단향 부처님은 왕에게 수기(授記)하시되, '그대
는 미래세에 성불할 때엔 **석가모니(釋迦牟尼)**란 명호로
한량없는 중생을 제도할 것이오'라고 하셨다."

　　부처님께서 여러 비구들에게 말씀하셨다.

　　"알아 두라. 그때의 법호왕은 바로 나의 전신(前身)
이고, 그때의 여러 신하들은 바로 지금의 여러 비구들의
전신(前身)이다. 그 당시 저 부처님을 공양하였기에 한량
없는 세간에서 나쁜 갈래에 떨어지지 않고 항상 천상·
인간의 쾌락을 받아 왔으며, 또 현세에 와서 성불하였기
에 이 여러 하늘·사람들이 나를 공양하는 것이니라."

　　여러 비구들이 부처님의 이 말씀을 듣고 기뻐하면
서 받들어 행하였다.

14) 부처님께서 전염병을 구제해 주신 인연

❀부처님께서는 왕사성 가란타 죽림에 계셨다.

그때 나라(那羅)라는 부락에 전염병이 만연되어 많은 백성들이 목숨을 잃게 되었다. 모두들 천신(天神)에게 기도를 올려 전염병을 제거하려 했으나, 좀처럼 병이 치유되지 않았다. 그러던 차에 그 부락의 어떤 우바새 한 사람이 대중들에 이렇게 말하였다.

"여래께서 이 세상에 계시어 중생들을 다 이익되고 안락케 하시니 우리들도 함께 한마음으로 **'나무불타'** 를 불러서 이 병고의 환난을 구제해 주시도록 빌어야 하리라."

이 말을 들은 대중들이 각각 한꺼번에 **'나무불타'** 를 부르며, '세존이시여, 원하옵건대 대자대비하신 마음으로 저희들을 전염병의 고통에서 벗어나게 보호해 주옵소서'라고 하였다

그때 세존께선 항상 대비하신 마음으로 밤낮 여섯 때로 중생들 가운데 누가 고액을 받고 있는가를 관찰하시어 직접 가서 제도하시되 그들로 하여금 선한 법을 닦아 온갖 고통을 아주 뽑아버리게 하시던 차제였다.

마침 전염병에 허덕이는 이 백성들이 한꺼번에 일심(一心)으로 부처님 명호(名號)를 부르면서 그 병고에서 벗어나려고 하는 것을 들으시고는, 곧 여러 비구들과 함

께 그 부락에 가셔서 역시 대비하신 마음으로 민중들을 제도하되 선한 법을 닦도록 권유하시자, 그 전염병을 퍼뜨리는 귀신이 한꺼번에 다 물러나 흩어져 다시는 후환이 없었다.

이때 부락 사람들이 과연 여래께서 이같이 백성들을 이롭게 하고 안락하게 하심을 보고 나서, 각각 이렇게 말하였다.

"이제 우리들이 부처님의 은혜를 입어 생명을 보전하게 되었으니, 내일엔 어떤 모임을 마련해 불세존을 청해 모셔야 하리라."

이렇게 말한 다음, 각각 부처님 앞에 나아가 엎드려 예배하고 꿇어앉아 아뢰었다.

"원하옵건대 세존께서 저희들의 청을 받아 주소서."

부처님께서 곧 그들의 청을 받아들이시자, 여러 민중들은 각각 본가에 돌아가서 길을 닦되 기와·돌 따위의 더러운 물건을 다 제거하고, 당기·번기를 세워 거기에 여러 보배 방울을 달고, 향수를 땅에 뿌리고, 온갖 미묘한 꽃을 뿌리고, 침구를 안치했다. 한편 갖가지 맛난 음식을 준비해 두고서, 부처님 처소에 나아가 아뢰었다.

"식사 준비가 이미 끝났으니, 원하옵건대 때를 맞춰 왕림해 주소서."

그때 세존께서 옷을 입고 발우를 지니고서 여러 비구들과 함께 저 부락에 가시어 공양을 받으셨다. 이때 민중들이 설법을 듣고자 갈망하므로 부처님께서는 곧 갖가지 법을 설하셨다. 그러자 마음이 열리고 뜻을 이해하니 혹은 수다원과를 얻은 자, 혹은 사다함과를 얻은 자, 혹은 아나함과를 얻은 자도 있으며, 내지 위없는 보리심을 내는 자도 있었다.

이때 여러 비구들이 이 일을 보고 나서 부처님께 아뢰었다.

"여래, 세존께선 과거세에 어떠한 복을 심으셨기에 저 민중들로부터 이러한 공양을 받으시며, 또 그들의 전염병을 제거해 주시나이까?"

부처님께서 여러 비구들에게 말씀하셨다.

"너희들은 자세히 들어라. 내가 이제 너희들을 위해 분별 해설하겠느니라.

과거세 바라날국(波羅捺國)에 일월광(日月光)이라는 부처님이 출현하시어 여러 비구들을 데리고 범마왕(梵摩王)의 나라에 가셔서 왕에게 공양을 받고 나자, 왕이 부처님 앞에 꿇어앉아 이렇게 아뢰었다.

'원하옵건대 백성들의 전염병을 구제해 주소서.'

이때 부처님께서 입었던 승가리(僧伽梨)23)를 벗어 왕으로 하여금 그 옷을 당기 꼭대기에 달아 두고 공양하게 하시자, 돌림병을 퍼뜨리는 귀신역귀(疫鬼)이 한꺼번에 자연스럽게 다 사라져 다시는 후환이 없게 되었다.

왕은 기뻐하여 곧 보리심을 내었으며, 부처님께서는 저 왕에게 수기하시되, '대왕이 미래세 성불할 때엔 석

---

23) 스님이 입는 가사 중 하나. 가사에는 삼의(三衣)라 하여, 외출시에 입는 대의(大依) 승가리, 평상시에 두루 입는 중의(中衣) 울다라승(鬱多羅僧), 안에 받혀입는 내의(內衣) 안타회(安陀會)가 있다.

가모니(釋迦牟尼)란 명호를 얻어서 한량없는 중생을 널리 제도할 것이오'라고 하셨다."

부처님께서 여러 비구들에게 말씀하셨다.

"알아 두라. 그때의 범마왕은 바로 나의 전신이었고, 그때의 여러 신하들은 바로 지금의 여러 비구들의 전신이었다. 그 당시 저 부처님을 다 공양했기에 한량없는 세간에서 나쁜 갈래에 떨어지지 않고, 항상 천상(天上)·인간(人間)의 쾌락을 받아 왔으며, 또 현세에 와서 이같이 성불했기에 이 여러 하늘·사람들이 나를 공양하는 것이니라."

여러 비구들이 부처님의 이 말씀을 듣고 기뻐하면서 받들어 행하였다.

15) 제석천이 부처님을 공양한 인연

❈부처님께서는 왕사성 가란타 죽림에 계셨다.

그때 제바달다(提婆達多)24)가 매우 어리석고 교만하며 질투가 심하였다. 그는 아사세(阿闍世)왕으로 하여금

---

24) 제바달다는 석가모니 부처님의 숙부 곡반왕(斛飯王)의 아들이자 부처님의 사촌이다. 처음에 석가모니 부처님의 계도에 따라 불문에 귀의하였다. 그는 총명하고 부지런하여 불교를 수행한지 열두 해 만에 능히 8만 법구(法句)를 암송할 수 있었으며 30가지 복상(福相)을 얻었다. 그러나 후일에 크게 분열을 일으키고 따로이 승단(僧團)을 세웠다. 제바달다는 여러차례 부처님을 위해(危害)하였으나 그때마다 부처님은 관용과 용서를 베풀었다. 마지막으로 그는 손톱 밑에 독약(毒藥)을 감추고 부처님께 예배하는 틈을 타서 위해하려 하였으나, 오히려 스스로 중독되어 죽음을 맞이하고 지옥에 떨어졌다고 한다.

불법한 제도를 만들게 하였으니, 즉 북[鼓]을 쳐서 민중들에 명령을 내리되, 그 누구라도 구담(瞿曇석존釋尊)에게 가서 공양 올리는 것을 허락하지 않게 했다.

그러므로 부처님을 신봉하는 저 성에 사는 사람들이 이러한 규제의 법을 듣고서 근심하며 눈물을 흘리고 슬픔에 젖어 고뇌하니, 제석천의 궁전(宮殿)이 감응하여 그 궁전을 흔들어 불안하게 하였다. 이때 제석천이 이렇게 생각하였다.

'무슨 까닭으로 우리의 궁전이 이같이 흔들릴까?'

제석천이 관찰해 보니, 저 아사세왕이 법이 아닌 제도를 만듦으로 인하여 성에 사는 사람들이 근심하고 슬퍼하여서 울음으로 그 궁전이 감응한 것을 알았다. 그는 곧 천궁에서 내려와 큰 소리로 외쳤다.

"이제부터 나 자신이 부처님과 스님들께 공양(供養)하리라."

이렇게 외친 뒤에 곧 부처님 앞에 나아가 엎드려 예배하고 꿇어앉아 아뢰었다.

"원하옵건대 세존과 여러 비구 스님들께서는 제 목숨이 끝날 때까지 저의 공양을 받아 주시옵소서."

부처님께서 그 청을 허락하지 않으시자, 제석천이 부처님께 다시 아뢰었다.

"만약에 제 목숨이 끝날 때까지 공양을 받지 않으시려면, 앞으로 다섯 해 동안만 저의 공양을 받아 주시기 원하옵니다."

부처님께서 역시 허락하시지 않자, 다시 부처님께 아뢰었다.

"다섯 해 동안도 받으실 수 없다면 다섯 달만이라도 받아 주시옵소서."

부처님께서 역시 허락하시지 않자, 다시 부처님께 아뢰었다.

"다섯 달마저 받으실 수 없다면 단 닷새 동안만이라도 받아 주셔야 하겠나이다."

마침내 부처님께서 공양을 받을 것을 허락하시자, 제석천은 곧 가란타 죽림을 비사야(毘闍耶) 궁전처럼 만들어서 거기에 침구 등 온갖 도구를 갖춰 두었다. 한편 금(金) 그릇에 하늘의 수타(須陀) 음식을 담아서 여러 하늘 대중들과 함께 손수 그 음식을 받들어 부처님과 스님들께 공양하였다.

이때 아사세왕이 높은 누각 위에서 멀리 저 가란타 죽림이 마치 천상의 누각처럼 꾸며져 있는 가운데 제석천이 대중들과 함께 보배 그릇에 담겨 있는 갖가지 음식을 손수 받들어 부처님과 스님들께 공양하는 광경을 보고는, 곧 스스로 후회하고 자책을 하며 크게 화를 내고 제바달다를 꾸짖었다.

"그대야말로 어리석은 사람이로다. 어째서 나로 하여금 함부로 법이 아닌 제도를 만들어서 감히 세존께 대항하게 하였는가?"

이렇게 말하고 나서 왕은 곧 부처님이 계신 곳에서 깊이 신심과 공경심을 내었다. 이때 여러 신하들도 왕에게 말하였다.

"원하옵건대 왕께선 이제 앞서 제정한 그 법이 아닌 제도를 고치시어 백성들로 하여금 마음대로 여래를 보게 하고 여래를 공양하게 하며, 또 사관(司官)으로 하여금 북을 치고 명령을 내려 지금부터 온 민중들이 다 맛있는 음식을 만들어 부처님께 공양할 수 있게 하소서."

이에 세존께서 공양을 마치신 다음, 그들에게 갖가지 법을 설하시자 마음이 열리고 뜻을 이해하게 되어, 혹은 수다원을 얻은 자도 있고, 혹은 사다함을 얻은 자, 혹은 아나함을 얻은 자, 내지 위없는 보리심을 내는 자도 있었다.

이때 비구들은 이것을 보고 전에 없던 일이라 찬탄하면서 부처님께 아뢰었다.

"여래 세존께선 과거세에 어떠한 복을 심으셨기에 제석천이 이러한 공양을 바치나이까?"

이때 세존께서 여러 비구들에게 말씀하셨다.

"너희들은 자세히 들어라. 내가 이제 너희들을 위해 분별 해설하리라.

한량없는 과거세에 바라날국(波羅捺國)에 보전(寶殿)이라는 불세존이 출현하시어 많은 비구들을 거느리고 여러 곳을 다니면서 교화하시다가 마침 가시왕(伽翅王)의 나라에 도착하셨다. 왕이 부처님이 오신다는 소문을 듣고 곧 여러 신하들과 함께 세존을 맞이하여 꿇어앉아 청하되, '석 달 동안만이라도 저희들의 네 가지 공양을 받아 주시옵소서'라고 하였다.

　부처님께서 이내 그 청을 허락하시고 공양을 받으신 뒤에 갖가지 법을 설하시자 왕은 곧 보리심을 내었으며, 저 부처님께서는 왕에게 '대왕이 미래세에 성불할 때엔 석가모니(釋迦牟尼)란 명호로 한량없는 중생을 제도할 것이오'라고 수기하셨다."

부처님께서 여러 비구들에게 말씀하셨다.

　"알아 두라. 그때의 가시왕은 바로 나의 전신(前身)이었고, 그때의 여러 신하들은 바로 지금의 여러 비구들의 전신(前身)이었다. 그 당시 모두 저 부처님을 공양했기 때문에 한량없는 세간에서 지옥·축생·아귀에 떨어지지 않고, 항상 천상·인간의 쾌락을 받아 왔으며, 또 이제 스스로가 성불했기 때문에 모든 하늘·사람들이 나에게 공양하는 것이니라."

　여러 비구들이 부처님의 이 말씀을 듣고 기뻐하면서 받들어 행하였다.

16) 부처님께서 제석천의 형상을 나타내어 바라문들을 교화(敎化)하신 인연

　❀부처님께서는 왕사성 가란타 죽림에 계시었다.

　그때 성에 이차(梨車)라는 보상(輔相)이 삿된 가르침을 믿고 뒤바뀐 소견으로 인과(因果)를 믿지 않았다. 그는 아사세왕으로 하여금 그 아버지를 죽이는 반역죄를

범해 가면서 국왕이 되게 하고는, 그것을 경사롭게 여겨 온 신민(臣民)들에 명령하여 큰 모임을 베풀고서 백천 바라문들을 집합시켜 준엄한 법을 제정하되, 그 누구도 구담의 처소에 가서 법을 묻거나 법을 받지 못하게 했다.

바라문들이 이 말을 들은 뒤로는 다시 구담의 처소에 갈 수 없게 되자, 매양 어떤 시간을 정하여 비밀로 모임을 가져오다가 한 바라문이 이렇게 말하였다.

"위타(韋陀)[25]의 경전에 설하기를 '구담 사문은 모두 천신의 대주(大主)'라고 했다. 이제 우리들이 함께 구담의 명호를 부르면, 혹시 구담께서 이 모임에 오실 수도 있다. 만약 오신다면 우리들은 마땅히 일생 동안 받들어 섬겨야 하리라."

이 말을 들은 바라문들이 다 함께 **'나무구담사문'**을 부르면서 '원하옵건대 이 모임에 왕림하셔서 저희들의 청을 받아 주소서'라고 하였다.

그때 여래께선 항상 자비하신 마음으로 밤낮없이 중생들을 관찰하시어 그 누구든 제도해야 할 자에게 직접 가서 제도하시던 차제였다. 마침 이 여러 바라문들의 선근(善根)이 성숙되어 있음을 아시고 '마땅히 내 교화를 받아야 하리라' 하시고, 스스로 몸을 바꾸어 제석천의

---

25) 위타경(韋陀經)은 폐타(吠陀)라고 불리며, 곧 베다(Veda) 경전을 말한다. 베다는 '지식' 또는 '지혜'를 뜻하며 고대 인도의 종교 지식과 제례규정을 담고 있는 문헌이다. 힌두교의 경전(經典)을 총칭하는 말로도 쓰인다. 베다 경전에서 석가모니 부처님을 찬양하는 구절이 있다는 위의 내용은 당시 부처님의 존엄함이 종교의 경계를 넘어 널리 인정되었음을 시사한다.

형상으로 만들었다.

그리고는 허공(虛空)을 타고 내려와 바라문들의 모임에 들어가시니, 바라문들이 모두 일어나 받들어 모시며 앉으시길 청하며 이렇게 말했다.

"저희들의 소원이 이제 다 이루어졌으니, 일생 동안 제석을 함께 받들어 섬기겠나이다."

제석이 모두 착함을 칭찬하였다.

그때 세존께선 여러 바라문들의 마음이 이미 조복됨을 아시고 본래의 모습으로 돌아와 그들에게 알맞도록 사제법(四諦法)을 설하셨다. 그러자 마음이 열리고 뜻을 이해하게 되니, 수다원과(須陀洹果)를 얻고 각각 기뻐하였다.

한편 갖가지 맛난 음식을 마련하여 부처님을 비롯한 여러 스님들께 청하였다. 공양이 끝나자, 이때 여러 비구들이 이 일을 보고 부처님 앞에 나아가 아뢰었다.

"여래께선 과거세에 어떠한 복을 심으셨기에 이제 여러 바라문들이 훌륭한 요리를 마련하여 부처님과 스님들께 공양하나이까?"

이때 세존께서 여러 비구들에게 말씀하셨다.

"너희들은 자세히 들어라. 내가 이제 너희들을 위해 분별 해설하리라.

한량없는 과거세 때, 묘음(妙音)이라는 부처님 세존이 바라날국에 출현하시어 여러 비구들을 데리고 보전왕(寶殿王)의 나라에 가셨다. 왕이 부처님께서 오신다는 소문을 듣고 곧 여러 신하들과 함께 받들어 모시고는 이렇게 청하였다.

'원하옵건대 세존께서는 석 달 동안만 저희들의 네 가지 공양을 받아 주시옵소서.'

부처님께서 이 청을 허락하고 석 달 동안 공양을 받은 뒤에 그 배꼽으로부터 칠보(七寶)의 연꽃을 내시자 각각의 연꽃에서 변화한 부처님화신(化佛)이 결가부좌하고 큰 광명을 놓으시니, 이 광명이 위로 아가니타천(阿迦膩 吒天)26)에서부터 아래로 아비지옥(阿鼻地獄)27)까지 비추었다.

보전왕은 이 변화를 보고 위없는 보리심을 내었으며, 저 부처님은 왕에게 다음과 같이 수기하시되, '대왕이 미래세에 성불할 때엔 석가모니(釋迦牟尼)란 명호로 한량없는 중생들을 널리 제도할 것이오'라고 하셨다."

부처님께서 여러 비구들에게 말씀하셨다.

"알아 두라. 그때의 보전왕은 바로 나의 전신(前身)이었고, 그때의 여러 신하는 바로 지금의 여러 바라문들의 전신이었다. 그 당시 저 부처님을 모두 공양했기 때문에 한량없는 세간에서 지옥·축생·아귀 가운데 떨어지지 않고, 항상 천상·인간의 쾌락을 받아 왔으며, 또 현재세에서도 스스로 성불했기 때문에 여러 사람과 하늘

---

26) 색계(色界)의 18천(天) 가운데 최상의 하늘이다. 의역하면 일구경천(一究竟天), 일선천(一善天), 또는 유정천(有頂天)이라 하며, 형상을 가진 하늘 중에 궁극의 자리에 있는 하늘이다.

27) 아비지옥은 여덟 가지 근본지옥 가운데 여덟 번째 지옥, 즉 "무간지옥(無間地獄)"을 말한다. "무간"은 중간에 끊임이 없는 고통, 영원히 벗어날 수 없는 고통의 장을 의미한다.

들이 나를 공양하는 것이니라."

여러 비구들이 부처님의 말씀을 듣고 기뻐하면서 받들어 행하였다.

17) 건달바(乾闥婆)[28]가 음악(音樂)으로 부처님을 찬탄(贊嘆)한 인연

❀**부처님께서는 사위국 기수급고독원에 계시었다.**

그때 성에 거문고를 잘 타는 5백 명의 건달바가 있었는데, 음악(音樂)을 만들어 노래와 춤으로 밤낮 여래를 공양하니, 그 명성이 널리 사방에 퍼졌다.

그때 성 남쪽에 선애(善愛)라는 건달바왕이 있었으니, 그도 역시 거문고를 잘 탔다. 그가 음악을 만들어 노래하고 춤을 추면 온 국토(國土) 안에 누구도 상대할 이가 없으므로 매우 교만(驕慢)하기 짝이 없었다. 그러다가 북쪽에 거문고를 잘 타며 음악을 만들어 노래하고 춤추는 어떤 건달바가 있다는 소문을 듣고서 그를 만나보기 위해 여러 국토(國土)를 거쳐 열여섯 나라를 지나오는 동안 한 줄 거문고를 타서 일곱 가지 소리를 내는가 하면, 그 소리마다 또 스물한 가지 음절을 나타냈다. 그 거문고 소리에 맞춰 노래하고 춤추며, 스스로 기뻐하

---

28) 건달바는 부처님을 호위하는 팔부중(八部衆)의 하나로, 음악을 연주하는 신(神)으로 향기만 먹고 산다고 한다. 여기서는 천상의 음악과 무희를 담당하는 신들을 총칭하고 있다.

면서 즐기는 것을 보고 사람들이 미친 듯 취하여 방일하며 자제하지 못했다. 그리고 서로 그 뒤를 따라 사위국까지 이르렀다.

이에 왕에게 문안하고 그 기술을 한번 시합하려는데, 그때 성곽의 신과 건달바들이 국왕에게 아뢰었다.

"거문고를 잘 타고 음악과 희소(戲笑)에 기술이 있는 남방의 건달바왕 선애가 이제 문밖에서 문안드립니다. 왕의 측근에 거문고를 잘 타고 음악과 희소에 능란한 건달바가 있다는 소문을 듣고서 그와 함께 기술을 시합하기 위해 일부러 멀리 이곳을 찾아왔습니다. 원하옵건대 왕께서 그의 청을 허락하옵소서."

이때 바사닉왕은 곧 문지기에게 빨리 들어오라고 하고 서로 만나 보고서 기뻐한 나머지, 선애 건달바왕이 이렇게 말하였다.

"제가 왕의 측근에 거문고를 잘 타고 노래·춤과 익살에 능란한 건달바가 있다고 들었습니다. 이제 그가 어디에 있는지, 저와 함께 기술을 한번 시험하여 비교해 보고자 합니다."

왕이 곧 대답하였다.

"우리 서로가 꺼릴 것 없소. 여기에서 멀지 않으며, 나 또한 그대와 함께 그곳까지 가겠으니, 마음대로 한번 시험하여 비교해 보시오."

왕(王)은 그렇게 허락하고 세존의 처소로 나아갔는데, 세존께서 국왕의 뜻을 아시고 곧 그 몸을 건달바왕의 모습으로 변화하여 7천의 반차시기(般遮尸棄) 천신(天

神)으로 하여금 각각 유리(琉璃) 거문고를 손에 잡고 천상 음악을 울리면서 좌우를 둘러싸게 하였다. 이때 바사닉왕이 다시 선애에게 말하였다.

"이것이 바로 우리의 음악하는 신들이오. 그대는 이제 거문고의 기술을 한번 시합해 보시오."

이 때, 선애왕이 곧 거문고 한 줄을 잡고서 일곱 가지 소리를 내고 다시 그 소리마다 스물한 가지 음절을 나타내자, 듣는 이들이 다 기쁨에 넘쳐 노래와 춤에 혼미해져 방일하고 자제하지 못했다.

그러자 여래께서 반차시기의 유리 거문고를 잡고서 한 줄을 튀겨 수천만 가지 소리를 내니 그 소리는 아름답고 맑으며 사랑스러워 듣는 이들이 춤추고 웃고 노래하고 기뻐하며 기쁨을 이기지 못했다.

선애왕이 이 소리를 듣고는, 전에 없던 일이라고 찬탄하면서 자신의 거문고 탄 소리를 부끄럽게 여겨 곧 엎드려 예배(禮拜)한 뒤에 꿇어앉아 합장하고 대사(大師)로 모신 다음, 그 거문고 타는 법을 물었다.

여래께서는 선애왕이 교만(驕慢)을 버리고 마음이 이미 조복됨을 아시고서 본래 모습으로 돌아가시자, 여러 비구들이 잠잠히 앉아 있다가 놀라고 두려워한 나머지 곧 부처님 앞에 깊이 신심과 공경심을 내어서 꿇어앉아 합장하여 도에 들어가는 절차를 여쭈었다.

부처님께서 곧 이렇게 말씀해 주셨다.

"잘 왔도다. 비구야."

그러자 수염과 머리털이 저절로 떨어지며 법복이

몸에 입혀지고 사문이 되어 부지런히 정진하여 닦아 익혀서 얼마 안 되어 아라한과를 얻었다.

　　이때 바사닉왕 역시 선애왕의 마음이 이미 조복됨과 동시에 다시 도과(道果)를 얻게 됨을 보고서 매우 기뻐하여 무릎을 꿇고 부처님을 비롯한 여러 비구 스님들을 초청하였다. 부처님께서 그 청을 허락하시자, 여러 신하들에게 명령하여 길을 닦아 기와·돌 따위의 온갖 부정한 물건을 제거하고, 당기·번기를 세워 온갖 보배 방울을 달기도 하였다. 향수를 땅에 뿌리고, 미묘한 온갖 꽃을 뿌리고 침구를 안치해 두며, 한편 갖가지 음식을 준비하여 부처님을 비롯한 여러 스님들을 공양하였다.

　　그때 여러 비구들이 이 공양을 보고는, 전에 없던 일이라고 괴이하게 여기면서 부처님께 아뢰었다.

　　"여래 세존께선 과거세에 어떠한 복을 심으셨기에 이제 이러한 음악의 공양이 끊이지 않나이까?"

**　　이때 세존께서 여러 비구들에게 말씀하셨다.**

**　　"너희는 자세히 들으라. 내가 이제 너희들을 위해 분별 해설하리라.**

　　한량없는 과거세 때 정각(正覺)이라는 부처님이 바라날국에 출현하시어 여러 비구들을 데리고 멀리 교화하시다가 범마왕(梵摩王) 나라에 이르러 한 나무 아래 결가부좌하고 계시는 동안 화광(火光)삼매에 들어가서 온 천지를 비추시었다.

　　마침 범마왕이 여러 신하와 수천만 민중을 거느리

고 성문을 나와 유희와 기악을 베풀어 웃고 노래하고 춤추던 차제에 멀리 부처님과 비구들이 그 나무 아래 결가부좌(結跏趺坐)하고 앉았는데, 광명이 너무도 빛나고 밝아 저 백천의 해와 같이 온 천지를 비추는 것을 보았다. 그는 마음껏 기뻐하며 여러 기녀(妓女)를 데리고 부처님 처소에 나아가서 엎드려 예배함과 동시에 음악을 베풀어 공양한 다음, 무릎을 꿇고 이렇게 청하였다.

'원하옵건대 세존과 비구 스님들께서는 대자대비(大慈大悲)하신 마음으로 궁중에 들어오셔서 저의 공양을 받아 주소서.'

부처님께서 그 청을 허락하시자, 왕은 곧 갖가지 음식을 만들어 공양하였다. 부처님께서 공양을 받으신 다음 저 왕에게 갖가지 법을 설하시어 보리심을 내게 하고 다시 다음과 같이 수기하시되, '대왕이 미래세에 성불할 때엔 석가모니(釋迦牟尼)라는 명호로 한량없는 중생을 널리 제도할 것이오'라고 하셨다."

부처님께서 여러 비구들에게 말씀하셨다.

"알아 두라. 그때의 범마왕은 바로 나의 전신이었고, 그때의 여러 신하들은 바로 지금의 여러 비구들의 전신이었다. 그 당시 저 부처님을 모두 공양했기 때문에 한량없는 세간에서 지옥·축생·아귀에 떨어지지 않고, 항상 천상과 인간의 쾌락을 받아 왔으며, 현재세에 스스로 성불했기 때문에 이러한 음악으로 계속 나를 공양하는 것이니라."

여러 비구들이 부처님의 이 말씀을 듣고 기뻐하면

서 받들어 행하였다.

18) 여원(如願)이 사형을 받아야 할 찰나에 부처님께 출가하기를 바란 인연

❀**부처님께서는 사위국 기수급고독원에 계셨다.**

그때 그 성에 여원(如願)이라는 한 어리석은 사람이 살생(殺生)하고 훔치며 사음(邪淫)하기를 좋아하다가 마침내 고발을 당하자 왕이 잡아들일 것을 명령했다.

그리고 그를 묶어 온 거리를 순회하면서 그 죄상을 폭로한 뒤에 곧 사형에 처할 마지막 장소에 이르렀는데, 마침 세존을 바라보고 몸을 굽혀 예배한 다음 그 죄상을 자세히 설명하고서 이렇게 애원하였다.

"이제 곧 사형에 처해져 죽을 것이오니, 세존께서 대자대비(大慈大悲)로 국왕에게 말씀하시어 저를 출가(出家)하게 해 주신다면, 비록 그 자리에 죽더라도 다시 여한이 없겠나이다."

그러자 여래께서 **'그렇게 하리라'**고 허락하시고는, 곧 아난(阿難)에게 분부하셨다.

"네가 오늘 저 바사닉왕에게 가서 이 죄인 한 사람을 석방하여 출가할 수 있도록 나 대신 왕에게 부탁하여라."

이에, 아난은 부처님의 분부대로 곧 바사닉왕에게 가서 이렇게 말하였다.

"오늘 세존께서 대왕에게 이 죄인 한 사람을 풀어 놓아 출가하게 해주실 것을 부탁하셨습니다."

왕이 과연 부처님의 말씀을 듣고 죄인(罪人)을 풀어 놓아 세존에게 보내어 출가하게 하였는데, 이 죄인은 출가하여 부지런히 정진(精進)을 거듭하여 닦고 또 익혀 오래지 않아 아라한과를 얻었다.

이때 여러 비구들은 죽을 고비를 벗어난 여원이 출가한 뒤 얼마 되지 않아 다시 이러한 도과(道果)를 얻은 것을 보고는, 전에 없었던 일이라고 칭찬하면서 부처님께 아뢰었다.

"여래 세존께선 과거세에 어떠한 복을 심으셨기에 말씀을 하기만 하면 신용을 얻어 저 죄인의 목숨까지 구제하시나이까? 세존이시여, 그 이유를 말씀해 주소서."

이때 세존께서 여러 비구들에게 말씀하셨다.

"너희들은 자세히 들으라. 내가 이제 너희들을 위해 분별 해설하겠느니라.

한량없는 과거세에 제당(帝幢)이라는 부처님이 바라날국에 출현하시어 여러 비구들과 함께 많은 부락을 다니면서 중생을 교화하시었다. 어느 날 길에서 한 선인(仙人)을 만났는데, 그 선인이 세존의 32상과 80종호로부터 빛나는 광명이 마치 백천의 해와 같음을 보고 환희심을 내어 부처님 앞에 엎드려 예배하였다.

그런 다음, 자리를 깔아 모시고서 갖가지 맛있는 음식을 갖춰 공양한 뒤에 발원하며 **'원하옵건대 미래**

세에 제가 하는 말이라면 다 신용하게 하소서.' 라고 하였다.

부처님께서 곧 대답하셨다.

'네 소원이 그러하다면, 오늘날의 나와 다름없이 해 주리라.'

그러자 선인은 부처님 말씀을 듣고 곧 부처님 앞에서 위없는 보리심을 내었으며, 저 부처님도 그에게 수기하시되, '그대가 미래세에 성불할 때엔 석가모니(釋迦牟尼)라는 명호로 한량없는 중생을 널리 제도하리라'라고 하셨다."

부처님께서 여러 비구들에게 말씀하셨다.

"알아 두라. 그때의 선인(仙人)들은 바로 나의 전신이었다. 그 당시 내가 부처님을 존경하고 따랐기 때문에 모든 말의 신용을 얻어 죄인의 목숨을 구제하였고, 그로 하여금 다시 도과(道果)를 얻게 한 것이다."

그때 여러 비구들이 부처님의 이 말씀을 듣고 기뻐하면서 받들어 행하였다.

19) 빈바사라왕(頻婆娑羅王)이 부처님을 청해 공양한 인연

❀부처님께서는 왕사성 가란타 죽림에 계시었다.

그때 빈바사라왕이 12억 나유타[29]의 무리를 거느

---

29) 고대 인도의 수량단위로, 헤아릴 수 없는 수량을 뜻한다.

리고 부처님 처소에 나아가서 엎드려 예배한 뒤 무릎을
꿇고 부처님께 청하였다.

"원하옵건대 세존께선 대자대비(大慈大悲)로 저희들
을 가엾이 여기시어 여러 비구와 함께 저희들 일생(一
生) 동안에 걸쳐 네 가지 공양(供養)을 받아 주옵소서."

**부처님께서 허락하지 않으시자, 그는 다시 부처
님께 아뢰었다.**

"만약에 일생 동안의 공양(供養)을 받으실 수 없다
면 열두 해라도 좋습니다."

**부처님께서 허락하지 않으시자, 다시 부처님께
아뢰었다.**

"열두 해 동안의 공양(供養)을 받으실 수 없다면 열
두 달이라도 좋습니다."

**부처님께서 역시 허락하시지 않자, 다시 부처님
께 아뢰었다.**

"열두 달마저 받으실 수 없다면 석 달 동안만이라
도 저희들의 네 가지 공양(供養)을 받아 주셔야 하겠습
니다."

부처님께서 허락(許諾)하시자, 왕은 곧 신하들에
게 명령하여 길을 닦아 기와・돌 따위의 깨끗하지 않은
오물을 다 제거하고, 당기・번기를 세워 여러 보배 방울
을 달고 향수를 땅에 뿌리고 미묘한 꽃들을 뿌렸다.

한편 침구를 안치하고 갖가지 맛있는 음식을 다 준
비해 두고서, 여러 신하들과 함께 각각 일산을 잡아서

부처님을 비롯한 여러 스님들에게 받쳐 주고 왕사성의 성문(城門)으로 들어왔다.

그때 세존께서 성문의 문지방을 밟으시자,

온 땅이 진동하면서 그 성에 보배 창고보장(寶藏)가 저절로 솟아나서 맹인(盲人)이 눈을 뜨게 되고,

귀머거리가 소리를 듣게 되고,

벙어리가 말을 하게 되고,

절름발이가 발을 펴게 되고,

가난뱅이가 보물을 얻게 되었다.

공중(空中)에선 온갖 기악이 저절로 울리며 코끼리·말·새들도 서로 화답하며 울고, 허공(虛空)으로부터 온갖 미묘한 꽃이 퍼부어 왕궁(王宮)에 가득했다.

한편으론 갖가지 풍성한 요리와 백 가지 맛의 음식을 준비하여 부처님과 스님들께 3개월간 공양(供養)했다.

공양을 받고 부처님께서 곧 왕에게 갖가지 법을 설하시자, 왕은 마음껏 기뻐하며 부처님과 스님들께 가시국(加尸國)에서 생산된 옷을 보시(布施)한 다음, 한쪽에 물러나 앉아 있었다.

이때 여러 비구들이 부처님께 아뢰었다.

"여래 세존께선 과거세에 어떠한 복을 심으셨기에 이와 같은 훌륭한 공양을 받으시나이까?"

세존께서 여러 비구들에게 말씀하셨다.

"너희들은 자세히 들으라. 내가 이제 너희들을 위해 분별 해설하리라.

한량없는 과거세 때 차마(差摩)라는 부처님이 바라날국에 출현하시어 여러 비구들과 함께 많은 국토를 다니면서 교화하시던 차에 보승(寶勝)이란 나라에 도착하셨다.

그 나라의 가시왕(伽翅王)이 부처님께서 오신다는 말을 듣고 환희심을 내어 여러 신하들을 데리고서 성문을 나와 맞이한 다음, 부처님 발에 예배하고 꿇어앉아 청하였다.

'원하옵건대 세존께서 자비하신 마음으로 제 공양을 받아 주소서.'

부처님께서 그 청을 허락하시자, 왕은 곧 갖가지 풍성한 음식을 준비해 부처님께 공양하고 간절히 설법 듣기를 청하였다. 부처님께서 갖가지 법을 설해 주시자, 왕은 그 설법에 따라 기뻐하며 곧 부처님 앞에서 위없는 보리심을 내었으며, 저 부처님 역시 왕에게 다음과 같이 수기(受記)하시되, '대왕이 미래세에 성불할 때엔 석가모니(釋迦牟尼)라는 명호로 그 한량없는 중생을 널리 제도할 것이오'라고 하셨다."

부처님께서 여러 비구들에게 말씀하셨다.

"알아 두라. 그때의 가시왕은 바로 나의 전신이었고, 그때의 많은 신하는 바로 지금의 여러 비구들의 전신이었다. 그 당시 내가 저 부처님을 공양했기 때문에 한량없는 세간에서 지옥·축생·아귀에 떨어지지 않고 항상 천상·인간의 쾌락을 받아 왔으며, 현재(現在)세상에 스스로 성불했기 때문에 모든 하늘·사람들이 나를 공양하는 것이니라."

　여러 비구들이 부처님의 말씀을 듣고 기뻐하면서 받들어 행하였다.

20) 제석천이 가란타 죽림을 변화시킨 인연

　❀ **부처님께서는 왕사성 가란타 죽림에 계시었다.**

　그때 그 성에 구사(瞿沙)라는 장자가 있었으니, 그는 한량없이 헤아릴 수 없는 재보를 지녔으나 뒤바뀐 소견에 집착되어 외도(外道)를 받들어 섬기고 불법(佛法)을 믿지 않았다.

　그때 목건련(目犍連)이 그 장자가 삿된 소견으로 말미암아 구제할 수 없는 세 가지 나쁜 갈래에 떨어질 것을 보고 가여운 마음을 내어, 어떤 방편을 생각한 나머지 곧 제석천에 말하였다.

　"그대가 이제 가란타 죽림을 변화시키시오."

　그러자 칠보(七寶)를 만들도록 명령하여 천상의 궁전과 다름없게 하였다. 모든 번기·일산에 온갖 보배 방울을 달고, 온 땅에 천상의 미묘한 꽃을 뿌렸다.

　한편 천상의 온갖 맛있는 음식으로 부처님과 스님들을 공양하였으며, 이라발(伊羅鉢)용왕30)은 손수 번기와

---

30) 〈장엄경론(莊嚴論經)〉, 〈불본행집경〉 등 경전에 의하면, 이라발 용은 과거(過去) 가섭부처님 시절에 출가사문이었으나, 금계(禁戒)를 어기고, 부처님의 성스러운 나뭇잎이라(伊羅)을 훼손하였기에, 목숨이 다한 후 용(龍)의 몸을 받고 벗어나지 못하였다고 한다. 이라발 용왕

일산으로써 부처님의 정수리 위를 덮고, 그 밖의 용왕들은 제각기 가지가지 번기와 일산을 갖고 여러 비구들의 이마 위를 덮었다.

사시(舍尸) 부인은 채녀(婇女)들과 함께 부처님 좌우에서 부채[扇]를 부치고, 반차시기(般遮尸棄) 건달바들은 온갖 천상의 기악으로써 부처님을 즐겁게 했다.

그때 저 장자가 이러한 광경을 보고 전에 없던 일이라 찬탄하고 곧 깊이 신심과 공경심을 내어 부처님 처소에 나아가서 아뢰었다.

"바라옵건대 세존께서 자비하신 마음으로 저의 공양을 받아 주소서."

부처님께서 잠잠히 허락하시자, 그는 집에 돌아가서 갖가지 음식을 준비한 뒤에 심부름꾼을 보내어 부처님을 청하였다.

"이미 공양이 준비되어 있사오니, 원하옵건대 성인께서는 때를 맞춰 왕림하소서."

이때 부처님께서 옷을 입고 발우를 지니고서 비구과 함께 그 집에 가시어 공양을 받으신 뒤에 곧 갖가지 법을 설하시자, 마음이 열리고 뜻을 이해하게 되어 수다원과를 얻게 되었다.

이때에 여러 비구들은 한 번도 없었던 이러한 신통변화의 공양을 보고 이상하게 여겨 부처님께 아뢰었다.

"여래 세존께선 과거세에 어떠한 복을 심으셨기에

은 진귀한 보배를 그 궁에 가득 보관하고 있는 것으로도 유명하다.

이제 이러한 과보를 받으시나이까?"

세존께서 여러 비구들에게 말씀하셨다.

"너희들은 자세히 들으라. 내가 이제 너희들을 위해 분별 해설하리라.

한량없는 과거세 때 만원(滿願)이라는 부처님이 바라날국에 출현하시어 많은 비구들과 함께 여러 곳을 다니면서 교화하시던 차에 범마왕(梵摩王)의 나라에 도착하셨다.

왕은 부처님께서 오신다는 말을 듣고 여러 신하들과 더불어 성문에 나와 맞이한 다음, 부처님 앞에 엎드려 예배하고 무릎을 꿇어 청하였다.

'원하옵건대 세존께서 제 공양을 받으시옵소서.'

부처님께서 그 청을 허락하시자, 왕은 곧 신하들에게 명령하여 갖가지 맛있는 음식을 갖춰 공양하였다. 부처님께서 공양을 마치고 법을 설해 주시자 왕은 곧 위없는 보리심을 내었으며, 저 부처님께선 왕에게 다음과 같이 수기(受記)하시되, '대왕이 미래세에 성불할 때엔 석가모니(釋迦牟尼)라는 명호를 얻어서 한량없는 중생을 널리 제도할 것이오'라고 하셨다."

부처님께서 여러 비구들에게 말씀하셨다.

"알아 두라. 그때의 범마왕은 바로 나의 전신이었다. 그 당시 내가 저 부처님과 스님들을 공양했기 때문에 한량없는 세간에서 지옥·축생·아귀 갈래에 떨어지지 않고 항상 천상과 인간의 쾌락을 받아 왔으며, 현재세에도 스스로가 성불했기 때문에 모든 하늘과 사람들이

모두 나를 공양하는 것이니라."여러 비구들이 부처님의
말씀을 듣고 기뻐하면서 받들어 행하였다.

찬집백연경 제3권

오 월지 우바새 지겸 한역

3. 수기벽지불품(授記辟支佛品)

21) 화생(化生)한 왕자가 벽지불을 성취한 인연

❀**부처님께서는 마갈제(摩竭提) 나라에 계셨다.**

그때 여러 비구들을 데리고 차례로 옮겨 다니시다가 마침 항하강가에 이르러 헐어버리고 무너진 채 수리하는 사람이 없는 옛 탑(塔) 한 기를 보았다. 이때 여러 비구들이 부처님께 여쭈었다.

"세존이시여, 이것이 어떠한 탑이기에 이같이 헐고 무너져도 수리하는 사람이 없나이까?"

이때 부처님께서 여러 비구들에게 말씀하셨다.

"너희들은 자세히 들으라. 내가 너희들을 위해 분별 해설하겠느니라. 이 현겁(賢劫)31) 중에 바라날국의 범마달다(梵摩達多)라는 국왕이 바른 법으로 나라를 다스림으로써, 백성들이 번성하고 매우 풍요하여 전쟁과 질병,

---

31) 겁(劫)이란 하나의 세계가 시작하여 끝날 때까지의 시간을 말하며, 현겁(賢劫)은 지금의 천지가 개벽하여 성·주·괴·공하여 다할 때까지의 시간, 1대겁(大劫)의 시간을 말한다. 이 시기에 무수한 현자(賢者), 즉 부처님이 출현한다고 한다.

재해가 없을 뿐만 아니라 코끼리·말·소·염소 따위의 6축(畜)이 번성하고 온갖 값진 보배가 가득하였다.

그러나 다만 자식 없는 것이 유감스러워 왕이 하늘과 땅의 신신기(神祇)에게 기도를 올리면서 자식을 얻으려는 정성을 다하여도 얻을 수가 없었다.

그때에 왕의 정원에 있는 한 연못에서 아름다운 연꽃이 피어나더니 꽃잎이 열리자 한 어린아이가 결가부좌하고 앉았는데 서른두 가지 대인의 모습과 여든 가지 뛰어난 몸매를 갖추었고 입에서는 우발라(優鉢羅)꽃32) 향내와 털구멍에서는 전단향(栴檀香) 향내를 풍기고 있었다.

연못을 지키는 사람이 이 사실을 왕에게 고하자, 왕은 매우 기뻐하여, 그 후비(后妃)와 함께 정원의 못에 가서 이 아이를 보고 기쁨을 이기지 못하고 곧 아이를 당겨 안으려 하자, 아이가 왕에게 게송(偈頌)을 읊어 말하였다.

대왕(大王)께서 왕자를 얻기 위해
항상 정성(精誠) 들이심을 보았기에
대왕의 원에 따라 왕자(王子)가 되려고
이제 여기에 나타난 것입니다.

이 게송(偈頌)을 듣고 대왕과 후비는 물론, 모든 채녀들도 다 기뻐하여 어린아이를 안고 궁중에 돌아와 길

---

32) 청련화(靑蓮花), 즉 푸른 연꽃을 말한다.

렀다. 그가 점차 나이가 들어 자라나자, 다니는 곳마다 연꽃이 솟아나고 온몸의 털구멍에서 전단향의 냄새가 났으므로 아이의 이름을 전단향이라 했다.

이때 아이는 자신이 다니는 곳마다 연꽃이 솟아나서 처음에는 매우 선명하고 아름답다가 오래지 않아 곧 시들어 떨어지는 것을 보고서 이렇게 생각하였다.

'내 이 몸뚱이도 마침내 저 연꽃처럼 되리라.'

그 모든 것의 덧없음을 깨닫고 곧 벽지불을 성취하여 허공에 솟아올라 열여덟 가지 변화를 일으키고는, 이내 열반에 들었다.

그러자 대왕·후비와 채녀·시종들이 모두 슬피 울면서 그 시체를 화장한 다음, 사리를 거두어 탑을 세워 공양했으니, 이 옛 탑의 유래가 바로 그러하니라."

이때 여러 비구들이 다시 부처님께 아뢰었다.

"이 벽지불은 과거세 때 어떠한 복을 심었기에 그러한 과보(果報)를 받았나이까? 원하옵건대 세존께서 부연 설명해 주시옵소서."

이때 세존께서 여러 비구들에게 말씀하셨다.

"너희들은 자세히 들으라. 내가 너희들을 위해 분별 해설하리라.

한량없는 과거세에 바라날국에 부처님이 출현하셨는데, 그 호를 가라가손타(迦羅迦孫陀)라고 하였다. 그 당시 한량없고 헤아릴 수 없는 많은 재보를 지닌 한 장자가 있었는데 그 장자의 아들은 아버지가 죽은 뒤에 어머니와 분가하여 각각 따로 살았다.

장자의 아들이 너무나 여색을 좋아하던 차에 마침 나쁜 행위를 하기에 맞는 한 음녀(淫女)를 만나 하룻밤 잠자리를 같이하는 대가로 돈 백 냥씩 주기로 하고 몇 해를 지냈는데 재산이 탕진되어 줄 돈이 없게 되자 음녀로부터 거절을 당하였다.

그러나 장자의 아들이 하룻밤 자기를 끈덕지게 간청하자 음녀가 말하기를 '아름다운 꽃 한 송이를 사 주면 하룻밤 잠자리를 같이할 수 있다'라고 하였다.

이때 장자의 아들이 생각하였다. '이제 내 재산으로는 꽃 한 송이마저 살 수 없구나. 어떻게 하면 좋을까. 법왕의 탑 속에는 반드시 좋은 꽃이 있으리니, 그 꽃을 훔쳐내어 준다면 하룻밤을 지낼 수 있으리라.'

이렇게 생각한 끝에 탑(塔) 문으로 들어가려 했으나 문 지키는 사람이 있어 부득이 옆 구멍을 따라 엎드려 들어가서 그 좋은 꽃을 훔쳐내어 음녀(淫女)와 하룻밤을 지냈다.

그러자 이튿날 새벽부터 그 사람의 온몸에 악창 (惡瘡)이 생겨나 말할 수 없는 고통을 받게 되었다. 모든 용하다는 의원을 다 청해 치료할 약을 물었더니, 한 의원이 말하였다.

'반드시 우두전단향(牛頭栴檀香) 가루를 그 악창에 발라야 나을 것이오.'

이때 장자의 아들은 또 깊이 생각했으나 집에 재물이 없으므로 곧 사택(舍宅)을 팔아 돈 60만 냥을 얻어서

곧 우두전단향 가루 여섯 냥을 사들여 곧 악창(惡瘡)에
바르려고 하다가 그 의원에게 말하였다.

'이제 내 병(病)은 마음으로 일어난 것이거늘, 그대
가 바깥으로 치료하려 하니 어찌 병을 낫게 할 수 있겠
는가?'

이렇게 말하고는, 그 사들인 우두전단향 가루 여섯
냥을 가지고 앞서 꽃을 훔쳐낸 탑 속에 들어가 다음과
같이 큰 서원(誓願)을 세웠다.

'여래께선 과거세에 모든 고행을 닦으시어 고액과
환난에 허덕이는 중생을 다 구제하셨거늘, 저는 이제 이
몸이 한 생의 수명에 떨어졌으니, 원컨대 세존께서 지금
이 고통 받는 저의 몸을 가엾이 여겨 악창을 제거해 주
옵소서.'

이렇게 발원한 뒤에 그는 우두전단향 가루 중의 두
냥어치로 꽃값을 갚고 또 두 냥어치는 성심껏 공양하고
나머지 두 냥어치로는 깊이 참회했다. 그러자 악창이 다
없어졌으며, 나아가 온몸의 털구멍으로부터 우두전단의
향내가 나기 시작했다.

그는 이 향내를 맡고는 기쁨을 이기지 못하고 발원
하고 떠나갔으며, 이 공덕으로 말미암아 나쁜 갈래악취(惡
趣)에 떨어지지 않고 항상 천상·인간에 태어나서 그 다
니는 곳마다 좋은 연꽃이 자라나고 몸의 털구멍에 항상
향내가 있었느니라."

부처님께서 여러 비구들에게 말씀하셨다.

"알아 두라. 그때 장자의 아들로서 전단향으로 탑에 공양한 이가 바로 앞서 말한 그 벽지불이니라."

그때 여러 비구들이 부처님의 이 말씀을 듣고 다 기뻐하면서 받들어 행하였다.

22) 어린아이가 꽃을 뿌려 부처님께 공양한 인연

❀ **부처님께서는 사위국 기수급고독원에 계셨다.**

그때 여러 비구들과 함께 옷을 입고 발우를 가지고 성에 들어가 걸식하시다가 어느 거리에 이르렀다. 한 부인이 어린아이를 안고 거리 복판의 땅바닥에 앉아 있었는데, 저 어린아이가 멀리 부처님을 바라보고 곧 환희심을 내어 어머니에게 꽃을 구해 달라고 졸랐다.

어머니가 곧 꽃을 사 주자, 어린아이는 꽃을 가지고 부처님 처소에 나아가 그 꽃을 부처님 머리 위에 뿌렸다. 그러자 꽃이 곧 허공에서 꽃 일산으로 변하여 부처님을 따라다니기도 하고 멈추기도 하므로, 저 어린아이가 이것을 보고 기뻐하며 큰 서원을 내었다.

'원하옵건대 이 꽃을 공양한 선근 공덕으로 말미암아 미래세에 저로 하여금 정각(正覺)을 이룩해 오늘날의 부처님처럼 중생을 널리 제도할 수 있게 해 주시옵소서.'

그때 세존께서 어린아이가 이같이 발원하는 것을 보고 빙그레 웃으시자, 다섯 빛깔의 광명이 그 입으로부터 나와 세 겹으로 부처님을 둘러싼 뒤에 도로 부처님의 정수리에 들어갔다.

이때 아난이 부처님 앞에 나아가 아뢰었다.

"여래께선 존중하시어 함부로 웃으시지 않으시거늘 이제 빙그레 웃으심은 무슨 까닭이옵니까? 원하옵건대 세존께서 부연 설명해 주시옵소서."

부처님께서 아난에게 말씀하셨다.

"너는 이제 꽃을 가지고 나에게 공양하는 저 어린 아이를 보았느냐?"

아난이 아뢰었다.

"그러하옵니다. 이미 보았나이다."

"이 아이는 꽃을 가지고 나에게 공양했기 때문에 미래세에 나쁜 갈래에 떨어지지 않고 항상 천상·인간의 쾌락을 받을 것이며, 또 3아승기겁을 지나 성불할 때엔 화성(花盛)이라는 명호로 한량없는 중생을 제도하게 될 것이다. 이러한 까닭으로 웃었느니라."

여러 비구들은 부처님의 이러한 말씀을 듣고 모두 기뻐하면서 받들어 행하였다.

23) 여인이 금륜(金輪)을 부처님 위에 던진 인연

❀**부처님께서는 왕사성 가란타 죽림에 계셨다.**

그때 그 성에 부해(浮海)라는 상주(商主)가 많은 상객(商客)을 거느리고 큰 바다에 나아가서 값진 보물을 채취하고 있었다. 이 상주의 아내인 나이 젊고 용모가 아름다운 여인이 남편을 생각하며 빨리 집에 돌아오기를 밤낮 기다리다가, 어느 날 나라연천(那羅延天)의 처소에 가서 이렇게 주언(呪言)하였다.

'하늘이시여, 만약 천(天)께서 영험이 있으시다면 사람의 소원을 이룩해 주시리니 저의 남편으로 하여금 안전하게 빨리 돌아오게 하옵소서. 그렇게 해 주신다면 제가 금·은의 영락으로 하늘의 은혜를 갚겠으며, 돌아오지 못할 경우엔 제가 똥·오줌 따위의 오물로써 하늘의 몸을 욕되게 하리다.'

이렇게 맹세한 뒤에 얼마 되지 않아 과연 그 소원대로 남편인 상주가 무사히 집에 돌아왔다. 여인이 매우 기뻐하면서 곧 금·은·영락으로 팔찌 따위를 만들어 여러 시종들과 함께 천사(天祠)를 향해 가는 도중이었는데, 마침 여래께서 비구들을 데리고 왕사성 성중에 들어오고 계셨다.

그 여인이 세존의 32상과 80종호로 부터 비추이는 광명이 백천의 해와 같음을 보고는, 마음 속으로 기뻐하면서 금·은·영락을 부처님께 바치려고 하자, 그 시종들이 이렇게 말하였다.

"이 분은 나라연천이 아닙니다."

시종들이 말렸으나 듣지 않고, 그 여인은 곧 영락을 부처님을 향해 던졌다. 그 영락이 허공에서 보배 일산으로 변화하며 부처님을 따라다니기도 하고 멈추기도 하자, 여인이 이 변화를 보고 깊은 신심과 공경심을 내어 온몸을 땅에 엎드려 예배한 다음, 이러한 큰 서원을 세웠다.

'원하옵건대 제가 이제 부처님께 영락을 뿌린 선근 공덕으로 말미암아 미래세에 저로 하여금 정각(正覺)을 이룩하여 오늘날의 부처님과 다름없이 중생들을 널리 제도할 수 있게 해 주시옵소서.'

이렇게 발원하자, 부처님께서 곧 빙그레 웃으시니, 다섯 가지 빛깔의 광명이 그 입으로부터 나와 세 겹으로 부처님을 둘러싼 뒤에 도로 부처님의 정수리로 들어갔다.

그때 아난이 부처님 앞에 나아가 아뢰었다.

"여래께선 존중하시어 함부로 웃음을 나타내지 않으시거늘, 이제 빙그레 웃으심은 무슨 까닭이옵니까? 원하옵건대 세존께서 자세히 말씀해 주시옵소서."

부처님께서 아난에게 말씀하셨다.

"너는 이제 저 여인이 금·은·영락을 내 위에 뿌리는 것을 보았느냐?"

아난이 아뢰었다.

"그러하옵니다. 이미 보았나이다."

"이 여인은 미래세에 가서도 나쁜 갈래에 떨어지지 않고 항상 천상·인간의 모든 쾌락을 받으며, 열세 겁을 지나 성불할 때엔 금륜영락(金輪瓔珞)이라는 명호로 한량없는 중생들을 널리 제도하게 될 것이다. 그러한 까닭으로 웃었느니라."

여러 비구들이 부처님의 이러한 말씀을 듣고 모두 기뻐하면서 받들어 행하였다.

24) 노파 선애(善愛)가 인색하고 욕심 낸 인연

❀**부처님께서는 사위국 기수급고독원에 계셨다.**
그때 성에 바사닉왕의 후궁 채녀 가운데 선애(善愛)라는 여인이 있었는데, 나이가 많아 노파(老婆)가 되었으면서도 성품이 매우 인색하고 탐욕스러워 보시(布施)하기를 싫어하여 물러나 앉아 음식을 먹었다.

그때 목련(目連)이 그를 교화하기 위해 일부러 옷을 입고 발우를 잡은 채 신통력으로 땅에서 솟아나와 노파 앞에 가서 걸식을 청했으나 노파는 성을 내며 보시하지 않았다. 그리고 음식을 다 먹은 뒤에 과일 한 조각과 냄새 나며 마실 수 없는 그릇 씻은 물만 남겨 두었다.

그때 목련이 곧 따라가 걸식(乞食)을 구하자 노파는 역시 성을 내면서 주었다.

목련이 그것을 얻은 뒤에 곧 허공에 솟아올라 열여덟 가지 변화를 일으키자, 그제야 노파가 이 변화를 보고 신심과 공경심을 내어 깊이 참회(懺悔)했으나, 그날 밤 곧 목숨을 마치게 되었다. 그리고는 어떤 허허벌판 가운데의 나무 아래에 태어나, 오직 과일 쪼가리와 물로 연명하며 살아가게 되었다.

어느 날 바사닉왕이 신하들을 데리고 그곳에 이르

러 사냥을 시작했다. 사슴을 쫓다가 마침내 목이 말라 죽을 지경이어서 물을 구하려고 멀리 저 나무를 향해 달려갔는데, 나무에서 그리 멀지 않은 곳에서 불꽃이 일어나 가까이 갈 수는 없고 다만 나무 밑에 앉아 있는 사람을 볼 수 있었으므로, 왕이 곧 멀리서 물어 보았다.

"그대는 어떠한 사람인데 홀로 나무 밑에 앉아 있는가?"

그 사람이 대답하였다.

"저는 바사닉왕의 후궁 채녀 선애 이온데, 늙고 쇠약해져 노파가 되었으면서도 보시하기를 좋아하지 않다가 마침내 목숨이 끝난 뒤에 여기에 태어났습니다. 원하옵건대 대왕께서 자비하신 마음으로 저를 위해 부처님과 스님들께 공양을 베푸시어 저로 하여금 이 악(惡)에 덮인 몸을 벗어나게 해 주소서."

왕이 다시 물어 보았다.

"너를 위해 복을 베푼다 하더라도 그 복을 얻었음을 어찌 알겠는가?"

저 사람이 또 이렇게 대답하였다.

"복을 베풀어 주시기만 한다면 반드시 그 공덕을 얻게 될 것이니, 대왕께서도 스스로 보시게 될 것입니다."

이때 바사닉왕은 이러한 말을 듣고 나서 여러 병사들에게 명령하여 백보(百步)의 거리마다 한 사람씩을 배치해 서로 말소리로 연락할 수 있게 하고는, 성에 돌아와 그를 위하여 공양을 준비하면서 이렇게 생각하였다.

'과연 부처님과 스님들을 청함으로써 그가 복을 얻는다면, 배치해 둔 군중들의 연락에 따라 곧 그 사실의 허실(虛實)을 알게 되리라.'

곧 공양을 베풀고 부처님과 스님들을 청하여 주문(呪文)을 낭송하여 시주(施主)의 복록(福祿)을 비는 일을 끝내자, 이내 저 나무 밑에 앉아 있는 사람 앞에 자연 갖가지 맛난 음식이 나타났다.

바사닉왕은 이 사실을 알고부터 더욱 부처님께 신심과 공경심을 내었으며, 부처님 또한 그에게 갖가지 법을 설해 주시니 수다원과를 얻었다.

여러 비구들이 부처님의 이 말씀을 듣고 모두 기뻐하면서 받들어 행하였다.

25) 함향(含香)이라는 장자가 부처님을 초청한 인연

❀ 부처님께서는 사위국 기수급고독원에 계셨다.

그때 성중에 함향(含香)이란 장자가 있었는데, 헤아릴 수 없는 많은 재보(財寶)를 지니고 있었으며, 성품이 매우 어질고 부드러워 삼보(三寶33))를 공경하고 믿었다. 그는 스스로가 이렇게 생각하였다.

'내 이 몸뚱이와 모든 재보는 다 참된 것이 아니고, 허망하고 거짓된 것이로다. **마치 저 물속의 달 같기도**

---

33) 삼보(三寶)란 부처님, 법(法), 스님을 말한다.

하고 더울 때의 아지랑이 같기도 하여 오랫동안 보전할 수 없는 것이로다.'

이렇게 생각하고 부처님 처소에 나아가 엎드려 예배하고 한쪽에 물러서서 아뢰었다.

"제가 이제 공양을 베풀어 부처님과 스님을 초청하고자 하오니 허락해 주시옵소서."

부처님께서 청을 받아들이시자 장자는 곧 집에 돌아가 모든 풍성한 요리를 마련하고 심부름하는 사람을 보내 청하였다.

"이미 음식 준비가 되어 있사오니, 성인께옵서는 때를 맞춰 왕림하소서."

이때 세존께서 옷을 입고 발우를 가지고 여러 비구들과 함께 그의 집에 가서 공양을 받으셨다. 장자는 마음 속으로 기뻐하며 조그마한 평상을 가져와 부처님 앞에 앉아서 간절히 설법을 듣기를 원했다. 부처님께서 곧 갖가지 법을 설하시자 마음이 열리고 뜻을 이해하게 되어 곧 큰 서원을 세웠다.

'이 공양의 선근 공덕으로 말미암아 미래세에 저로 하여금 정각(正覺)을 이룩해 오늘날의 부처님과 다름없이 중생을 널리 제도할 수 있게 해 주시옵소서.'

이렇게 발원하자 부처님께서 곧 빙그레 웃으시니 다섯 빛깔의 광명이 그 입으로부터 나와 세 겹으로 부처님을 둘러싼 뒤에 도로 부처님의 정수리로 들어갔다.

이때 아난이 이것을 보고 부처님께 나아가 아뢰었

다.

　　"여래께선 항상 스스로 존중하시어 함부로 웃지 않으셨거늘 이제 빙그레 웃으심은 무슨 까닭이옵니까? 원하옵건대 세존께서 자세히 말씀해 주시옵소서."

　　부처님께서 아난에게 말씀하셨다.

　　"너는 이제 저 함향 장자가 모든 음식을 베풀어 나와 여러 비구들에 공양하는 것을 보았느냐?"

　　아난이 부처님께 아뢰었다.

　　"그러하옵니다. 이미 보았나이다."

　　"저 장자는 지금 이 공양의 선근 공덕으로 말미암아 미래세에 가서 90겁을 지나도록 지옥·축생·아귀에 떨어지지 않고 항상 천상·인간의 쾌락을 받으며, 최후신(最後身)의 몸을 얻을 때엔 벽지불을 성취해 함향(含香)이라는 명호를 얻어서 한량없는 중생을 널리 제도하게 될 것이다. 이런 까닭으로 웃었느니라."

　　여러 비구들이 부처님의 이 말씀을 듣고 모두 기뻐하면서 받들어 행하였다.

26) 뱃사공이 부처님과 스님들을 강물을 건네 드린 인연

　　❀**부처님께서　마갈제(摩竭提)[34]　나라에　계실**

---

34) 마갈제국은 마게타(摩揭陀) 혹은 마갈타(摩羯陀)국으로도 불렸으며

때, 여러 비구들을 데리고 차례로 그 지방을 유행(遊行)하시다가 항하 주변에 이르러서 그 강가에 있는 뱃사공을 보고 말씀하셨다.

"그대는 이제 우리들 일행을 위해 이 강물을 건너게 해 주시오."

뱃사공이 대답하였다.

"제게 배삯을 치러 주셔야 강물을 건네 드리겠습니다."

부처님께서 뱃사공에게 이르셨다.

"나도 같은 뱃사공이오. 이 삼계(三界)의 중생들을 생사의 바다에서 벗어나게 제도해 주니, 또한 상쾌하지 않은가.

저 성내는 마음이 치성하여 사람들을 살해하는 앙굴마라(鴦掘摩羅)35)와 같은 자도 내가 제도하여 생사의 바다에서 벗어나게 하였고, 매우 교만하여 다른 사람을 업신여기는 마나답타(摩那答陀)와 같은 자도 제도하여 생사의 바다에서 벗어나게 하였으며,

저 어리석기만 하고 지혜가 없는 우류빈라가섭(憂留頻螺迦葉)36)과 같은 자도 제도하여 생사의 바다에서 벗

수도는 왕사성(王舍城)이다. 석가모니 부처님이 재세(在世)할 때에 빈비사라왕과 아들 아사세왕이 있어 악연으로 인한 비극을 겪었지만, 나라는 부강하였다.

35) 앙굴마라는 부처님 재세 시에 사위성에 있었다는 살인마이다. 여러 지역을 다니면서 수많은 사람을 죽였는데, 그때마다 손가락을 잘라서 실로 묶어 머리에 두르고 다녔다 한다. 1000명째로 희생자로 어머니를 죽이려 하였는데 부처님의 교화로 참회하고 출가하여 깨달음을 얻었다 한다.

어나게 하였소.

나는 이와 같이 한량없는 중생을 제도하여 모두 생사의 바다로부터 벗어나게 했으면서도 그 값을 요구한 바 없었는데, 어째서 그대는 이제 특히 나에게 값을 받고서야 강물을 건네주겠다는 말인가?"

세존께서 이처럼 갖가지 법을 설해 주었으나 뱃사공은 마음이 견고하여 끝내 받아들이지 않았다. 때마침 강 하류에서 다른 한 뱃사공이 부처님의 말씀을 듣고 곧 환희심을 내어 부처님 앞에 나아가 아뢰었다.

"제가 이제 부처님을 위하여 여러 스님들을 건네 드리겠습니다."

부처님께서 그렇게 하기를 하락하시니, 배를 장엄하고 여러 비구들을 불러서 타라고 하자 어떤 비구는 허공에 있고 어떤 비구는 강 중류에 있고 어떤 비구는 강 언덕에 있었다.

이때 여러 사공이 부처님과 스님들의 갖가지 신통변화를 보고 더욱 신심과 공경심을 내어 전에 없었던 일이라고 찬탄했으며 부처님을 비롯한 여러 스님들에게 예배하였다.

부처님 또한 갖가지 법을 설하시자 마음이 열리고 뜻을 이해하게 되어 곧 수다원과를 얻었다.

---

36) 우류빈라가섭은 맹년가섭(盲年迦葉) 또는 상시가섭(上時迦葉)으로도 불리며, 또한 머리를 소라머리처럼 묶고 다닌다 하여 나발범지(螺髪梵志)라고도 한다. 두 동생인 가야가섭, 나제가섭과 함께 3가섭으로 불렸다. 본래 불을 숭배하는 외도의 무리였으나 부처님에게 교화를 받고 출가하였다.

　　이때 앞서 값을 요구하던 뱃사공도 뒤의 뱃사공이 부처님과 스님들께 강을 건네 드리는 것을 보는 동시에 다시 신통 변화를 보고서 깊이 부끄럽게 여겨 온몸을 땅에 엎드려 부처님을 향해 정성을 들여 참회(懺悔)한 끝에 부처님과 스님들을 초청하였다.

　　부처님께서 청을 받아들이시자, 그는 곧 집에 돌아가 온갖 풍성한 음식을 만들어 부처님과 스님들을 청해 손수 받들어 공양한 뒤에 조그마한 평상을 가져와서 부처님 앞에 앉아 간절히 설법 듣기를 원했다. 부처님께서 곧 그에게 갖가지 법을 설하시자 마음이 열리고 뜻을 이해하게 되어 곧 서원을 세웠다.

　　'이 공양의 선근 공덕으로 말미암아 미래세에 저로 하여금 정각(正覺)을 이룩하여 오늘날의 부처님과 다름없이 중생을 널리 제도할 수 있게 해 주시옵소서.'

　　이렇게 발원하자 부처님께서 곧 빙그레 웃으시니, 다섯 빛깔 광명이 그 입에서 나와 세 겹으로 부처님을 둘러싼 뒤에 도로 부처님의 정수리로 들어갔다.

　　이때 아난이 부처님 앞에 나아가 아뢰었다.

　　"여래께선 존중하시어 함부로 웃지 아니하셨거늘 이제 빙그레 웃으심은 무슨 까닭이옵니까? 원하옵건대 세존께서 자세히 말씀해 주시옵소서."

　　부처님께서 아난에게 말씀하셨다.

　　"너는 이제 저 뱃사공이 부끄럽게 여겨서 자책(自責)하며 나에게 공양을 베풀어 참회하는 것을 보았느냐?"

아난이 부처님께 아뢰었다.

그러하옵니다. 이미 보았나이다."

저 뱃사공이 스스로 참회하여 나에게 공양을 베푼 그 공덕으로 미래세에 열세 겁이 지나도록 지옥·축생·아귀의 갈래에 떨어지지 않고 항상 천상·인간의 쾌락을 받으며, 최후의 몸을 받아 벽지불을 성취할 때엔 도생사해(度生死海)라는 명호로 한량없는 중생을 널리 제도하게 될 것이다. 이러한 까닭으로 웃었느니라."

여러 비구들은 부처님의 이 말씀을 듣고 모두 환희심을 내어서 받들어 행하였다.

27) 여종이 전단향(栴檀香)을 부처님 발에 바른 인연

❀**부처님께서 왕사성 가란타 죽림에 계실 때,** 그 성의 어떤 장자 집에 있는 여종 하나가 성품이 착하고 어질 뿐 아니라, 삼보(三寶)를 공경하고 믿었다.

매양 그 상전을 위해 전단향을 갈아 가루를 만들어 오던 차에, 어느 날 잠깐 문밖을 나갔다가 마침 세존께서 옷을 입고 발우를 잡으신 채 여러 비구를 데리고 성문에 들어와서 걸식(乞食)하시는 것을 보고는, 곧 환희심을 내어 도로 집 안으로 들어가서 전단향(栴檀香) 가루를 조금 가지고 나와서 세존의 발등에 발랐다.

세존(世尊)께서는 곧 신통력(神通力)을 나타내시어

그 미묘한 향 구름이 빙빙 올라가면서 온 왕사성을 두루 덮게 하셨다. 그러자 저 여인이 이러한 변화를 보고 갑절 신심과 공경심을 내어 온몸을 땅에 엎드려 예배하고 곧 이러한 서원을 세웠다.

'이 향 가루 공양의 공덕으로 말미암아 미래세에 가서 저로 하여금 이같이 빈궁하고 미천한 몸을 아주 벗어나 빨리 정각(正覺)을 이룩하여 오늘날의 부처님과 다름없이 중생을 널리 제도할 수 있게 해 주옵소서.'

이렇게 발원하자 부처님께서 곧 빙그레 웃으시니, 그 입으로부터 다섯 빛깔의 광명이 나와서 세 겹으로 부처님을 둘러싼 뒤에 도로 부처님의 정수리로 들어갔다.

그때 아난이 부처님 앞에 나아가 아뢰었다.

"여래께선 존중하시어 함부로 웃지 아니하셨거늘 이제 빙그레 웃으심은 무슨 까닭이옵니까? 원하옵건대 세존께서 자세히 말씀해 주옵소서."

부처님께서 아난에게 말씀하셨다.

"너는 이제 저 장자의 여종이 전단향 가루를 내 발등에 바르는 것을 보았느냐?"

아난이 아뢰었다.

"그러하옵니다. 이미 보았나이다."

"저 장자의 여종은 내 발등에 전단향을 바른 그 선근(善根) 공덕으로 말미암아 미래세에 90겁을 지내도록 지옥·축생·아귀 갈래에 떨어지지 않음은 물론, 항상 온몸이 깨끗하여 향내를 풍기고, 천상·인간의 쾌락을 받으며, 최후의 몸을 받아 벽지불을 성취할 때엔 전단향이라는 명호를 얻어서 한량없는 중생을 널리 제도하게 될 것이다. 이런 까닭으로 웃었느니라."

여러 비구들이 부처님의 이 말씀을 듣고 모두 기뻐하면서 받들어 행하였다.

28) 가난한 사람 발제(拔提)가 부처님께 마른 나무를 보시(布施)한 인연

❀부처님께서 사위국 기수급고독원에 계실 때, 그 성에 발제(拔提)라는 가난한 사람이 있었다. 남의 동산지기 노릇으로 겨우 생활하면서 매일 숯 한 짐을 지고 성(城)안에 들어가 팔아 오고 있었다. 어느 날 성문에 들어가다가 어떤 화인(化人)을 만났는데, 그 화인이 가난한 사람에게 이렇게 말하였다.

"그대가 이제 이 마른 나무를 나에게 준다면 나는 그대에게 온갖 맛난 음식을 보시하리라."

가난한 사람이 화인의 말을 듣고 마음 속으로 기뻐서 곧 마른 나무를 화인에게 넘겨 주자, 화인은 또 이렇게 말하였다.

"그대는 나무를 가지고 나를 따라오라. 함께 저 기원정사(祇桓精舍)에 가서 그대에게 음식을 주리라."

그리하여 가난한 사람은 화인을 따라 함께 기원정

사에 갔는데, 세존의 그 32상과 80종호의 빛나는 광명
이 마치 백천의 해와 같음을 보고 곧 환희심을 내어 부
처님 앞에 엎드려 예배하고 나서 그 마른 나무를 바쳤
다.

　　세존께서 받아 마른 나무를 땅에 꽂아 심은 다음
신통력으로써 잠깐 사이에 가지와 줄기를 생장시키고 꽃
과 열매를 무성케 하되 마치 니구타(尼拘陀) 나무처럼
둥글고도 사랑스럽게 만들었다. 세존께서 그 나무 밑에
결가부좌하고 백천만의 대중들에게 묘법을 연설하시자,
가난한 이가 이것을 보고 더욱 환희심을 품고 곧 몸을
땅에 엎드려 이러한 큰 서원을 세웠다.

　　**'원하옵건대 이 마른 나무를 부처님께 보시한
공덕으로써 미래세에 저로 하여금 정각을 이룩해 오
늘날의 부처님처럼 중생을 널리 제도할 수 있게 해
주옵소서.'**

　　이렇게 발원하자 부처님께서 곧 빙그레 웃으시니,
다섯 빛깔의 광명이 그 입으로부터 나와 세 겹으로 부
처님을 둘러싼 뒤에 도로 부처님의 정수리로 들어갔다.

　　그때 아난이 부처님께 아뢰었다.

　　**"여래께선 항상 스스로 존중하시어 함부로 웃
음을 나타내지 아니하셨거늘 이제 빙그레 웃으심은
무슨 까닭이옵니까? 원하옵건대 세존께서 자세히 말
씀해 주시옵소서."**

　　부처님께서 아난에게 말씀하셨다.

　　"너는 이제 저 동산지기 가난한 사람이 나에게 마

른 나무를 보시하는 것을 보았느냐?"

아난이 아뢰었다.

그러하옵니다. 이미 보았나이다."

"저 가난한 사람이 신심과 공경심으로 나에게 마른 나무를 보시한 선근 공덕으로 말미암아 미래세에 열세 겁이 지나도록 지옥·축생·아귀 갈래에 떨어지지 않고, 항상 천상·인간의 쾌락을 받으며, 최후의 몸으로 벽지불을 성취할 때엔 이구(離垢)라는 명호로 한량없는 중생을 널리 제도하게 될 것이다. 이러한 까닭으로 웃었느니라."

여러 비구들이 부처님의 이 말씀을 듣고 모두 기뻐하면서 받들어 행하였다.

29) 기악(伎樂)을 베풀어 공양(供養)함으로써 벽지불을 성취하게 된 인연

❀부처님께서 사위국 기수급고독원에 계실 때었다.

그 성(城)에서 권세 있고 부귀한 장자들은 각각 제 나름대로 장엄하여 좋은 옷을 입고 보배 영락과 옥팔찌를 차고 있었다.

한편 향기로운 꽃을 가지고 온갖 기악을 갖추어 앞뒤로 서로 거느리고 성 바깥을 나와서 유희하려고 성문을 나오다가 부처님께서 여러 비구들을 데리고 함께 옷을 입고 발우를 잡은 채 성으로 들어와서 걸식하시는 것을 보았다.

그때 그 사람들은 부처님의 원만한 빛, 즉 32상과 80종호의 빛나는 광명이 백천의 해와 같음을 보고는, 각자 환희심을 내어 부처님 앞에 엎드려 예배하고 준비했던 기악을 베풀어 공양했다.

또 부처님 머리 위를 향해 갖가지 꽃을 뿌리자, 그 꽃들이 모두 부처님의 신통력으로 말미암아 허공에서 꽃 일산으로 변화하여 온 사위성을 두루 덮었다.

그들은 이러한 신통 변화를 보고 전에 없었던 일이라고 찬탄한 나머지 다시 온몸을 땅에 엎드려 예배한 뒤에 곧 이러한 서원을 세웠다.

'이 기악(伎樂)을 부처님께 공양한 선근 공덕으로 말미암아 저로 하여금 미래세에 정각을 이룩하여 오늘날의 부처님과 같이 중생을 널리 제도할 수 있게 해 주옵소서.'

이렇게 발원하자 부처님께서 곧 빙그레 웃으시니, 그 입에서 다섯 빛깔의 광명이 나와 세 겹으로 부처님을 둘러싼 뒤에 도로 부처님의 정수리로 들어갔다.

그때 아난이 부처님께 아뢰었다.

"여래께선 항상 스스로 존중하시어 함부로 웃지 아니하셨거늘, 이제 빙그레 웃으심은 무슨 까닭이옵니까? 원하옵건대 여래께서 자세히 말씀해 주시옵소서."

부처님께서 아난에게 말씀하셨다.

"너는 이제 저 여러 사람이 기악을 베풀어 나에 공양하는 것을 보았느냐?"

아난이 아뢰었다.

"그러하옵니다. 이미 보았나이다."

"저 사람들은 기악을 베풀고 꽃을 뿌려 나에게 공양한 그 선근 공덕으로 말미암아 미래세에 1백겁이 지나도록 지옥·축생·아귀 갈래에 떨어지지 않고, 항상 천상·인간의 쾌락을 받으며, 최후의 몸으로 벽지불을 성취할 때엔 묘성(妙聲)이라는 명호로 한량없는 중생을 널리 제도하게 될 것이다. 이러한 까닭으로 웃었느니라."

여러 비구들이 부처님의 이 말씀을 듣고 다 기뻐하면서 받들어 행하였다.

30) 도둑 악노(惡奴)의 인연

❀**부처님께서 사위국 기수급고독원에 계실 때였다.**

그 성(城)에 악노(惡奴)라는 어리석은 사람이 있어 항상 남의 창고를 털거나 물건을 빼앗기를 좋아하며 그 것으로 생활을 계속하였다.

어떤 비구가 무덤 사이에 앉아서 좌선을 하며 도를 닦다가 식사 때가 되어 옷을 입고 발우를 잡고서 성으로 들어가 걸식하려 했다. 때마침 장자 한 사람이 나타

나 그 비구의 조용한 위의를 보고 곧 신심과 공경심이
생겨 집안에 들어가서 담요 한 장을 가지고 나와 비구
에게 보시하였다.

비구가 그 담요를 가지고 무덤으로 돌아가는 도중
에 저 빼앗기를 좋아하는 도둑이 비구가 담요를 가지고
오는 것을 보고 빼앗으려고 하자 비구가 곧 주었다.

그 이튿날 다시 와서 요구하므로 역시 가졌던 담요
를 주었는데, 사흘째 비구가 걸식에서 돌아왔는데 방사
안에 들어와 발우를 요구했다. 이때 비구가 생각하였다.

'이 발우야말로 날마다 걸식하여 나의 생활을 유지
하는 것이라 줄 수 없을 뿐더러, 설사 준다 하더라도 저
도둑의 요구가 끝이 없을 것이다. 이제 어떤 계획을 세
워 그에게 삼귀의(三歸依)를 주어서 다시는 못 오게 하
리라.'

이렇게 생각하고 곧 도둑에게 타일렀다.

"조금만 나를 기다려 주시오. 곧 그대에게 발우를
주겠소."

도둑이 이 말을 듣고 기다리는 동안 비구가 노끈으
로 올가미를 만들어 안쪽에 설치해 두고서 도둑에게 말
하였다.

"내가 지금 매우 피로하여 일부러 일어날 수 없으
니, 그대가 손을 뻗쳐 안으로 들이민다면 그대에게 발우
를 주겠소."

도둑이 이 말을 듣고 과연 안쪽으로 손을 뻗치자,
비구가 곧 노끈을 당겨 그 손을 매어서 평상 다리에 묶

어 두고는, 바깥으로 나가 몽둥이를 갖고 와서 때리면서,

'첫 번째로 부처님께 귀의(歸依)하여라'고 큰 소리로 말했다.

도둑이 아파서 말을 못하고 있다가 겨우 정신이 돌아오자 갖가지로 꾸짖고 다시 때리면서

'두 번째로 법에 귀의(歸依)하여라'고 큰 소리로 외쳤다. 역시 도둑이 너무 아파서 까무러쳤다가 겨우 정신 돌아오자 또 꾸짖고

'세 번째로 스님께 귀의(歸依)하여라'고 외치자, 도둑이 또한 이렇게 생각하였다.

'이제 마음과 뼈가 다 고통스러워 더 견딜 수 없구나. 만약 굴복하지 않다가 네 번째의 몽둥이를 맞는다면 반드시 죽고야 말겠구나.'

이와 같이 생각한 끝에 도둑이 비구에게 사죄하고 굴복했다. 그러자 비구가 도둑을 풀어 주었는데, 도둑은 그 길로 곧 부처님 처소에 나아가 큰 소리로 애원하였다.

"실로 대비하신 세존이시여. 비구에게 분부를 내리시어 저로 하여금 삼보(三寶)에 귀의할 수 있게 해 주소서. 다행히 죽지는 않았으나 만약 제가 네 번째에 귀의를 받는다면 틀림없이 죽을 것이므로 삼보에 귀의할 수도 없을 것입니다."

이때 세존께서 도둑의 마음이 이미 조복(調伏)된 줄 아시고 갖가지 법을 설하시니, 마음이 열리고 뜻을 이해

하게 되어 도둑은 곧 수다원과를 얻어 출가하기를 원하였다.

부처님께서 말씀하시기를 '잘 왔도다, 비구야'라고 하시니, 이에 도둑은 수염과 머리털이 저절로 떨어지고 법복이 몸에 입혀져 곧 사문의 모습을 이루었다.

또 부지런히 정진하고 수행하여 익힘으로써 아라한과를 얻고 마침내 삼명(三明)·육통(六通)과 팔해탈(八解脫)을 갖추어 온 천상과 세간의 존경을 받게 되었다.

여러 비구들이 부처님의 이 말씀을 듣고 모두 기뻐하면서 받들어 행하였다.

부처님오도송 佛陀 悟道頌

한량없는 세월의 생사윤회 속에서
'집을 짓는 자'(渴愛)가 누구인지 알려고
찾아 헤매다 헤매다 찾지 못하여
계속해서 태어났나니, 이는 둑카(苦)였네.
아, 집을 짓는 자여! 나는 이제 너를 보았노라!
너는 이제 더 이상 집(色身)을 짓지 못하리라!
이제 모든 서까래(煩惱)는 부서졌고
대들보(無明)는 산산이 조각났으며,
나의 마음은 닙바나(涅槃)에 이르렀고,
모든 욕망은 파괴되어 버렸느니라.
－법구경

'나무아미타불' 염불은 무명을 지혜로 전환하고,
갈애가 일어나는 순간순간 그를 항복降伏시키며,
아미타불에 일향전념하여 아상我相을 녹여냄으로써
무량한 지혜와 자비광명인 대아大我를 드러낸다.

찬집백연경 제4권

오 월지 우바새 지겸 한역

4. 출생보살품(出生菩薩品)

31) 연화왕(蓮華王)이 몸을 버려 붉은 물고기[赤魚] 로 된 인연

❀부처님께서는 사위국 기수급고독원에 계셨다.

세존께서 가을이 되어 과일이 익었을 때에 여러 비구들을 데리고 부락에 유행(遊行)하셨는데, 비구들이 과일을 얻어 먹고는 모두들 소화가 되지 않았다. 학질에 걸린 비구가 가장 많고 그 밖에도 갖가지 병이 나서 좌선(坐禪)을 하거나 경(經)을 외우거나 도(道)를 수행할 수 없었다.

이때 아난이 부처님 앞에 나아가 아뢰었다.

"여래 세존께선 과거세에 어떠한 복을 심으셨기에 모든 음식을 잘 소화시켜 몸에 아무런 여러 환고(患苦)가 없으시며, 이제 위안(威顏)이 더욱 선명하고 윤택하시나이까?"

부처님께서 아난에게 말씀하셨다.

"나 자신이 기억하건대 과거세에 자비를 닦아 행할 때에 탕약을 지어 중생들에게 보시한 일이 있었으니, 그 과보로 말미암아 지금 병의 과보가 없고 모든 음식을 잘 소화시켜 환고가 없느니라."

아난이 다시 부처님께 아뢰었다.

"세존이시여, 과거세에 어떠한 일을 수행하셨는지 알 수 없사오니, 원하옵건대 해설해 주시옵소서."

부처님께서 아난에게 말씀하셨다.

"너희들은 이제 자세히 들으라. 내가 너희들을 위해 마땅히 분별 해설하리라.

과거세에 바라날(波羅奈) 나라에 연화왕(蓮華王)이 있어, 그 나라를 올바르게 다스려 백성들이 번성하고 생활이 안락하며 풍요하여 군사가 없으며 서로 정벌하지 않았다.

코끼리·말·소·염소 따위의 온갖 가축이 번성하고, 사탕수수·포도(蒲桃) 등 갖가지 과일도 다 달고 맛이 있었다. 그러나 백성들이 너무 많은 음식에 탐을 내어 제대로 소화시키지 못하고 갖가지 병에 걸리자 서로 붙잡고 왕의 처소에 나아가 의약(醫藥)을 요구하였다.

이때 왕이 병든 사람들을 보고 매우 가엾이 여겨 곧 여러 의원들을 불러 모아서 약을 조제해 백성들에게 보시할 것을 명령하였으나, 그 많은 병자를 다 치료할 수 없게 되자, 왕이 여러 의원들을 힐책하였다.

'그대들은 어째서 백성들을 치료하지 못하고 나에게까지 오게 하는가?'

여러 의원들이 왕에게 대답하였다.

'탕약(湯藥)을 갖추지 못해 치료할 수 없습니다. 저

희들 자신의 병도 치료하지 못하고 있는데, 하물며 다른 사람의 병이겠습니까?'

이때 연화왕은 이 말을 듣고 나서 실망하여 탄식하고 괴로워하며 여러 의원들에게 물었다.

'어떤 약을 갖추지 못했는가?'

의원들이 왕에게 이렇게 대답하였다.

'반드시 붉은 물고기의 살과 피를 먹어야 병을 낫게 할 수 있는데, 저희들이 아무리 붉은 물고기를 구하려 해도 얻을 길이 없습니다. 이 때문에 병자가 더욱 많아지고 사망하는 자가 늘어나고 있습니다.'

이때 연화왕이 이렇게 생각하였다.

'지금 붉은 물고기를 얻을 수 없으니, 내가 원(願)을 세워 붉은 물고기가 되면 중생(衆生)들의 병을 낫게 할 수 있으리라.'

이렇게 생각하고 곧 태자와 대신들을 불러 유언을 하였다.

'내가 이제부터 국토를 너희들에 맡기노니, 함께 치화(治化)에 힘써서 백성을 그릇되게 하지 말라.'

태자와 대신이 이 말을 듣고는, 슬피 울어 목이 메이고 눈물이 가로막아 말을 제대로 못한 채 왕 앞에 나아가 물었다.

'대왕이시여, 저희들 대신과 태자가 어떤 법답지 못한 일을 저질렀기에 대왕께서 이러한 유언을 하십니까?'

연화왕이 곧 그들 태자와 대신들에 대답하였다.

'지금 나의 이러한 결심은 너희들에게 어떤 허물이 있어서가 아니다. 다만 현재 나라의 백성들 가운데 병자가 많고 사망하는 자가 늘어나고 있는데, 반드시 붉은 물고기의 피와 살을 구해야 낫는다고 하니, 내가 이제 이 몸뚱이를 버려 붉은 물고기가 되어서 백성들을 치료하려고 한다. 그래서 너희들을 불러 이 국토를 맡기는 것이다.'

이때 태자와 대신들은 이 말을 듣고 하늘을 우러러 슬피 울고는, 다시 왕의 발 앞에 꿇어앉고서 목메인 음성으로 말하였다.

'저희들이 이제까지 인자하신 대왕의 힘을 입어 국토가 풍요롭고 안락하며 백성들이 번성하며 살아왔거늘, 어찌하여 하루아침에 저희들을 다 버리고 아주 떠나가려 하십니까?'

이때 왕이 또 태자와 대신들에게 이렇게 타일렀다.

'지금 내가 하려고 하는 일 역시 백성들을 위한 것이다. 어찌 너희들은 굳이 막으려 하는가?'

태자와 대신들은 갖가지로 왕에게 진언했으나 마침내 만류할 수 없었으며, 왕은 곧 향과 꽃을 가지고 높은 누각에 올라가 사방을 향해 예배하면서 다음과 같이 큰 서원을 세웠다.

'제가 이제 이 몸뚱이를 버리겠사오니, 원하옵건대 저로 하여금 저 바라날국의 큰 강물 속에 큰 붉은 물고기가 되어서 그 피와 살을 먹는 백성들의 병을 모두 낫게 해 주시옵소서.'

이렇게 발원하고 곧 누각 밑으로 떨어져 죽어서 저 강물 속의 큰 붉은 물고기가 되었다.

백성들은 저 강물 속에 큰 물고기가 있다는 소문을 듣자, 제각기 칼·도끼 등 무기를 갖고 앞을 다퉈 와서 그 피와 살을 베어 먹고 병이 다 나았는가 하면, 그 살을 베어낸 곳마다 곧 새살이 도로 돋아나 이같이 열두 해가 지나도록 계속 백성들에게 피와 살을 보시하였다. 그러나 조금도 후회하거나 원망하는 마음이 없었기 때문에 급기야 목숨이 끝나서는 도리천(忉利天)에 왕생하였느니라."

부처님께서 아난에게 말씀하셨다.

"알아 두라. 그때의 연화왕이 바로 나의 전신(前身)이었다. 그 당시 내 몸뚱이를 버려 저 중생들의 생명을 구제했기 때문에 한량없는 세간에서 이제까지 질병과 고통을 겪지 않았으며, 또 오늘날 내 스스로가 성불하여 역시 이 많은 중생을 제도하는 것이니라."

여러 비구들이 부처님의 이 말씀을 듣고 모두 기뻐하면서 받들어 행하였다.

32) 범예왕(梵豫王)이 바라문에게 양곡(糧穀)을 보시한 인연

❀**부처님께서 사위국 기수급고독원에 계실 때,** 여러 비구들이 부처님 앞에 나아가 아뢰었다.

"이제 여래께선 무슨 인연으로 항상 보시(布施)에 대한 그 한량없는 공덕을 찬탄하십니까? 저희들은 무슨 일로 그렇게 말씀하시는지를 알지 못하오니, 원하옵건대 즐겨 듣고자 하옵니다."

이때 세존께서 여러 비구들에게 말씀하셨다.

"너희들은 자세히 들어라. 내가 이제 너희들을 위해 분별 해설해 주리라.

기억하건대 한량없는 과거세 때에 저 바라날국에 범예왕(梵豫王)이 있었는데, 올바르게 나라를 다스려 백성들이 매우 번성하고 풍요하여 안락하기가 끝이 없었으며, 코끼리·말·소·염소 따위의 여섯 가축까지도 다 번성하였다. 때마침 그 나라에 점술(占術)과 상술(相術)에 능한 한 바라문이 왕에게 머리를 조아리고 이렇게 말하였다.

'이제 우리 나라 경계 내에 화성(火星)이 출현했으므로, 열두 해 동안 큰 가뭄이 계속되어 농작물의 수확할 수 없으리니, 많은 백성이 굶주리게 될 것입니다.'

이 말을 들은 왕은 매우 근심이 되어 생각하였다.

'어떻게 해야 이 백성들을 다 살릴 수 있을까?'

그리고는 곧 산사(算師)를 불러 창고에 있는 양곡을 인구 수에 비추어 계산하게 하였다. 산사가 명령에 따라 계산한 결과 한 사람에 하루 한 되씩을 주어 여섯 해를 공급할 수 있었다. 그 안에 사망(死亡)할 자가 많아 국왕의 몫으로는 두 되씩을 계산할 수 있었는데, 그마저 뒤늦게 어떤 바라문이 왕 앞에 와서 이렇게 말하였다.

'제가 혼자 양곡(糧穀)을 받지 못하게 되었으니 곧 죽게 될 것입니다. 원하옵건대 대왕의 몫에서 얼마의 양곡을 나눠 주셨으면 합니다.'

범예왕은 이 말을 듣고 또 생각하였다.

'내가 이제 조그만 굶주림과 목마름도 참지 못한다면 어떻게 미래세 한량없는 세간에서 중생들을 위해 그 추위와 더위와 목마르고 굶주리는 등의 온갖 고통을 견디어 낼 수 있겠는가?'

이렇게 생각하고 양곡의 절반을 바라문에게 보시하니, 그 정성에 감응하여 천상의 궁전이 움직여 제자리에 안정되어 있지 않았는지라, 그때 제석천이 이렇게 생각하였다.

'무엇 때문에 나의 궁전이 이렇게 흔들릴까. 장차 나의 목숨이 끝나려고 이러한 변이 일어나는 것일까?'

이렇게 생각하고 잠시 관찰해 보니 왕이 굶주리는 중생들에게 가장 어려운 보시를 하기 위해 천상의 궁전을 감동시켜 흔들리는지라, '나는 당장 가서 그 착한 마음이 허위가 아닌가를 시험해 보리라' 하고 곧 병들고 파리하여 죽게 된 바라문의 모습으로 변화하여 지팡이를 잡고서 궁문에 나아가 왕에게 구걸하였다.

왕은 그때 이렇게 생각했다.

'지금 나의 이 몸뚱이를 보시하든, 보시하지 않든 간에 결국 죽고야 말 것이니, 그렇다면 차라리 이 몸뚱이를 깨끗이 보시하여 중생들을 이익케 하는 것이 죽어도 아무런 회한이 없으리라.'

이렇게 생각하고서 또 그 양곡의 절반을 바라문에게 주었다. 바라문이 이 양곡을 얻고 나서 대왕에게 물었다.

'대왕이 이 굶주림 속에서 가장 어려운 보시를 하는 것은 혹시 제석천왕·범천왕·전륜성왕이 되기를 구하는 것입니까, 또는 세간의 어떤 영화와 안락을 구하는 것입니까?'

범예왕이 곧 대답하였다.

'내가 이제 이 보시의 공덕으로 제석천왕·범천왕·전륜성왕의 몸을 구하는 것이 아니고 세간의 영화와 향락을 구하는 것도 아닙니다. 오직 소원은 미래세에 정각(正覺)을 이룩하여 저 추위·더위와 굶주리고 목마름에 허덕이는 중생들을 구제하려는 것뿐입니다.'

이러한 원을 발하자, 이때 바라문이 찬탄하여 말했다.

'훌륭하십니다. 전에 없던 일입니다."

그렇게 찬사를 하고는, 곧 제석천의 본래 몸으로 다시 돌아오면서 말했다.

'원하옵건대 대왕은 이제부터 백성들에게 명령하여 빨리 밭을 갈고 씨를 뿌리게 하소서. 앞으로 이레 만에 내가 틀림없이 단비감우(甘雨)를 퍼부어 주리다.'

범예왕은 이 말을 듣자, 마음이 너무나 기뻐서 백성들에게 명령을 내렸다.

'때 맞춰 밭을 갈고 씨를 뿌리라. 이레 만에 단비가

꼭 내리리라.'

이때에 여러 민중들이 왕의 명령을 듣고 밭을 갈고 씨를 뿌렸더니, 이레가 되자 단비가 내려서 모든 농작물이 다 익었다. 그래서 백성들이 전과 같이 치성하고 모든 물자가 한없이 풍부하였느니라."

부처님께서 여러 비구들에게 말씀하셨다.

"알아 두라. 그때의 범예왕이 바로 나의 전신(前身)이었다. 이 때문에 내가 항상 보시의 과보가 한량없다는 것을 찬탄하여 마지 않노라."

여러 비구들이 부처님의 이 말씀을 듣고 모두 기뻐하면서 받들어 행하였다.

33) 시비왕(尸毘王)이 자기 눈을 도려내어 독수리에게 보시(布施)한 인연

❀**부처님께서는 사위국 기수급 고독원에 계셨다.**

그때 여러 비구들이 안거(安居)를 마치고 자자(自恣)할 때가 오면 봄·가을 두 철에 그 곳에 모여서 부처님의 설법을 들었다. 그런 가운데 혹 옷을 세탁하거나 발우에 연기를 쐬거나 또는 피륙을 짜 염색하거나 헌옷을 꿰매는 등 각자의 하는 일이 있었다.

그때 대중(大衆) 가운데 늙어서 눈이 어두운 시바(尸婆)라는 비구가 있었는데, 땅에 앉아 옷을 꿰매려 했으나 바늘에 실을 꿸 수가 없어 큰 소리로 외쳤다.

"누가 복덕(福德)을 짓기 위해 내 바늘 구멍에 실을 꿰어 주려는가?"

때마침 세존(世尊)께서 비구의 말소리를 듣고 곧 그 옆에 가서 비구의 손을 잡은 채 바늘을 찾아 실에 꿰어 주시려 하자, 이 늙은 비구가 부처님의 음성을 알아채고 아뢰었다.

"세존(世尊)이시여, 여래께선 과거세 3아승기겁에 걸쳐 대자대비를 닦아 육바라밀을 만족하고, 모든 보살행을 갖추시어 번뇌를 끊고 공덕을 구족하셨으므로 오늘날 스스로 성불(成佛)하셨거늘, 이제 무엇 때문에 또 저에게 복덕(福德)을 구하려 하시나이까?"

부처님께서 비구에게 말씀하셨다.

"내가 옛날의 오랜 습관(習慣)을 아직도 잊지 않았기 때문에 이제 그대에게 복덕을 닦게 된 것이니라."

그러자 여러 비구들이 부처님의 이 말씀을 듣고 곧 부처님께 아뢰었다.

"여래께서는 과거세에 저 늙은 비구에게 어떠한 공덕을 닦으셨나이까? 원하옵건대 해설해 주시옵소서."

이때 세존께서 여러 비구들에게 말씀하셨다.

"너희들은 자세히 들으라. 내가 이제 분별 해설하겠느니라. 과거 한량없는 세상 동안에 바라날국의 시비왕(尸毘王)이 그 국토를 올바르게 다스려 백성들이 번성하고 풍요하고도 안락하기가 끝이 없었다. 또 시비왕이 보시하기를 좋아하여 재보는 물론, 심지어 머리·눈

·골수까지도 요구하는 자가 있으면 끝까지 인색하지 않아 그 정성이 감응되어 천상의 궁전을 움직여 그곳이 불안했다. 이때 제석천이 이렇게 생각하였다.

'무엇 때문에 내 궁전이 이렇게 흔들릴까. 장차 내 목숨이 끝나려고 하는 것이 아닐까?'

이렇게 생각하고 잠시 스스로 관찰하여 시비왕을 보니, 그가 재보를 아끼지 않고 요구하는 자마다 다 보시하는 그 정성에 하늘이 감응하여 궁전을 흔들어서 모든 물건이 제자리에 안정되어 있지 않는지라, **'나는 그 착한 마음이 진실인가 허위인가를 시험해 보리라'** 하고 곧 한 마리 큰 **수리취(鷲)의 몸으로 변화하여 왕 앞에 날아가서 말하였다.**

'제가 대왕이 보시하기를 좋아하여 중생들의 요구를 거절하지 않는다고 들었습니다. 제가 지금 요구할 게 있어 이제 일부러 이곳에 왔으니, 원하옵건대 대왕은 제 원을 들어주시오.'

이때 왕은 이 말을 듣고 매우 기뻐하면서 대답하였다.

'그대가 요구하는 대로 무엇이든지 끝내 아끼지 않겠소.'

수리가 또 왕에게 말하였다.

'저 또한 금·은 따위의 진기한 보배와 여러 재물을 필요로 하지 않고 다만 대왕의 눈을 얻어 그것으로 맛있는 음식을 만들려고 하오니, 대왕께선 이제 두 눈을 도려내어 주시오.'

이 말을 듣고도 시비왕은 크게 기뻐하면서 날카로운 칼을 손에 잡고 스스로 두 눈을 도려내어 수리에게 보시하되 조금도 고통스럽게 여기거나 후회하는 마음이 없었으니, 이때 온 땅이 여섯 가지로 진동하고 온갖 천상의 꽃이 퍼부었다.

수리가 왕에게 말하였다.

'대왕께서는 이제 두 눈을 도려내어 나에게 보시한 것을 혹시 후회하거나 원망하지 않습니까?'

왕이 수리에게 말하였다.

'내가 참된 마음으로 그대에게 눈을 보시했거늘, 무슨 후회함이 있겠는가?'

수리가 왕에게 말했다.

'그렇지만 대왕이 후회 없고 원망하는 마음이 없다는 것을 무엇으로 증명(證明)할 수 있습니까?'

왕이 수리에게 대답하였다.

'내가 이제 그대에게 눈을 보시(布施)한 것에 후회하는 마음이 없다는 것을 내 두 눈을 예전대로 회복하는 것으로 보여 주리라.'

이렇게 맹세하고 나자 왕의 두 눈이 본래와 조금도 다름없게 되었다. 수리 역시 제석천의 본래 몸으로 돌아와 왕을 찬탄하였다.

'전에 없었던 기이한 일입니다. 대왕께서 이제 가장 어려운 보시를 한 것은 앞으로 제석천왕·범천왕·전륜성왕이 되기를 구하려는 것입니까, 또는 세속의 영화와 향락을 구하려는 것입니까?'

왕이 곧 제석천에게 대답하였다.

'내가 이제 제석천왕·범천왕·전륜성왕을 구하는 것이 아니고, 세속의 영화와 향락을 구하는 것도 아닙니다. 이 눈을 보시한 선근 공덕으로 말미암아 미래세에 정각(正覺)을 이룩하여 중생을 제도하려는 것뿐입니다.'

이렇게 발원하자, 제석천은 곧 천궁으로 돌아가고 말았느니라."

부처님께서 여러 비구들에게 말씀하셨다.

"알아 두라. 그때의 시비왕은 바로 나의 전신(前身)이었고, 그때의 수리는 바로 지금 이 늙은 비구의 전신(前身)이었다. 그 당시 내 눈을 도려내어 보시하기를 아끼지 않았기 때문에 스스로 성불했으며, 또 지금에 와서 너희들보다 더 복덕을 닦아도 오히려 만족하게 여기지 않노라."

여러 비구들이 부처님의 이 말씀을 듣고 모두 기뻐하면서 받들어 행하였다.

34) 선면왕(善面王)이 법을 구한 인연

❀**부처님께서 사위국 기수급고독원에 계실 때,** 대비로 마음을 다스려 일체종지(一切種智)[37]로써 얻은

---

[37] 일체종지는 세상을 아는 세 가지 지혜[三智] 가운데 부처님의 지혜를 말한다. 삼지(三智)란 첫째, 일체지(一切智)는 성문, 연각의 지혜로 모든 현상을 두루 아는 것이다. 둘째, 도종지(道種智)는 보살의 지혜로 깨달음에 이르게 하는 모든 수행을 두루 아는 것이다. 셋째,

그 더없는 감로(甘露)의 묘법(妙法)을 널리 하늘·사람 팔부대중들에게 밤낮없이 계속 설하시되 조금도 피로함이 없이 게을리 하지 않으셨다.

이때 여러 비구들이 이 일을 보고 나서 부처님께 아뢰었다.

"세존이시여, 이제 세존께서 밤낮 쉴새없이 법요(法要)를 설하시되 몸으로나 마음으로나 도무지 피로함이 없고 게을리 하지도 않으시니, 어쩌면 그러하시나이까?"

이때 세존께서 여러 비구들에게 말씀하셨다.

"너희들은 자세히 들어라. 내가 이제 너희들을 위해 해설해 주리라.

한량없는 과거세 때 바라날국에 선면(善面)이란 국왕이 있었는데, 그 왕에겐 손타리(孫陀利)라는 왕태자가 있었다. 그 나라는 풍요하고 안락하며 백성들이 번성하였다. 저 총명하고도 지혜 있는 선면왕이 깊이 도덕을 좋아하고, 항상 묘법을 구하였기에 온갖 값진 보물을 네거리 복판에 두고 이렇게 외쳤다.

'누구라도 나를 위해 묘법을 설해 주는 이가 있다면, 이 값진 보물을 다 그에게 넘겨 주리라.'

이같이 법을 구하는 지극한 정성이 천상(天上)의 궁전을 감동시켜 궁전이 다 흔들리게 되었다.

일체종지(一切種智)는 곧 부처님의 지혜로 모든 현상의 전체와 낱낱을 두루 아는 것이다.

이때 석제환인(釋提桓因)이 잠시 관찰하여, 법을 구하는 선면왕의 정성으로 궁전이 감응한 것임을 알고는, 곧 나찰(羅刹)38)의 모습으로 변화하되 갈고리 같기도 하고 날카로운 긴 칼 같기도 한 어금니를 내물고 굶어서 마구 설치는 매우 겁나는 모습으로 왕의 궁문에 이르러 큰 소리로 외쳤다.

'나에게 바로 묘법이 있노라.'

이때 왕이 그 말을 듣고 곧 문밖에 나가 맞이한 뒤 묘법을 듣기를 청하자, 나찰은 왕에게 말하였다.

'나에게 묘법이 있기는 하지만, 이제 매우 굶주림과 목마름에 지쳐 묘법을 선설할 수 없소.'

왕이 이 말을 듣고 갖가지 음식을 갖춰 주자, 나찰이 말하였다.

'**나는 뜨거운 피나 마시고 싱싱한 살코기를 먹을 뿐 이따위 맛난 음식은 나에게 필요가 없소.**'

이때 왕태자 손타리가 그 말을 듣고서 부왕에게 청하였다.

'무릇 법음(法音)이란 얻어 듣기가 매우 어려운 것이니, 제가 이제 나찰에게 보시하여 마음대로 먹고 마시게 하겠습니다. 원하옵건대 부왕께선 묘법을 들으시옵소서.'

왕은 태자가 그 광대한 마음을 내어 목숨까지도 아끼지 않음을 알고는, 곧 스스로 생각하였다.

'내가 오랜 겁 동안 은애(恩愛)에 얽매여 끝없이 생

---

38) 악귀의 총칭이다.

사에 유전했으니, 이제 법을 듣기 위해선 차라리 사랑하는 자식을 버리리라.'

이렇게 생각하고 허락하자, 태자가 곧 나찰에게 그 몸을 보시하였는데, 나찰이 바로 왕 앞에서 태자의 몸을 찢어 땅에 이리저리 어지럽게 흩어놓고 피를 마시고 살을 뜯어먹었다. 다 먹고 난 뒤에도 만족하지 않음을 말했다.

이때 왕의 부인이 자식이 나찰에게 몸을 주는 것을 보았으며, 나찰이 다 먹고 난 뒤에도 배부르지 않다고 말하자, 이렇게 생각하였다.

'내 자식도 몸과 목숨을 보시했거늘, 어찌 이 몸을 버리지 않으랴.'

곧 생각한 바 그대로 왕에게 말하여 왕이 이 말을 듣고 곧 허락하자 부인도 나찰에게 몸을 보시하였다. 나찰이 또한 몸을 받아서 앞서와 같이 먹었으면서도 아직도 '굶주리고 목마르다'라고 하면서 왕에게 말하였다.

'이제는 당신의 몸을 내 먹이로 제공하시오.'

왕이 곧 대답하였다.

'내 몸을 제공하는 것은 조금도 아깝지 않지만, 몸이 없어지고서야 어떻게 법을 들을 수 있겠소. 이제 그대가 먼저 나에게 법을 설해 준다면, 나도 몸을 버려 당신의 먹이가 되겠소.'

이때 나찰은 정성스러운 왕의 신심을 알고 곧 왕을 위해 다음과 같이 게송(偈頌)을 읊었다.

은애(恩愛)로 인하여 근심이 생기고
은애로 인하여 두려움이 있기 마련이니
그러므로 은애를 여의는 이라야
아주 근심과 두려움을 끊을 수 있네.

나찰이 이 게송(偈頌)을 읊고 나서 제석천의 본래 몸으로 돌아가자, 태자와 부인도 홀연히 앞에 나타났다. 왕은 법을 듣고 더욱 신심과 공경심을 냈으며, 다시 부인과 태자가 그대로 존재함을 보고서 마음 속으로 기쁨을 이기지 못했다."

부처님께서 여러 비구들에게 말씀하셨다.

"알아 두라. 그때의 선면왕은 바로 나의 전신(前身)이었고, 그때의 태자는 바로 지금 아난의 전신(前身)이었으며, 그때의 부인은 바로 지금 야수다라(耶輸陀羅)39)의 전신(前身)이었다. 이와 같이 내가 과거세에 보살도를 닦을 적에 법을 구하기 위해선 공경하는 처자까지도 애석하게 여기지 않았거늘, 어찌 오늘날 피로하다거나 게으름이 있을 수 있겠느냐?"

여러 비구들이 부처님의 이 말씀을 듣고 모두 기뻐하면서 받들어 행하였다.

---

39) 석가모니 부처님의 태자 시절의 부인.

35) 범마왕(梵摩王)의 태자가 법을 구한 인연[40]

❀부처님께서 사위국 기수급고독원에 계실 때, 그 성에 수달(須達)이라는 장자가 있었다. 그는 성품이 어질고 삼보(三寶)를 공경하고 믿었으며, 날마다 절에 나아가 탑(塔)을 청소했다.

어느 하루는 용무가 있어 가느라고 탑을 청소하지 못하였는데, 그때 세존께서 목건련(目犍連), 사리불(舍利弗), 가섭(迦葉) 등 여러 비구들을 데리고 함께 그 탑(塔) 속에 들어가 청소를 마친 뒤에 한쪽에 물러나 앉아서 청소에 대한 공덕을 이렇게 말씀하셨다.

"이 청소를 함으로써 다섯 가지 공덕(功德)을 얻나니,

첫째 자신의 더러운 마음을 제거하고,
둘째 다른 사람의 더러운 마음까지 제거시키고,
셋째 교만을 제거하고,
넷째 그 마음을 조복하고,
다섯째 공덕을 증장하여 좋은 곳에 태어남이 그 것이니라."

뒤늦게 수달 장자가 그 절에 이르러 세존께서 비구들에게 청소에 대한 공덕 말씀하신 사실을 듣고는, 곧 환희심을 내어 부처님 앞에 나아가 아뢰었다.

"제가 이제 부처님께서 말씀하신 이 청소에 대한

---

40) 이 이야기는 〈현우경〉제1품 "범천청법육사품(梵天請法六事品)"에도 실려있다.

다섯 가지 공덕을 들음으로써 어느 곳에서나 모든 현성
(賢聖)들이 바로 제 눈앞에 계심을 뵈옵는 듯 합니다.”

이때 세존께서 수달 장자에게 말씀하셨다.

“내가 사랑하고 공경하는 일체의 선한 법 역시 그
러하니, 그대는 자세히 들으라. 내가 이제 장자를 위해
분별 해설하리라.

한량없는 과거세 때 바라날국에 범마달다왕(梵摩達
多王)이 바른 법으로 나라를 다스림으로써 백성들이 번
성하며, 생활이 풍요롭고도 안락하였다.

때마침 왕의 부인이 임신(姙娠)하자 그 정수리 위에
자연히 보배 일산 하나가 부인이 다니고 앉는 곳을 따
르게 되므로, 왕이 상사(相師)를 불러 부인의 모습을 보
였다. 상사가 이를 보고, **‘앞으로 큰 복덕 있는 아이
를 출생하여 그 아이가 사방으로 법을 구하게 될 것
입니다’** 라고 하였다.

마침내 열 달이 차서 부인이 태자를 낳았으니, 세
간에 보기 드물 만큼 용모가 수승하고도 단엄하므로 곧
태자의 이름을 구법(求法)이라 하였다. 나이가 들어 점점
장대하자 과연 도법(道法)을 좋아하여, 사람을 시켜 값진
보물을 가지고 사방으로 법을 구하기 시작했으나 뜻대로
구해지지 않자 울고 근심하여 스스로가 편안할 수가 없
었다.

이러한 정성에 하늘이 감응하여 제석천의 궁전이
흔들려서 제자리에 안정되어 있지 않은지라, 이때 제석
천이 이렇게 생각하였다.

'무엇 때문에 내 궁전이 이같이 흔들릴까?'

제석천왕 자신이 잠시 관찰한 끝에 '왕태자가 법을 구하다가 뜻대로 구해지지 않는 것을 근심하여 이렇게 울어서 하늘이 감응하여 내 궁전이 이와 같이 흔들리는 구나. 내가 지금 가서 태자(太子)의 그 선(善)한 마음이 과연 진실(眞實)인가 허망(虛妄)한 것인가를 시험해 보리라' 하고 **바라문**의 몸으로 변화하여 왕의 궁문(宮門)에 이르러 큰 소리로 외쳤다.

'내가 바로 묘법을 지니고 있으니, 그 누구라도 묘법 듣기를 원한다면, 내가 그에게 법을 설해 주리다.'

왕태자가 그 말을 듣고 스스로 기쁨을 이기지 못하고 궁문에 나아가 맞이하여 엎드려 발에 예배한 뒤에 전상(殿上)으로 모시고 좋은 상(床)을 펴고 앉기를 청하며 합장하고 말했다.

'원컨대 대사께서 자애로운 마음으로 가엾이 여기어 저를 위해 묘법을 설해 주소서.'

바라문이 태자에게 대답하였다.

'법 배우기가 매우 어려운지라, 오래도록 스승을 따라 정성을 다해야 지혜를 얻을 수 있거늘 바로 법을 들어 얻으려고 한다면 이치를 얻을 수 없소.'

이때 왕태자가 다시 대사에게 말하였다.

'대사께서 필요하신 것을 말씀하신다면, 이 몸뚱이와 아내·자식과 코끼리·말·보배 등 그 모든 것을 준비해 아낌없이 다 드리겠습니다.'

바라문이 곧 이렇게 대답하였다.

'이제 태자가 말씀한 것은 다 나로서는 필요하지 않은 것이오. 그러나 지금 태자가 만약 열 길 정도 깊이의 큰 구덩이를 파서 그 속에 불을 지른 다음 태자의 몸을 던진다면, 그때에는 나 역시 묘법을 설하겠소'

태자가 그 말을 듣고 마음 속으로 기뻐하며 곧 큰 구덩이를 파서 그 속에 불을 지르고 스스로 몸을 던지려 하였다. 그때 왕의 부인을 비롯한 여러 신하들이 달려와 태자를 잡고 만류하는 한편, 바라문을 향해 호소하였다.

'원하옵건대 대사께서 저희들을 가엾이 여기시는 뜻에서라도 태자가 이 불구덩이에 뛰어들지 못하게 하소서. 대사께서 필요하다면 이 국토의 성읍과 보물, 심지어 처자까지도 다 드리겠습니다.'

바라문이 이에 대답하였다.

'내가 무슨 태자를 괴롭히는 것이 아니고, 다만 태자의 뜻에 따라 태자가 그렇게 한다면 나 또한 설법해 주겠다고 하였소.'

이때 태자가 그 말을 듣고 말하였다.

'내가 오랜 겁에 걸쳐 헛되이 몸과 목숨을 버렸으나, 나를 위해 묘법을 설해 주는 이가 없었기 때문에 이제 내 스스로 몸을 던지려는 것입니다.'

이때 왕의 부인과 신하들이 태자가 반드시 죽으려고 하는 것을 보고, 다시 부하들을 시켜 하루에 천 리를 갈 수 있는 코끼리를 타고서 온 염부제 안에 있는 대신들을 한꺼번에 집합시켜 합장하고 간하였다.

'부디 저희들을 위해서라도 이 불구덩이에는 들어가지 마십시오. 이제 무엇 때문에 저 바라문 한 사람을 위해 모든 것을 버리려 하십니까?'

그러나 태자는 여러 신하들에 이렇게 대답하였다.

'내가 과거세 무수한 생사 가운데 혹 지옥·축생·아귀에 떨어져 서로가 살해하고 불에 태우고 굶주리는 등 하루 동안에 그 말할 수 없는 고통을 겪으면서 헛되이 몸과 마음을 버렸으나, 이제까지 유익한 법을 들은 일이 없었노라. 지금 이 더러운 몸을 던지려는 것은 위없는 보리의 도를 구하기 위하여 이 목숨을 버리고 중생들을 제도하여 생사의 바다에서 벗어나게 하려 하기 때문이거늘, 왜 모두들 굳이 나를 만류하는가?'

이같이 말한 다음 투신하기를 결정하고 바라문에게 말하였다.

'이 목숨이 끝난 뒤에는 법을 들을 수 없으니, 원하옵건대 대사께서 먼저 묘법을 설해 주시오.'

이때 바라문이 곧 태자를 위해 게송(偈頌)을 읊었다.

항상 인자한 마음을 행하여
성내거나 해치는 생각 없애고
대비심으로 중생을 가엾이 여기되
눈물을 흘려가면서 구제하며

또 대비를 수행하는 자로선

제 몸과 같이 여기는 법으로
모든 중생을 다 구호해야만
비로소 보살행이라 할 수 있네.

그때 태자가 이 게송(偈頌)을 듣고서 기쁨을 이기지
못하고 곧 큰 불 구덩이 속으로 뛰어들었다. 그러나 그
불구덩이는 연못으로 변하고 태자는 연꽃 위에 앉아 있
는가 하면, 온 땅이 진동하고 천상의 온갖 꽃이 퍼부어
무릎까지 쌓였다. 이때 바라문은 제석천왕의 본래 몸으
로 다시 돌아와 태자를 칭찬해 말하였다.

'태자가 이제 불구덩이 속에서도 이 한 게송(偈頌)
을 위하여 목숨을 아끼지 않은 것은 어떠한 원을 구하
려는 것입니까?'

태자가 대답하였다.

'제 소원은 앞으로 위없는 보리의 큰 도를 구
해 널리 중생들을 제도하여 생사의 바다에서 벗어나
게 하려는 것입니다.'

이때 제석천왕은 태자의 말을 듣고서 '전에 없었던
일이다'라고 찬탄한 다음 도로 천상으로 올라갔으며, 범
마왕을 비롯하여 왕의 부인과 여러 신하들도 역시 '전에
없었던 기이한 일이다'라고 찬탄한 뒤에 모두들 기쁜 마
음으로 태자를 데리고서 궁중에 돌아갔다."

부처님께서 여러 비구들에게 말씀하셨다.

"알아 두라.

그때의 범마왕은 바로 지금의 정반왕(淨飯王)의 전

신(前身)이었고, 그때의 왕후는 바로 지금의 마야(摩耶)부인의 전신(前身)이었으며, 그때의 태자는 바로 나의 전신(前身)이었노라."

부처님께서 이 구법의 인연을 말씀하실 적에, 혹은 수다원과를 얻은 자도 있고, 혹은 사다함과를, 혹은 아나함과를, 혹은 아라한과를 얻은 자도 있으며, 혹은 벽지불의 마음을 내고, 혹은 위없는 보리심을 내는 자도 있었다.

여러 비구들이 부처님의 이 말씀을 듣고 모두 기뻐하면서 받들어 행하였다.

36) 바라문이 부처님에게 빚을 받게 된 인연

❋부처님께서 사위국 기수급고독원에 계실 때, 여러 비구들과 함께 성에 들어가서 걸식(乞食)하시다가 어느 거리 복판에서 한 바라문을 만났다. 그런데 그 바라문이 손가락으로 땅을 그어 두고 가지 못하게 막으면서 이렇게 말하였다.

"당신이 이제 오백 금의 돈을 나에게 준다면 이 길을 지나가게 하겠으나, 그렇지 않을 경우엔 끝내 지나지 못하게 할 것이니, 그리 아시오."

이때 세존께서는 비구들과 함께 말없이 그대로 멈추어 더 앞으로 나가지 않으셨다. 이러한 사실이 나라에 알려지자 성주 병사(瓶沙)와 바사닉왕과 비사가(毘舍呿)

석종(釋種)41)과 복루나(福樓羅) 등이 모두 모여 와서 각각 값진 보물을 가지고 바라문에게 주었으나, 바라문은 이를 받지 않았다.

때마침 수달(須達) 장자가 부처님께서 바라문에게 붙들려 못가신다는 소식을 듣고서 곧 오백 금의 돈을 바라문에게 건네주자 비로소 세존께서 길을 지나가시게 되었다. 여러 비구들이 이 광경을 보고 부처님께 아뢰었다.

"세존이시여, 이제 길을 막아 부처님을 지나시지 못하게 한 것은 무슨 인연이옵니까?"

이때 세존께서 여러 비구들에게 말씀하셨다.

"자세히 들어라. 내가 너희들을 위해 분별 해설해 주리라.

한량없는 과거세 때 바라날국에 범마달다(梵摩達多)라는 왕에게 선생(善生)이라는 왕태자가 있었다.

그 왕태자가 친구들을 데리고 유람을 가는 도중에, 어떤 사람이 재상의 아들과 어울려 도박을 하여 재상의 아들이 마침내 돈 오백 금을 잃게 되는 것을 보았다. 재상의 아들이 오백 금의 빚을 지고도 갚으려고 하지 않자, 왕태자가 돈을 받을 사람에게 이렇게 말하였다.

'만약 그가 돈을 주지 않을 때엔 내가 대신 갚겠노라.'

---

41) 석종(釋種)은 석가모니 부처님의 출가 전 종족인 석가족(釋迦族)을 말한다. 나중에는 부처님의 제자를 칭할 때 쓰이기도 하였다.

그 뒤 재상의 아들은 자기 세력을 믿고 끝내 갚지 않았으므로, 한량없는 겁 동안 빚을 받을 사람은 항상 태자에게 빚을 독촉해 왔느니라."

부처님께서 여러 비구들에게 말씀하셨다.

"알아 두라. 그때의 왕태자는 바로 나의 전신(前身)이었고, 그때 재상의 아들은 바로 지금 수달 장자의 전신(前身)이었으며, 그때 빚을 받을 사람은 바로 저 바라문의 전신(前身)이었다.

그러므로 너희들은 빚진 자로서 빚을 받을 사람에게 대항하거나 염치를 무릅쓰고 갚지 않는 그러한 일을 하지 말라. 이러한 이유로 성불한 오늘날에 있어서 내가 곤란을 당하게 된 것이니라."

여러 비구들이 부처님의 이 말씀을 듣고 모두 기뻐하면서 받들어 행하였다.

37) 부처님께서 반열반(般涅槃)에 드실 무렵에 오백 역사(力士)들을 제도하신 인연

❀부처님께서는 구시나(拘尸那)[42]의 두 사라수(沙羅樹)[43] 사이에 계시면서 곧 열반(涅槃)에 들려

---

42) 구시나(拘尸那)는 곧 쿠시나가르(Kushinagar)로 부처님이 열반하신 지역이다. 이곳에서 부처님은 이 세계에서 마지막 법문인 〈대반열반경〉 법문을 선설(宣說)하셨다. 오늘날에도 많은 유적이 남겨진 불교 4대성지 중 하나이다.

43) 부처님이 열반하실 때에 두 그루의 사라수 나무 사이에서 마지막

고 하셨다.

때마침 수발타(須拔陀)가 이 소문을 듣고 오백 역사들을 거느린 채 부처님 앞에 나아와서 엎드려 예배한 다음, 한쪽에 물러나 있으면서 출가 수도하기를 원하므로, 부처님께서 이렇게 말씀하셨다.

"잘 왔도다, 비구들이여."

그러자 수염과 머리털이 자연 다 땅에 떨어지고 법복이 몸에 입혀져 곧 사문의 모습을 갖추게 되었다. 부처님께서 그들을 위해 갖가지 법을 설하시니 마음이 열리고 뜻을 이해하게 되어 제각기 도의 자취[道跡]를 얻었다.

이때 비구들이 그 광경을 보고 부처님께 아뢰었다.

"세존이시여, 수발타를 비롯한 오백 사람들은 과거세(過去世) 때 어떠한 복을 심었기에 부처님께서 열반에 드시려고 하는 이 위급함 속에서도 부처님의 제도(濟度)를 받게 되나이까?"

부처님께서 여러 비구들에게 말씀하셨다.

"그들은 지금과 같은 위급함 속에서도 제도를 받았을 뿐만 아니라, 과거세 때에도 내가 역시 제도하여 어려움을 벗어나게 했노라."

여러 비구들이 다시 부처님께 아뢰었다.

"세존이시여, 과거세에 어떠한 일로 저 사람들을 제도하셨는지 저희들은 알지 못하오니, 원하옵건대 해설해

설법을 하시고 옆으로 누우셨다고 한다. 이후 보리수 나무가 깨달음을 상징하는 것과 같이, 사라쌍수(娑羅雙樹) 나무는 열반을 상징한다.

주시옵소서.”

이때 세존께서 여러 비구들에게 말씀하셨다.

“너희들은 자세히 들으라. 내가 이제 분별 해설하겠느니라.

과거세 한량없는 세상에 바라날국에 범마달다(梵摩達多)왕이 여러 민중들을 거느리고 성을 나와 사냥을 시작하여 어느 산속의 큰 강물 있는 곳에 이르러서 5백 사슴들과 마주 만나 곧 쏘아 잡으려고 하였다.

그때 내가 사슴 왕이 되어 있었는데, 포위하여 가까이 다가오자 사슴들은 강 언덕으로 모여들어 공포에 떨면서 강물을 건너려 해도 너무 깊어서 건널 수 없었다. 사냥꾼이 바로 눈앞에 닥쳐 생명이 정말 위급해 있었다. 이때 사슴 왕이 여러 사슴들에게 이렇게 말하였노라.

‘이제 사태가 위급하도다. 내가 너희들을 위해 사족(四足)을 펴서 강물의 양편 언덕에 걸쳐 두겠으니, 너희들이 내 등골[脊]을 밟고 지나가면 저 언덕으로 건너가게 되리라.’

그때 사슴들이 이 말을 듣고 서로 앞을 다퉈 내 등골을 밟고 다 건널 때까지 뼈가 부서져서 그 고통이란 이루 말할 수 없었다.

이때 여러 사슴들이 다 건너간 뒤에 어미사슴 한 마리가 새끼를 데리고 남아 있으면서 허둥지둥하는지라, 저 사슴왕은 이것을 보고 고통을 참은 채 건너게 하고는, 곧 목숨이 끝나 도리천(忉利天)에 태어났느니라.”

부처님께서 비구들에게 말씀하셨다.

내가 그 당시 축생(畜生)으로 있으면서도 자비심을 내어 피로와 고통을 꺼리지 않고 중생(衆生)들을 다 제도하였거늘, 하물며 오늘날 삼계(三界)를 초월하여 걸림이 없이 자재한 내가 무슨 괴로움이 있겠느냐?"

부처님께서 여러 비구들에게 말씀하셨다.

알아 두라. 그때의 사슴 왕은 바로 나의 전신(前身)이었고, 그때의 뭇 사슴들은 바로 지금 수발타를 비롯한 오백 비구들의 전신(前身)이었느니라."

이때 여러 비구들이 다시 부처님께 아뢰었다.

"세존이시여, 저 수발타를 비롯한 오백 비구들은 과거세에 어떠한 복을 심었기에 이제 부처님을 만나자마자 각각 다 도과(道果)를 얻게 되었나이까?"

부처님께서 여러 비구들에게 말씀하셨다.

"너희들은 자세히 들으라. 내가 이제 너희들을 위해 분별 해설하리라.

이 현겁(賢劫) 동안에 가섭(迦葉)부처님이 바라날국에 출현하시어 중생들을 교화하시다가 그 교화의 인연이 끝나 열반에 드시려 할 때였다. 그 당시 오백의 비구들이 산림 속에서 좌선을 닦으며 도를 구했으나 아직 도과(道果)를 얻지 못했다.

그때 가섭여래께서 중생의 교화를 다 마치고 열반에 드시려고 하였다. 비구들은 전연 몰랐으나 산림의 수신(樹神)들 만은 가섭여래가 열반(涅槃)에 드시려는 것을 알고 마음이 괴로워서 울었는데, 그 흐르는 눈물이 나무 밑에 있는 비구들의 이마 위에 떨어지자 그제서야 비구들이 각각 수신에게 물었다.

'너희들은 이제 무엇 때문에 이렇게 눈물을 흘리면서 슬피 우는가?'

수신이 이에 대답하였다.

'가섭 세존께서 지금 열반에 드시려고 하기 때문에 저희들이 괴로워서 이렇게 눈물을 흘리며 우는 것입니다.'

수신의 말을 들은 비구들이 놀라고 두려워하면서 수신에게 말했다.

'이제 우리가 어떻게 해야 세존을 가서 뵐 수 있을까. 우리 스스로가 먼저 죽어버릴지언정 부처님께서 먼저 열반하시는 것을 차마 어찌 보겠는가.'

수신들이 대답하였다.

'이제 당신들이 꼭 가시려거든 각자 눈을 감으십시오. 저희 수신들이 당신들로 하여금 세존의 처소에까지 도달하게 하겠습니다.'

비구들이 그 말을 듣고 나서 곧 눈을 감자, 과연 자신들도 모르는 사이에 홀연히 세존의 처소에 이르러서 각자 죄를 참회하고 열반에 들었다. 그 당시 이러한 인연으로 출가하여 계법을 지니었기 때문에 현재세에도 나를 만나 도과를 증득하게 된 것이다."

부처님께서 여러 비구들에게 말씀하셨다.

알아 두라. 그때의 오백의 비구가 바로 지금의 수발타를 비롯한 오백 역사 비구들의 전신(前身)이니라."

여러 비구들이 부처님의 이 말씀을 듣고 모두 기뻐하면서 받들어 행하였다.

38) 토끼가 선인(仙人)에게 공양하기 위해 그 몸을 불사른 인연

❀부처님께서 사위국 기수급고독원에 계실 때, 그 성에 발제(拔提)라는 장자가 있었다. 그는 출가하여 도에 들었으면서도 마음 속으로는 항상 속인과 연유한 일을 좋아하여 삼업(三業)을 모두 폐지하였다. 그때 여래께서 이 발제의 선근이 이미 성숙되어서 '교화를 받을 수 있으리라' 생각하시고 아난에게 이렇게 말씀하셨다.

"네가 저 발제 비구를 불러 나의 처소로 오게 하여라."

그러자 얼마 후 곧 발제 비구를 불러왔으며, 부처님께선 발제로 하여금 산림 속에 들어가 선한 법을 닦아 익히게 하였다. 그는 곧 부처님 교훈을 받아 산림 속에 나아가서 좌선을 하고 도를 수행하여 오래지 않아 곧 아라한과를 얻게 되었다.

이때 여러 비구들이 그 일을 보고 나서 부처님께 아뢰었다.

"세존이시여, 지금의 발제 비구는 과거세에 어떠한 복을 심었기에 출가하여 세속의 인연을 좋아하다가도 다시 부처님을 만나 이러한 도과(道果)를 얻게 되나이까?"

부처님께서 비구들에게 말씀하셨다.

"단지 지금만 저 비구를 교화한 것뿐 아니라, 나는 과거세에도 저 비구를 교화한 일이 있노라."

여러 비구들이 다시 부처님께 아뢰었다.

"세존이시여, 과거세에 어떠한 일이 있었는지 저희들은 알 수 없사옵니다."

세존께서 여러 비구들에게 말씀하셨다.

"너희들은 자세히 들으라. 내가 이제 너희들을 위해 분별 해설하리라.

이 현겁에 바라날국에 어떤 선인(仙人)이 산림 속에 있으면서 과일이나 먹고 물만 마시며 오랜 세월에 걸쳐 선도(仙道)를 닦아 익히고 있었다. 마침 심한 가뭄을 만나 꽃·과일의 흉년(凶年)이 들어 그 굶주림과 목마름이 절박한지라 곧 마을에 들어가 걸식(乞食)하고자 하였다.

그 때가 바로 보살인 토끼왕이 여러 토끼들을 거느리고 물과 풀을 찾아가던 도중이었는데, 수염이 길고 위의가 있는 어떤 선인이 굶주림과 목마름에 시달려 마을에 들어가 걸식하려는 것을 보고 곧 앞에 나아가 말하였다.

'내일 변변치 못하지만, 우리들의 공양을 받아 주십시오. 그리고 또 좋은 법이 있으니 당신은 들어 보시오.'

선인이 이 말을 듣고 생각하였다.

'저 토끼왕이 혹시 죽은 날짐승이나 길짐승을 보고서 그것으로 음식(飮食)을 만들어 나에게 공양하는 것이

아닐까.'

그러나 잠시 후 곧 허락(許諾)하자, 토끼왕은 선인의 허락을 듣고 여러 토끼와 저 선인을 모아 놓고 묘법을 선설한 뒤에 손수 마른 나무를 땅에 쌓아 불을 사르고서 그 불구덩이 속으로 뛰어들었다.

이 광경을 본 선인이 곧 앞에 나가 끌어안았으나 덧없는 생명은 이미 세상을 달리했으므로, 이때 선인이 큰 소리로 이렇게 외치었다.

'화상이시여, 대사여! 어쩌다 하루아침에 우리들을 다 버리고 가셨습니까? 다시는 법을 들을 수 없게 되었습니다'

그는 슬퍼서 목이 메이고, 하늘을 향해 울부짖다가 기절하여 땅에 쓰러졌으니, 그 슬픔은 말로 다할 수 없었다.

그때 바로 온 땅이 진동하고 천상의 미묘한 꽃이 퍼부어 토끼왕의 위를 덮었으며, 저 선인도 토끼왕을 보고 대비심을 닦아서 감히 토끼왕의 살을 뜯어먹지 못할 뿐 아니라, 그 해골을 거둬서 탑(塔)을 세워 공양하였느니라."

부처님께서 여러 비구들에게 말씀하셨다.

"알아 두라. 그때의 보살인 토끼왕은 바로 나의 전신(前身)이었고, 그때의 선인은 바로 지금 발제 비구의 전신(前身)이었다.

그 당시 내 말에 수순하여 설법을 들었기 때문에 이제 또 나를 만나 출가 수도하게 되는 것이니라."

여러 비구들이 부처님의 이 말씀을 듣고 모두 기뻐하면서 받들어 행하였다.

39) 법호왕자(法護王子)3가 그 어머니에게 살해당한 인연

❀**부처님께서 사위국 기수급 고독원에 계실 때**, 아주 어리석고 지혜 없는 제바달다(提婆達多)가 항상 질투심과 진심(嗔心: 노여워하는 마음)을 품고서 세존을 향해 마구 욕설을 퍼부어 왔으나, 세존께선 끝내 제바달다에게 혐오하는 마음을 갖거나 원망하는 마음이 조금도 없었다. 그때 비구들이 이 일을 보고 곧 부처님 앞에 나아가 아뢰었다.

"세존이시여, 제바달다를 전혀 개의치 않으시니 왜 그러하십니까?"
부처님께서 비구들에게 말씀하셨다.
"단지 오늘날만 그에게 욕설(辱說)을 당하는 것뿐만 아니라 과거세에도 항상 그러한 것을 나는 계속 참아 왔노라."

비구들이 다시 부처님께 아뢰었다.
"세존이시여, 과거세 때의 일을 듣고 싶으니 해설해 주시옵소서."
이때 세존께서 여러 비구들에게 말씀하셨다.

"너희들은 자세히 들어라. 내가 이제 너희들을 위해 분별 해설해 주리라.

이 현겁에 범마달마(梵摩達多)라는 국왕이 바라날국을 바른 법으로 다스림으로써 백성들이 번성하고 모든 물자가 풍부하였다.

왕에게는 두 부인이 있었으니,

첫째 부인의 이름은 선의(善意)이고,
둘째 부인은 수선의(修善意)였다.

첫째 부인은 그 성품이 유순하여 왕의 뜻에 매우 맞았으나 자식이 없었다.

둘째 부인에게 태어난 외아들이 총명하고 인자하여 부모에게 효순하므로 왕이 무척 사랑해 학당(學堂)에 보내서 글을 읽고 외우게 하였다.

어느 날 첫째 부인을 데리고 궁성 바깥을 나와 온갖 유희와 오락으로 흥미롭게 지내는 도중에 그 궁성 안에 있는 둘째 부인에게 약간의 술과 음식을 보내 주었는데, 부인이 진심과 질투심을 내어 악담을 퍼붓기 시작했다.

'내가 차라리 왕자의 목을 찔러 그 피를 뽑아 마실지언정 이제 왕이 보내온 술만은 끝내 마시지 않으리라.'

심부름을 갔던 사람이 도로 왕에게 가서 이 사실을 보고하자, 왕이 곧 크게 화를 내고 잠시 후 다시 사람을 시켜 왕자를 보내서 과연 그렇게 하는가, 못하는가를 시험해 보게 하였다. 부인이 곧 왕자의 목을 찌르려고 하자 왕자는 몸을 굽혀 합장하고서 그 어머니께 애원하였다.

  '제게 아무런 허물이 없거늘 무엇 때문에 이러하십니까?'

  어머니는 아들에게 이렇게 대답하였다.

  '네 아버지의 명령으로 죽이는 것이지, 너에게 허물이 있는 것은 아니다.'

  이 말을 듣고 왕자가 어머니를 향해 한없이 참회(懺悔)하였지만, 그 어머니는 끝내 듣지 않고 왕자를 죽이고 말았다. 그러나 왕자는 부모에게 효순한 그 착한 마음을 타고서 도리천(忉利天)에 났느니라. 내가 그 당시 범부로서 어머니에게 살해까지 당하였어도 조그마한 원망(怨望)마저 없었거늘, 하물며 오늘날 삼계를 초월한 내가 저 제바달다에게 어찌 자비를 내지 않겠느냐?"

  부처님께서 여러 비구들에게 말씀하셨다.

  알아 두라. 그때 국왕의 외아들은 바로 나의 전신(前身)이었고, 그때의 어머니는 바로 지금 제바달다의 전신(前身)이었느니라."

  여러 비구들이 부처님의 이 말씀을 듣고 모두 기뻐하면서 받들어 행하였다.

40) 도둑 루타(樓陀)의 인연

❀**부처님께서 사위국 기수급 고독원에 계실 때,**
그 성에 루타(樓陀)라는 도둑이 있었다. 그는 항상 허리
엔 날카로운 칼을 차고 손에는 활을 잡고서 길목에 있
으면서 백성들의 물건을 빼앗아 그것으로 생활했다.

어느 날 며칠 동안 굶주림과 목마름에 시달려 오다
가 마침 비구가 발우를 잡은 채 나무 밑을 걸어가는 것
을 보고 이렇게 생각하였다.

'저 사람들의 발우 속엔 반드시 음식이 있으리니,
지금 곧 가서 그 음식을 빼앗아 먹고 또 다 먹고서 배복
(腹)를 갈라 꺼내 먹으리라.'

이렇게 생각하고 나서 가까운 거리에까지 가서 조
금 멈추어 있었는데, 이때에 비구도 도둑의 뜻을 알고
'이제 내가 먼저 도적을 불러 음식을 주지 않는다면 반
드시 적이 여기에 와서 나를 살해함으로 말미암아 삼악
도(三惡道)44)에 떨어질 그 죄악만을 더하게 되리라'라고
생각하였다.

그리고는 멀리서 부르며, '그대는 빨리 오시오. 내
가 음식을 주겠소'라고 하자, 도둑은 이렇게 생각했다.

'이제 저 비구가 멀리서 내가 굶주린 것을 알고 나
를 불러 음식을 주려고 하는구나.'

그는 곧 앞에 다가가서 음식을 포식(飽食)하고 나서

---

44) 중생이 죄를 지어 죽은 뒤에 가게 되는 세 가지 길로 지옥(地獄),
축생(畜生), 아귀(餓鬼)를 말한다.

환희심을 내었다.

이때 비구가 그를 위하여 갖가지 묘법을 설하니, 마음이 열리고 뜻을 이해하게 되어 수다원과를 얻었으며, 출가하기를 구하여 더욱 부지런히 닦고 익혀 아라한과를 얻었다.

또 삼명(三明)·육통(六通)과 팔해탈(八解脫)을 갖추어 온 천상·세간의 사람들로부터 존경을 받게 되었다.

다른 여러 비구들도 이 사실을 듣고 모두 기뻐하면서 받들어 행하였다.

찬집백연경 제5권

오 월지 우바새 지겸 한역

5. 아귀품(餓鬼品)

41) 부나기(富那奇)라는 여인이 아귀에 떨어진 인연

❀**부처님께서는 왕사성 가란타 죽림에 계시었다.**

존자 사리불(舍利弗)과 대목건련(大目揵連) 등은 식사를 시작할 때면 먼저 지옥·축생·아귀들의 상황을 관찰한 뒤에야 식사를 하였다. 왜냐 하면 중생들로 하여금 생사(生死)에 집착하지 않고 열반(涅槃)을 구하게 하려고 했기 때문이었다.

그러던 차에 어느 때 목련이 한 아귀(餓鬼)를 관찰해 보니 몸은 촛대처럼 마르고 배는 큰 산처럼 부풀었으며 목구멍은 바늘처럼 가늘고 머리털은 송곳처럼 뾰족하여 온몸을 마구 찔러 상처 투성이였다. 또한 팔·다리 사이에서 불이 나오는가 하면 큰 소리로 울부짖고 사방을 돌아다니면서 똥·오줌을 구해 먹으려고 종일 고생을 해도 얻어먹지 못하고 있었다.

목련이 곧 아귀(餓鬼) 앞에 가서 물었다.

"너는 무슨 악업을 저질렀기에 이러한 고통을 받고 있는가?"

아귀는 이렇게 대답하였다.

**"태양(太陽)이 비추는 곳에는 등불이 필요하지
않는지라, 현재 여래·세존께서 세간에 계시니 당신
이 직접 거기에 가서 물어 보십시오. 저는 이제 너무
나 굶주림과 목마름에 지쳐 대답할 수조차 없습니
다."**

그러자 목련은 곧 부처님 처소에 가서 저 아귀가
고통받는 것이 어떠한 악업 때문인가를 묻고자 하였는
데, 마침 세존께서 하늘·사람 대중들을 위해 묘법을 연
설하시다가 목련이 들어오는 것을 보시고 곧 그에게 물
으셨다.

"네가 이제 어떤 이상한 것을 보았느냐?"

목련은 어떤 아귀가 온몸이 불에 타며 사방으로 헤
매는 것을 보았으므로 위의 사실을 부처님께 자세히 말
씀드리고 여쭈었다.

"어떤 악업을 저질렀기에 그러한 고통을 받는 것입
니까?"

이때 세존께서 목련에게 말씀하셨다.

**"너는 이제 잘 들으라. 내가 너를 위해 분별 해
설하리라.**

이 현겁에 사위성(舍衛城)에 한량없고 헤아릴 수 없
는 재보를 지닌 어떤 장자가 있었는데, 그는 항상 종복
(從僕)을 시켜 사탕수수 즙(甘蔗汁)을 상전에게 바치게
하였다. 그때 어떤 벽지불이 소갈증으로 인하여 매우 걱
정하고 있었는데, 병(病)을 잘 보는 의사(醫師)가 사탕수

수의 즙을 먹으면 병에 차도가 있을 거라고 처방해 주었다.

그리하여 벽지불이 곧 저 장자의 집에 가서 사탕수수의 즙을 구하려 하자, 장자가 벽지불의 그 조용한 위의(威儀)를 보고 깊이 신심과 존경심을 내어 벽지불에게 물었다.

'무엇을 구하십니까?'

벽지불은 이렇게 대답하였다.

'소갈병으로 걱정하고 있는데 사탕수수즙이 필요합니다. 그래서 일부러 와서 부탁하는 것이오.'

장자가 이 말을 듣고서 곧 환희심을 내어 그의 아내 부나기(富那奇)에게 당부하였다.

'내가 이제 급한 용무가 있어 외출해야 하겠으니, 당신이 지금부터 사탕수수 즙을 짜내어 이 벽지불에게 보시하시오.'

그때 부나기가 대답하였다.

'당신이 외출하신 후에 제가 곧 보시하겠습니다.'

장자가 외출한 뒤 부인은 벽지불의 발우를 가지고 오줌을 누는 곳에 가서 발우 속에 오줌을 채우고서 사탕수수 즙으로 그 발우 위만 덮어 벽지불에게 넘겨 주었다. 벽지불이 발우를 받아 곧 그것이 아님을 알고서 땅에 쏟아 버리고 빈 발우로 돌아오고 말았다. 부인(婦人)은 그 뒤 목숨이 끝나고 아귀(餓鬼)에 떨어져 항상 굶주림과 목마름에 시달리게 되었으니, 이 업연(業緣)으로 말미암아 오늘날의 그러한 고통을 받는 것이니라."

부처님께서 목련에게 말씀하셨다.

그때의 장자 부인이 바로 지금 부나기 아귀의 전신 (前身)이었느니라."

부처님께서 이 아귀의 인연을 말씀하실 때에 여러 비구들이 모두 인색하고 탐욕하는 마음을 버리고 생사를 싫어함으로써 그 중에 혹은 수다원과(須陀洹果)를, 혹은 사다함과(斯陀含果)를, 혹은 아나함과(阿那含果)를, 혹은 아라한과(阿羅漢果)를 얻은 자도 있었으며 혹은 벽지불의 마음을 내고, 혹은 위없는 보리심을 낸 자도 있었다.

다른 여러 비구들도 부처님의 이 말씀을 듣고는 다 환희심을 내어서 받들어 행하였다.

42) 현선(賢善) 장자의 아내가 아귀에 떨어진 인연

❀**부처님께서는 왕사성 기사굴(耆**闍崛**)산45)에 계시었다.**

존자 대목건련이 나무 아래에 가부좌(跏趺坐)하고 앉아서 관찰해 보니, 어떤 아귀(餓鬼)가 몸은 촛대처럼

---

45) 기사굴산은 곧 영취산(靈鷲山)을 말한다. 당시 마가다국(Magadha, 摩揭陀)의 수도 왕사성 북쪽에 자리한 영산(靈山)으로 석가모니 부처 님의 주요 설법처였다. 현장의 〈대당서역기〉제9권에 의하면, 이곳에 는 제바달다가 부처님을 돌로 공격한 자리, 부처님과 사리불을 위시 한 제자들이 선정삼매에 들었던 석실, 아난이 마왕의 훼방을 받았던 곳, 부처님이 용을 위해 자신의 그림자[佛影]를 남겨둔 곳, 부처님이 〈법화경〉, 〈대품반야경〉, 〈무량수경〉 등을 설법하신 자리 등의 많은 유적이 남아있었다 한다.

마르고 배는 큰 산처럼 부풀었으며, 목은 바늘처럼 가늘고 머리털은 송곳처럼 뾰족하여 온몸을 마구 찔러 상처투성이였다. 또한 팔·다리 사이에서 불이 나오는가 하면, 큰 소리로 울부짖고 사방을 돌아다니면서 똥·오줌을 구해 먹으려고 밤낮으로 수고를 해도 얻어먹지 못했다.

그때 목련이 이 아귀를 보고 물었다.

"너는 전생(前生)에 무슨 악업을 저질렀기에 이러한 고통을 받는가?"

아귀는 이렇게 대답하였다.

"이 세간에 여래께서 계시니 당신이 직접 물어보십시오. 저는 이제 굶주림과 목마름에 지쳐 당신에게 말할 기력조차 없습니다."

그때 목련이 곧 부처님 처소에 가서 그 이유를 여쭈었다.

"저 아귀가 어떠한 업행을 저질렀기에 그러한 고통을 받는 것입니까?"

이때 세존께서 목련에게 말씀하셨다.

"너는 이제 자세히 들으라. 내가 이제 너를 위해 분별 해설하리라.

과거 한량없이 오랜 옛적에 바라날국(波羅捺國)가 있었는데, 그 국토가 풍요하고 안락하며 백성들이 치성하여 아무런 전쟁이 없었다. 그 나라에 현선(賢善)이란 장자가 있었는데, 천성이 부드럽고 온화하며 삼보를 믿고 존경하여 항상 보시하기를 좋아하므로 이름이 널리 알려져 있었다.

때마침 어떤 비구가 옷을 입고 발우를 들고 그 집에 가서 걸식하려 하였는데, 공교롭게도 그 장자는 급한 용무가 있어 결국 손수 보시하지 못하고 외출하면서 그 부인(婦人)에게 은근히 당부하였다.

'당신이 지금 나 대신 이 비구에게 정성껏 음식을 보시하시오.'

그 부인은 이렇게 대답하였다.

'당신은 염려하지 마세요. 제가 이후 잘 알아 하겠습니다.'

장자의 부인은 문득 인색하고 탐욕스러운 마음이 생겨나서 스스로 생각하였다.

'지금 만약 음식을 보시한다면 뒷날 다시 오게 되리니 이 사람들이야말로 매우 귀찮은 존재로다.'

그리고는 곧 비구를 불러 집안으로 들어오게 하여 빈방에 가두고서 해가 저물도록 음식을 먹지 못하게 했다. 이 업연(業緣)으로 말미암아 한량없는 세간을 거치면서 항상 아귀에 떨어져 그러한 고통을 받느니라."

부처님께서 목련에게 말씀하셨다.

"그때 장자의 부인이 바로 지금의 저 아귀(餓鬼)이다. 그러므로 너희들은 언제나 부지런히 보시하되 인색하고 탐욕스러움에 집착하는 마음을 내지 않아야 하리라. 마땅히 이와 같이 배워야 한다."

부처님께서 이 아귀의 인연을 말씀하실 때에 그 모

임에 있던 대중들이 다 인색하고 탐욕스러운 마음을 버
리고 생사를 싫어함으로써 그 중에 혹은 수다원과를, 혹
은 사다함과를, 혹은 아나함과를, 혹은 아라한과를 얻은
자도 있었으며, 혹은 벽지불의 마음을 내고, 혹은 위없
는 보리심을 낸 자도 있었다.

　　다른 여러 비구들도 부처님의 이 말씀을 듣고는,
다 환희심을 내어서 받들어 행하였다.

43) 악견(惡見)이란 여인이 물을 보시하지 않다가 아귀에 떨어진 인연

　　❀부처님께서는 왕사성 가란타 죽림에 계시었다.

　　존자 대목건련(大目揵連)이 한 나무 아래 앉아 있다
가 한 아귀를 보았는데, 몸은 촛대처럼 마르고 배는 큰
산처럼 부풀었으며 목은 바늘처럼 가늘고 머리털은 송
곳처럼 뾰족하여 온몸을 마구 찔러 상처 투성이였다.

　　그리고 팔·다리 사이에서 불이 나오는가 하면, 강
(江)이나 샘에 달려가도 물이 다 고갈되었을 뿐만 아니
라 물을 마시려고 해도 입술이 다 타버려 마실 수 없었
다. 설령 하늘에서 그의 몸에 단비[甘雨]를 퍼붓더라도
비가 변하여 불이 되었다. 이때 목련이 아귀에게 물었
다.

　　"너는 전생에 무슨 악업을 지었기에 이러한 고통을
받느냐?"

아귀가 목련에게 대답하였다.

"제가 이제 한량없는 고통을 받을 뿐 아니라, 입이 타고 목이 말라서 대답할 수조차 없으니, 당신이 직접 부처님께 물어 보십시오."

목련이 곧 부처님 처소에 가서 그 인연을 묻고자 하였는데, 마침 세존께서 대중들을 위해 묘법을 연설하시다가 목련이 들어오는 것을 보시고 먼저 자애롭고 부드러운 말로 물으셨다.

"무슨 이상한 일을 보았느냐?"

목련이 부처님께 아뢰었다.

"저는 아까 한 아귀(餓鬼)가 나무 밑에서 온몸이 다 불에 탄 채 사방으로 치달리고 있는 것을 보았습니다."

그리고는 위의 사실을 부처님께 자세히 말씀드리고 여쭈었다.

"전생에 어떠한 악업을 지었기에 오늘날 그러한 고통을 받는 것입니까?"

세존께서 목련에게 말씀하셨다.

"너는 자세히 들으라. 내가 이제 너를 위해 분별 해설하리라.

이 현겁에 가섭(迦葉)이란 부처님이 바라날국(波羅捺國)에 출현하셨는데, 어떤 사문이 먼 길을 떠나가다가 더위와 갈증에 매우 지쳐 있던 차에, 마침 악견(惡見)이란 여인이 우물에서 물을 긷는 것을 보고 거기에 가서 물을 좀 요청했더니, 그 여인이 이렇게 대답하였다.

'당신이 목이 말라서 죽는 한이 있더라도 나는 당신에게 끝내 이 물을 줄 수 없습니다. 당신 자신도 나로 하여금 물을 얻게 하지 못할 것이오.'

이때 사문은 물을 얻지 못한 채 다시 되돌아가고 말았다. 저 여인은 그 뒤에도 인색하고 탐욕스러운 마음이 더하여 와서 구걸하는 이가 있어도 보시하지 않았다가 그 후에 목숨이 끝날 때엔 아귀에 떨어졌으니, 이 업연으로 말미암아 그러한 고통을 받느니라."

부처님께서 목련에게 말씀하셨다.

"알아 두라. 그 당시 물을 보시하지 않았던 여인이 바로 지금의 저 아귀니라."

부처님께서 이 악견 여인의 인연을 말씀하실 때에, 그 모임에 있던 여러 비구들이 인색하고 탐욕스러운 마음을 버리고 생사를 싫어함으로써 그 중에 혹은 수다원과를, 혹은 사다함과를, 혹은 아나함과를, 혹은 아라한과를 얻은 자도 있었으며, 혹은 벽지불의 마음을 내고, 혹은 위없는 보리심을 낸 자도 있었다.

다른 비구들도 부처님의 이 말씀을 듣고는, 다 환희심을 내어서 받들어 행하였다.

44) 반타라(槃陀羅)가 아귀에 떨어져 온몸에 냄새가 나게 된 인연

❀**부처님께서는 왕사성 가란타 죽림에 계시었다.**

존자 대목건련(大目揵連)이 걸식할 때에 이르자 옷을 입고 발우를 들고 성에 들어가 걸식하고는, 본래의 처소에 들어와 공양을 마치고 옷과 발우를 다 정리한 뒤에 어떤 나무 아래에서 가부좌(跏趺坐)하고 앉아 삼매에 들어갔다.

그때 마침 한 아귀가 온몸에 아주 흉악한 냄새를 풍겨 도저히 가까이 할 수 없는 것을 보고 곧 아귀에게 물었다.

"너는 어떠한 악업을 저질렀기에 냄새가 나 가까이 할 수 없는 이러한 몸을 받았느냐?"

아귀가 이렇게 대답하였다.

"당신이 직접 부처님께 여쭈어 보시면 말씀해 주실 것입니다."

이때 목련이 곧 부처님 처소에 가니, 부처님께서 말씀하셨다.

"네가 이제 무슨 이상한 일을 보았느냐?"

목련이 부처님께 아뢰었다.

"제가 아까 어느 나무 아래에서 삼매(三昧)에 들었다가 온몸에 사람의 똥보다 더한 지독한 냄새를 풍기는 아귀(餓鬼) 하나가 사방을 헤매면서 똥·오줌을 구해 맛있게 먹는 것을 보았습니다. 이것은 도대체 어떠한 과보이옵니까?"

부처님께서 목련에게 말씀하셨다.

"네가 이제 그 인연(因緣)을 알려고 하느냐?"

목련이 부처님께 아뢰었다.

"기꺼이 듣고자 하옵니다."

이때 세존께서 목련에게 말씀하셨다.

"너는 자세히 들으라. 내가 이제 너를 위해 분별 해설하리라.

과거 한량없는 아승기겁 전에 어떤 벽지불이 바라날국(波羅捺國)에 출현하였는데, 그가 고요한 곳에서 풀을 깔고서 전일한 생각으로 좌선(坐禪)을 닦다가 몸에 병이 나자, 병(病)을 잘 보는 한 의원(醫院)이 '고기를 먹어야 그 병이 나으리라' 하고 약(藥)을 처방(處方)하였다.

그때 벽지불이 곧 성에 들어가 길선(吉善)이란 장자를 보고서 고기를 요구하였더니, 장자가 그의 부인 반타라(槃陀羅)에게 당부하였다.

'내가 이제 급한 용무가 있어 외출(外出)해야 하겠으니, 당신이 정성껏 이 벽지불의 병에 따른 약을 보시하시오'

이때 장자의 부인이 대답하였다.

'당신은 뒷일을 염려하지 마시고 조심해서 일을 보십시오. 제가 벽지불의 병에 따른 약을 보시하리다.'

그 장자가 외출하자마자 **반타라**는 곧 인색하고 탐욕스러운 마음이 나서 곧 이렇게 생각하였다.

'만약 오늘 먹을 것을 보시한다면 내일 다시 오게 될 것이니, 매우 귀찮은 존재로다.'

이렇게 생각한 뒤에 곧 벽지불의 발우를 받아 가지고는 외진 곳에 가서 발우 속에 똥을 채우고 그 발우 위에만 밥을 덮어 주었다.

벽지불이 곧 그 더러운 냄새를 맡고서 땅에 던져 버리고 되돌아가고 말았는데, 이 업연(業緣)으로 말미암아 한량없는 동안에 걸쳐 항상 아귀(餓鬼)에 떨어져 그 몸에 냄새가 나서 가까이할 수 없었다. 또 언제나 사람의 똥을 달게 먹게 된 것이니라."

부처님께서 목련에게 말씀하셨다.

"알아 두라. 그 당시 발우 속에 똥을 채워 벽지불에게 보시한 저 장자의 부인이 바로 오늘날의 아귀니라."

부처님께서 이 아귀의 인연을 말씀하실 때, 비구들이 모두 인색하고 탐욕스러운 마음을 버리고 생사를 싫어함으로써 그 중에 혹은 수다원과를, 혹은 사다함과를, 혹은 아나함과를, 혹은 아라한과를 얻은 자도 있었으며, 혹은 벽지불의 마음을 내고, 혹은 위없는 보리심을 낸 자도 있었다.

그때 모든 비구들이 부처님의 말씀을 듣고 기뻐하며 받들어 행하였다.

45) 목련(目連)이 성에 들어갔다가 오백 아귀(餓鬼)를 만나게 된 인연

❀**부처님께서는 왕사성 가란타 죽림에 계시었다.**

목련(目連)이 걸식할 때에 이르자 옷을 입고 발우를 들고서 성에 들어가 걸식하다가 마침 성문 바깥에서 들어오고 있는 오백 아귀를 만났다. 그 아귀들이 목련을 보자 마음 속으로 기뻐하면서 이렇게 말하였다.

"원컨대 존자께서 자비하신 마음으로 저희들의 이름으로 저희들 가정의 권속들에게 좀 말씀해 주소서.

저희들이 선한 업을 닦지 않고 보시하기를 좋아하지 않았으므로 이제 아귀에 떨어져 이러한 몸을 받은 것이니, 존자(尊者)께서 저희들의 친척들로 하여금 각각 재물을 염출하여 그것으로 맛있는 음식을 만들어 부처님과 스님들을 청해 공양하게 해 주십시오. 만약 그 물자가 부족할 경우엔 우리들을 위하여 여러 시주들에 권하여 공동으로 모임을 베풀어 부디 저희들이 아귀의 몸을 벗어나게 하여 주소서."

이때 목련이 아귀들의 청을 받아들이고 다시 물어 보았다.

"너희들은 과거세에 어떤 업행을 저질렀기에 이러한 죄보(罪報)를 받는 것이냐?"

아귀들이 함께 똑같은 소리로 목련에게 말하였다.

"과거세(過去世)에 저희들은 모두 이 왕사성에 있는 장자의 아들로서 교만하고 방일하여 보시하기를 좋아하지 않았으며, 세속의 향락에 탐착하여 삼보(三寶)의 위없는 도를 믿지 않았습니다.

그 당시 성에 들어와 걸식하는 사문들을 보고 우리 자신들도 보시하지 않을 뿐만 아니라, **다른 사람이 보시(布施)하는 것까지 막으면서 '이러한 도인은 자기 자신이 생활하지 않고 백성들에게만 의존하니 지금**

만약 준다면 뒷날 다시 오게 되어 그 요구가 끝이 없어 언제나 만족하지 않으리라'고 생각했습니다. 이 업연(業緣) 때문에 목숨이 끝난 뒤에는 모두가 아귀에 떨어지는 죄보를 받게 된 것입니다."

이때 목련이 아귀들에게 말하였다.

"내가 이제 너희들을 위해 너희들의 친척·권속들에게 말하여 서로 도와서 큰 모임을 베풀게 하겠으니, 너희들도 그때는 빠짐없이 참석해야 하리라."

아귀들은 또 함께 같은 소리로 존자에게 말하였다.

"이제 저희들이 전생(前生)의 죄과(罪過)로 인하여 몸을 받기는 했으나 촛대처럼 마르고 배는 큰 산처럼 부풀었으며, 목은 바늘처럼 가늘고 머리털은 송곳처럼 뾰족하여 온몸을 마구 찔러 상처 투성이입니다. 팔·다리 사이에서 불이 나는가 하면, 사방을 돌아다니면서 음식을 구해도 먹을 수 없고, 설령 맛난 음식을 보더라도 달려가서 먹으려고 하면 그 음식이 다 피고름으로 변하거늘, 이 같은 몸을 가지고서 어떻게 그 대중의 모임에 갈 수 있겠습니까?"

이때 목련이 곧 아귀들을 위해 앞의 일을 권속들에게 갖추어 말하자, 그 권속(眷屬)들이 이 말을 듣고 모두 괴로워하면서 서로가 힘을 합해 공양의 모임을 베풀려고 하였다.

목련이 이내 삼매에 들어 아귀들의 있는 곳을 두루 관찰해 보았으나 열여섯 큰 나라의 어느 곳에도 보이지 않고, 염부제와 사천하(四天下)46)와 천세계(千世界)와 삼천대천세계(三千大千世界)47) 그 어느 곳에도 다 보이지 않으므로, 이상하게 여겨 곧 부처님의 처소에 나아가 세존께 아뢰었다.

"제가 방금 저 아귀들을 위해 그의 친척·권속들로 하여금 큰 모임을 베풀어 복덕을 짓게 하고서 온 세계를 관찰하였으나 도무지 볼 수 없습니다.

세존이시여, 아귀들이 있는 곳이 어디인가를 알 도리가 없나이다."

부처님께서 목련에게 말씀하셨다.

"저 아귀들이 대 업풍(業風)에 따라갔기 때문이니 너희들 성문(聲聞)으로서는 알아볼 수 없느니라. 그러나 이제 저 아귀들이 큰 모임을 베풀게 된 너의 힘을 입어 죄과를 제거하게 되었구나. 내가 그들을 큰 모임의 처소에 나오게 하리라."

목련은 곧 아귀들을 위하여 갖가지 음식을 베풀어 부처님과 스님들을 초청하였으며, 부처님께서도 신통력

---

46) 사천하는 수미산을 중심으로 사방(四方)에 자리한 네 대륙을 말한다. 곧 동불바제, 서구타니, 남염부제, 북울단월 등이다. 그 중 남염부제가 우리가 사는 대륙으로 부처님은 오직 이 땅에서만 출세(出世)하신다고 한다. 이 네 대륙이 모두 바다에 둘러싸여 있기 때문이 사주(四洲)라고도 한다.

47) 고대 인도의 세계관에서, 수미산을 중심으로 구산팔해(九山八海)와 사주(四洲)와 일월(日月) 등을 합하여 1세계(世界)라 하고, 1세계의 천배수를 소천세계(小千世界), 소천세계의 천배수를 중천세계(中千世界), 중천세계의 천배수를 대천세계(大千世界)라 한다. 삼천대천세계(삼천대천세계)란 하나의 우주, 또는 하나의 불국토의 영역이라 할 수 있다. 대승불교에서는 무량한 삼천대천세계가 있다 하였으니, 마찬가지로 무량한 불국토가 있는 것이다.

으로써 그 여러 아귀들을 다 모임의 처소에까지 나아오
게 하셨다.

　　그런데 여러 바라문·찰리·거사들이 아귀들의 그
추악한 모습이 몹시 무섭게 생겼음을 보고 모두가 인색
하고 탐욕스러운 마음을 버리고 생사를 싫어하여 마음이
열리고 뜻을 이해하게 되어 그 중에 혹은 수다원과를,
혹은 사다함과를, 혹은 아나함과를, 혹은 아라한과를 얻
었으며, 혹은 벽지불의 마음을 내고, 혹은 위없는 보리
심을 내기도 하였다.

　　그때 세존께서 저 아귀들을 위해 탐욕스럽고 인색
함에 대한 허물의 갖가지 법을 설하시니, 아귀들이 모두
신심과 공경심을 내었다. 그날 밤 곧 목숨이 끝나 도리
천(忉利天)에 왕생하여 스스로들 이렇게 염원하였다.

　　'우리들이 이제 어떠한 복업을 지었기에 이 도리천
에 태어났을까. 스스로 관찰해 보건대 존자 대목건련께
서 우리들을 위해 모임을 베풀어서 부처님과 스님들을
초청하였기에 이곳에 태어날 수 있었으리라. 그렇다면
우리들 모두가 함께 가서 그 은혜를 갚아야 할 것이 아
닌가.'

　　이렇게 말하고 곧 도리천으로부터 내려와 천관(天
冠)을 쓰고 보배 영락(瓔珞)을 걸쳐 그 몸을 장엄하고,
제각기 꽃·향을 가지고 부처님과 대목련 존자에게 공
양한 다음 한쪽에 물러나 앉았다. 그리고 설법을 듣고
마음이 열리고 뜻을 이해하게 되어 각자가 도의 자취
을 얻어 세 번 부처님을 돌고는 도로 천상으로 올라갔

다.

부처님께서 목련에게 말씀하셨다.

"알아 두라. 지난번의 오백 아귀가 바로 지금의 5백 천자(天子)의 전신이었느니라."

온 대중이 부처님의 이 말씀을 듣고 다 환희심을 내어서 받들어 행하였다.

46) 우다라(優多羅)의 어머니가 아귀에 떨어진 인연

❀부처님께서는 왕사성 가란타 죽림에 계시었다.

당시 성 안에 한량없는 재보를 지닌 장자가 있었다. 그가 문벌 좋은 집의 딸과 결혼하여 기악(伎樂)을 일삼아 즐겨하다가, 그 부인이 태기(胎氣)가 있어 열 달 만에 한 남자 아이를 낳으니 그 단정하고도 수승함이 세간에 드물 정도였다.

부모가 기뻐하여 아들의 이름을 우다라(優多羅)로 정하였는데, 나이가 점차 들어 그 아버지가 죽자 아이 스스로가 곧 생각하였다.

'우리집이 돌아가신 아버지로부터 판매업(販賣業)으로 가업을 이루었으나, 이제 나의 대(代)에 와서는 이 업을 그만두는 것이 좋지 않을까.'

그리고는 불법을 깊이 믿고 존경하여 출가하고자 그 어머니 앞에 나아가 출가하기를 청하자, 그 어머니는 이렇게 대답했다.

"너의 아버지가 돌아가신 뒤 집 지킬 사람이 없고 자식이라곤 너 하나뿐이거늘 어찌하여 나를 버리고 출가 하려 하느냐? 내가 살아 있는 동안엔 네가 출가 수도 하는 것을 끝까지 허락하지 않겠으니, 내가 죽은 뒤에 가서 너의 뜻대로 하여라."

그러자 자식이 소원대로 허락을 받지 못해 고뇌하 다가 그 어머니에게 말했다.

"어머니께서 끝내 허락하지 않으신다면, 저는 이제 높은 바위에서 떨어지거나 독약을 마시고 죽겠습니다."

이에 어머니가 곧 대답하였다.

"그런 말 하지 말아라. 무엇 때문에 네가 꼭 출가 하려 하느냐? 지금부터 네가 만약 여러 사문·바라문 을 청하고자 한다면, 네 뜻에 따라 모든 공양을 준비해 주리라."

아이가 이 말을 듣고는, 조금 스스로 위안이 되어 여러 사문·바라문을 청해 자주 집에 모시고서 공양하 였는데, 그 어머니가 여러 도사들이 너무 자주 오는 것 을 보고 매우 괴로워했으며 싫어하는 마음을 내었다. **그 리고는 여러 사문·바라문을 향해 욕설을 퍼부었다.**

'스스로가 생활할 생각은 하지 않고 남들에만 의존하니, 매우 보기 싫구나.'

마침 그 아이가 집에 있지 않을 때이므로, 어머니 는 음식과 장수(漿水)를 다 땅에 뿌리며 버렸다. 아이가 돌아오자 어머니는 곧 이렇게 말하였다.

"네가 외출한 뒤에도 내가 음식을 베풀어 저 사문

· 바라문들을 청해 공양하였노라.”

그리고는 아이를 데리고 가서 그 음식과 장수를 버린 곳을 보인 다음, 다시 이렇게 말하였다.

“내가 잘 공양하였더니 곧 떠나가셨다.”

아이는 이 말을 듣고 기뻐하였다.

어머니는 그 뒤 목숨이 끝나서 아귀(餓鬼)에 떨어지고 말았고 아이는 후에 출가하여 힘껏 정진을 더해 아라한과(阿羅漢果)를 얻어 어떤 강 언덕 주변의 굴 속에서 좌선을 하고 있었다.

그때 한 아귀가 나타나 굶주림과 목마름에 허덕이는 모습으로 아들 비구 옆에 다가와서 말하였다.

“내가 바로 너의 어머니이니라.”

비구가 이상하게 여겨 말하였다.

“어머니께서는 생시에 항상 보시하기를 좋아하셨거늘, 이제 어찌하여 도리어 아귀에 떨어지는 과보를 받았습니까?”

아귀(餓鬼)가 대답하였다.

“내가 인색하고 탐욕하는 마음으로 그 당시 사문·바라문들을 정성껏 공양하지 않았기 때문에 이 아귀의 몸을 받아 20년 동안 음식과 장수를 얻어먹지 못했다. 설사 강물·샘물·못물 등 물이 있는 곳을 가 보아도 물이 다 마르고, 과일 나무가 있는 곳을 가 보아도 과일 나무가 다 시들어 버리므로, 지금 나의 이 기갈과 고통은 이루 말할 수 없노라.”

비구가 다시 물었다.

"도대체 무슨 까닭으로 이렇게 된 것입니까?"

아귀가 대답하였다.

"내가 그 당시 보시(布施)하기는 했지만, 항상 인색하고 탐욕하는 마음이 있어서 여러 사문·바라문들에게 공양하지 않고 함부로 욕설을 퍼부은 탓으로 이제 이 과보를 받게 된 것이다.

지금이라도 네가 나를 위해 부처님과 스님들께 공양을 베풀어 보시하고 나를 위하여 참회한다면, 나는 반드시 아귀의 몸을 벗어날 수 있으리라."

이 말을 들은 아들 비구가 매우 가엾이 여겨 곧 권화(勸化)하기 위해 갖가지 맛난 음식을 준비하여 부처님과 스님들을 청해 공양하였다. 공양을 마칠 무렵 아귀가 과연 그 몸을 나타내 모임에 나아와서 모든 사실을 드러내어 참회하였다.

그때 부처님께서도 저 아귀를 위해 갖가지 법을 설해 주시니, 아귀는 곧 마음 속으로 부끄럽게 여겨 그 날 밤 목숨이 끝나 다시 몸을 받기는 했으나 날아 다니는 아귀가 되어 천관(天冠)을 쓰고 보배 영락을 달고서 그 몸을 장엄하고 비구의 처소에 내려와 다시 말하였다.

"내가 아직도 아귀의 몸을 벗어나지 못했으니, 네가 나를 위해 권화하여 거듭 침상(寢牀)과 이부자리 등의 공양을 베풀어 사방 스님들께 보시해야만 내가 이 아귀의 몸을 완전히 벗어날 수 있겠노라."

이때 아들 비구가 이 말을 듣고 권화하기 위해 음식과 아울러 침상과 이부자리를 갖추어 사방 스님들에게 공양하였다. 그 공양을 마칠 무렵에 아귀가 또 대중 앞에 몸을 나타내어 참회함으로써 그날 밤 곧 목숨이 끝나 도리천(忉利天)에 왕생하여 이렇게 생각하였다.

'내가 무슨 복을 지었기에 여기에 태어났을까. 곧 관찰해 보건대 내 아들 비구가 나를 위해 갖가지 맛있는 음식을 베풀어 부처님과 스님들을 청하였기 때문에 아귀의 몸을 벗어나서 이 천상에 태어났으리라. 그렇다면 내가 이제 부처님과 비구의 은혜를 갚아야 하지 않겠는가.'

이와 같이 생각한 끝에 천관을 쓰고 보배 영락을 달고 그 몸을 장엄함과 동시에 향·꽃을 갖고 내려와 부처님과 그 아들 비구에게 공양한 다음, 한쪽에 물러나 앉아 부처님의 설법을 들음으로써 곧 마음이 열리고 뜻을 이해하게 되어 수다원과를 얻었으며, 부처님을 세 번 돌고 도로 천궁으로 올라갔다.

부처님께서 이 우다라(優多羅)의 인연을 말씀하실 때 그 모임에 있던 여러 비구들이 다 인색하고 탐욕스러운 마음을 버리고 생사를 싫어함으로써 그 중에 혹은 수다원과를, 혹은 사다함과를, 혹은 아나함과를, 혹은 아라한과를 얻은 자도 있었으며, 혹은 벽지불의 마음을 내고, 혹은 위없는 보리심을 낸 자도 있었다.

다른 여러 비구들도 부처님의 이 말씀을 듣고 다 환희심을 내어서 받들어 행하였다.

47) 나면서부터 눈이 먼 아귀의 인연

❀**부처님께서는 사위국 기수급고독원에 계시었다.**

아난(阿難)이 옷을 입고 발우를 들고서 성에 들어가 걸식하다가 어떤 아귀(餓鬼)가 몸은 촛대처럼 마르고 배는 큰 산처럼 부풀고 목구멍은 바늘처럼 가늘며 또 맹인(盲人)으로 태어나서 온갖 까마귀·수리·솔개·올빼미 따위의 날짐승들에게 쪼이어 구르면서 쉴새 없이 큰 소리로 울부짖는 것을 보고는, 곧 그 아귀에게 물었다.

"너는 전생에 무슨 업행을 저질렀기에 그러한 고통을 받는가?"

아귀가 이렇게 대답하였다.

"태양이 비추는 곳에는 등불이 필요하지 않습니다. 이 세간에는 여래께서 계시니, 당신이 직접 여래께 물어보십시오."

이에 아난이 곧 부처님께 나아가서 아뢰었다.

"제가 아까 성중에 들어가 걸식하다가 어떤 아귀가 그 헤아릴 수 없는 고통을 받는 것을 보았습니다."

그리고는 부처님 여래께 위의 사실을 다 갖춰 말씀드리고 여쭈었다.

"세존이시여, 저 아귀는 전생에 무슨 업을 지었기에 그러한 고통을 받는 것입니까?"

이때 부처님께서 아난에게 말씀하셨다.

"너는 이제 자세히 들으라. 내가 이제 너를 위하여 분별 해설하리라.

이 현겁에 가섭(迦葉)부처님이 바라날(波羅奈) 나라에 출현하시어 비구들을 데리고 여러 곳을 유행(遊行)하면서 교화하시던 차에 녹야원(鹿野苑)에 도착하셨다.

때마침 임신한 어떤 여인이 부처님을 뵙고는 깊은 존경심과 신심을 품었는데, 열 달이 되어서 계집 아이를 낳자 그 용모가 단정하고도 뛰어나 사람들이 모두 감탄했다.

아이가 점차 자라서 부처님 처소에 나아가 설법을 듣고는, 마음에 존경심과 신심을 품고는 그 집에 돌아온 즉시 부모에게 이와 같이 말했다.

'부모님께선 저를 가엾이 여기시어 출가 수도할 것을 허락해 주십시오.'

이 말을 들은 부모는 아무리 타일렀으나 포기시키지 못하고 딸 아이는 마침내 출가하여 비구니가 되었다. 부모가 이 딸을 위해 절을 마련해 두고 다른 여러 비구니들을 청해 딸과 함께 살게 하였는데, 그 뒤 장자의 딸이 계율을 범한 일이 있어 다른 비구니들로부터 그 절에서 쫓겨나게 되었다.

장자의 딸은 부끄러움을 느껴 본가에 돌아가지 못하고 다른 집에 의탁해 있으면서 매우 진심을 내어 곧 생각하기를, **'내가 내 절에 살고 있거늘 이제 어찌하여 도로 나를 쫓아내고 그들끼리만 살려고 하는가'** 하고는, 그 아버지 장자 거사에게 다른 여러 비구니들의 갖가지 죄를 말하였다.

'마치 아귀 같은 무리들이 스스로 생활하지 않고 남들에게만 의존하니 내가 몸을 받으면 이런 무리들을 보지 않겠습니다.'

이러한 맹세를 하고서 마침내 목숨이 끝나 아귀에 떨어지고 이제 맹인으로 태어났느라."

부처님께서 아난에게 말씀하셨다.

알아 두라. 그 당시 출가 수도하다가 계율을 범함으로 인하여 절에서 쫓겨나 다른 비구니들을 비방한 저 장자의 딸이 바로 지금의 이 맹인으로 태어난 아귀니라."

부처님께서 이 맹인(盲人)으로 태어난 아귀의 인연을 말씀하실 적에 그 모임에 있던 비구들이 제각기 몸·입·뜻의 업을 보호하고 생사를 싫어하여 그중에 혹은 수다원과를, 혹은 사다함과를, 혹은 아나함과를, 혹은 아라한과를 얻은 자도 있었으며, 혹은 벽지불의 마음을 내고, 혹은 위없는 보리심을 낸 자도 있었다.

다른 여러 비구들도 부처님의 이 말씀을 듣고는 다 환희심을 내어서 받들어 행하였다.

48) 장자 야달다(若達多)가 인색(吝嗇)하고 탐욕스러운 마음으로 인해 아귀(餓鬼)에 떨어진 인연

❀**부처님께서는 사위국 기수급고독원에 계시었**

다.

당시 성중에 야달다(若達多)라는 장자가 한량없는 재보와 노비·사령과 코끼리·말·소·염소 따위를 지니고 있었다.

그가 여행 도중 기원정사(祇園精舍)에 이르러 부처님 세존의 그 32상과 80종호로 부터 마치 백천의 해와 같은 광명이 나타나서 온몸을 장엄함을 보고는, 곧 신심(信心)과 공경심(恭敬心)을 내어 땅에 엎드려 예배한 뒤에 한쪽에 물러나 앉아 부처님의 설법을 듣고 더욱 환희심을 내어서 그 길로 집에 돌아가 모든 권속들에게 불도(佛道)에 들 것을 말하였다.

이때 권속들이 모두 허락하니 다시 부처님 처소에 되돌아와서 출가하기를 구하였다. 부처님께서 말씀하셨다.

"잘 왔도다, 비구여."

그러자 수염과 머리털이 저절로 떨어지고 법복이 몸에 입혀져 곧 사문의 모습을 이루었다.

이때 여러 친족과 사람들이 생각하기를, **'그가 본래 부호(富豪)의 아들로서 출가(出家)했으니 옷이나 발우를 비롯한 갖가지 물자를 많이 보시(布施)하리라'** 했는데, 출가한 뒤에도 인색(吝嗇)하고 탐욕(貪慾)스러운 마음을 내어 심지어 범행(梵行)을 닦는 같은 동료(同僚)들에게도 보시(布施)하지 않았다.

그러다가 마침내 목숨이 끝나 아귀에 떨어졌는데, 아귀 속에 떨어져서도 자기의 옷과 발우만을 지키고 있었다.

때마침 동료 스님들이 그가 세상을 떠난 것을 알고 방문을 열어서 시체와 옷·발우를 수습하여 화장하려 하다가 그 방안에 몸이 촛대처럼 마른 어떤 아귀가 아주 무서운 모습으로 옷과 발우를 지키고 있어 누구도 접근할 수 없음을 보고는, 세존 앞에 나아가서 이 모든 사실을 아뢰었다.

세존께서 곧 여러 비구들을 거느리고 그 방에 들어가 아귀에게 말씀하셨다.

"졸렬하여 부끄러움이 없구나. 네가 전생(前生)에도 출가하여 불도(佛道)에 들어와 비구가 되어서도 재물과 이익에만 탐착하고 보시하기를 좋아하지 않다가 마침내 아귀에 떨어져 이 추악한 몸을 받았거늘 어찌하여 아직도 부끄러움을 모르고 다시 이곳에 와서 여전히 옷과 발우를 지키느냐? 인색하고 탐욕스러움은 그 무엇보다도 허물이 많은 것이므로 인색하고 탐욕스러워하는 중생은 다 나쁜 갈래에 떨어지게 마련이니라."

그리고 세존께서 또 갖가지 법을 설하시니 마음이 열리고 뜻을 이해하게 되어 그는 곧 깊이 부끄러움을 느껴 옷과 발우를 여러 스님들께 보시한 다음, 그날 밤에 목숨이 끝나서 다른 몸을 받되 날아다니는 아귀에 떨어졌다.

단정하고도 아름답게 온갖 보배 영락으로 그 몸을 장엄하고 몸에서 나온 광명이 온 기원정사(祇園精舍)를 비추며, 마치 천신과 같이 허공을 자유로이 유행(遊行)하여 부처님 처소에 내려와 엎드려 예배하고 한쪽에 물러나 앉았다.

부처님께서 곧 갖가지 법을 설하심으로써 그는 마음이 열리고 뜻을 이해하게 되어 기쁨에 넘쳐 돌아갔는데, 이튿날 아침에 비구들이 부처님께 아뢰었다.

"세존이시여, 어젯밤 이 기원정사(祇園精舍)에 비춘 광명이 혹시 범천왕·제석천왕·사천왕의 광명이거나 28부(部) 신장48)들의 광명이 아니오니까? 그렇지 않으면, 다른 시방 세계의 큰 보살들이 이곳에 와서 설법을 듣기 위해 비추는 광명이오니까?"

부처님께서 비구들에게 말씀하셨다.

"범천·제석천의 광명이나 28부 신장들의 광명이 아니고, 바로 이 사위성의 대부 장자 야달다가 출가 수도하던 도중 근일 목숨이 끝나 날아다니는 아귀에 떨어져서 향·꽃을 가지고 나에게 공양하는 것인데, 이는 그 광명이니라."

부처님께서 이 인연을 말씀하실 때 그 모임에 있던 비구들이 다 인색하고 탐욕스러운 마음을 버리고 생사를 싫어하여 그 중에 혹은 수다원과를, 혹은 사다함과를, 혹은 아나함과를, 혹은 아라한과를 얻은 자도 있었으며, 혹은 벽지불의 마음을 내고, 혹은 위없는 보리심을 낸 자도 있었다.

다른 여러 비구들도 부처님의 이 말씀을 듣고는 다

---

48) 천수관음보살(千手觀音菩薩)의 권속 신장으로, 천수관음보살과 그를 믿고 따르는 사람들을 지키는 28부의 호법선신(護法善神)을 말한다.

환희심을 내며 받들어 행하였다.

49) 아귀가 5백 자식을 낳는 대로 다 잡아먹은 인연

❀부처님께서는 왕사성 가란타 죽림에 계시었다.

존자 나라달다(那羅達多)가 옷을 입고 발우를 들고서 성에 들어가 걸식을 마치고 본래의 처소로 돌아와서 밥을 먹는데, 멀리 기원정사(祇園精舍)에 마치 피처럼 붉은 빛이 비치는 것을 보고 이상하게 여겨 곧 달려가 보았다.

그랬더니 어떤 아귀가 몸의 살이 다 녹아 팔·다리에 뼈만 앙상한 데다가 하룻밤 사이에 5백 명의 자식을 낳아 극도로 쇠약하여 기력이 다 소진되어 있었다.

아귀는 이때 정신을 잃고 쓰러져 곧 죽을 지경에 놓여 있어 팔·다리가 다 풀어지면서도 굶주림과 목마름에 견디지 못해 자식을 낳는 대로 다 잡아먹었으나 그래도 배를 채우지 못해 허둥지둥하고 있었다.

이때 나라달다가 그 아귀 앞에 가서 물었다.

"너는 무슨 일을 저질렀기에 이러한 고통스러운 과보를 받는가?"

아귀가 대답하였다.

"이제 당신이 직접 세존께 여쭈어보면, 이 고통스러운 과보를 받는 인연을 말씀해 주실 것입니다."

이에 나라달다가 곧 부처님 처소에 나아가 엎드려 예배하고 한쪽에 물러나 서서 문안드리자, 세존께서 먼저 말씀하셨다.

"너는 오늘 어떤 이상한 일을 보았느냐?"

나라달다가 곧 아뢰었다.

"제가 아까 외출했다가 돌아오는 도중 어떤 아귀가 하룻밤 사이에 5백 명의 자식을 낳고 너무나 굶주림과 목마름에 견디지 못해 그 5백 명의 자식을 낳는 대로 다 잡아먹는 것을 보았습니다. 세존이시여, 저 아귀가 전생에 무슨 업을 저질렀기에 그러한 고통을 받는 것이옵니까?"

부처님께서 나라달다에게 말씀하셨다.

"네가 그것을 알고 싶다면 지극한 마음으로 들어라. 내가 이제 너를 위해 분별 해설해 주리라.

이 현겁에 바라날국(波羅捺國)에 금·은·보배와 노비·급사와 코끼리·말·소·염소 따위의 한량없는 재물을 지닌 장자가 있었다. 그는 단 하나뿐인 부인에게 자식이 없자 천지신명에 기도를 올려 자식(子息) 두기를 원했으나 끝내 자식을 얻을 길이 없었다.

그래서 그 장자가 다시 어떤 족성가(族姓家)의 딸을 맞아들였는데, 얼마 뒤 그 큰 부인이 작은 부인의 몸에 태기(胎氣)가 있음을 알고 문득 질투심(嫉妬心)이 생겨나서 비밀히 독약(毒藥)을 주어 낙태하게 하였다. 이 사실이 발각되어 그 자매 권속들이 몰려 와서 큰 부인을 상대로 싸움이 벌어져 마구 치고 때리면서 그 사실이

거짓인지 참인지를 따지기 시작했다.

저 큰 부인으로선 바른 말을 하자니 죽게 될 것이고 거짓말을 하자니 그 말할 수 없는 고통을 받아야 할 매우 딱하고도 위급한 처지에 놓여 있게 되자 이렇게 신에게 빌었다.

'만약 제가 낙태시킨 것이 사실이라면 저로 하여금 목숨이 끝날 때 아귀에 태어나서 하룻밤 사이에 5백 명의 자식을 낳되 그 자식을 낳는 대로 다 잡아먹고도 굶주림을 면하지 못하게 하옵소서.'

이렇게 맹세한 후에 곧 달아났다."

부처님께서 나라달다에게 말씀하셨다.

"알아 두라. 그 당시 장자의 큰 부인이 질투심을 내어 남의 태아를 떨어뜨리고서 거짓 맹세했기 때문에 아귀에 떨어져 이제 그러한 고통을 받는 것이니라."

이때 여러 비구들이 질투심(嫉妬心) 많은 중생(衆生)들이 나쁜 갈래에 떨어지게 되는 부처님의 말씀을 듣고 다 함께 질투심을 버릴 뿐만 아니라 생사를 싫어하여 마음이 열리고 뜻을 이해하게 되자 그 중에는 혹은 수다원과를, 혹은 사다함과를, 혹은 아나함과를, 혹은 아라한과를 얻은 자도 있었으며, 혹은 벽지불의 마음을 내고, 혹은 위없는 보리심을 낸 자도 있었다.

다른 비구들도 부처님의 이 말씀을 듣고는 다 환희심을 내며 받들어 행하였다.

50) 담바라(噉婆羅) 아귀와 같은 인연

❀**부처님께서는 비사리(毘舍離)의 미후강(獼猴江) 언덕 중각강당에 계시었다.**

당시 성중의 차라(遮羅)라고 하는 한 장자가 자기 배필이 될 여인을 골라 아내로 맞이하여 항상 음악을 오락거리 삼아 지내왔다. 그러다 그 부인에게 태기(胎氣)가 있으면서 더러운 냄새가 풍겨 가까이할 수 없게 되자 남편이 물었다.

"전에 당신은 그렇지 않았는데, 이제 무슨 까닭으로 온몸에서 더러운 냄새를 풍기는가?"

부인이 이렇게 대답하였다.

"이는 틀림없이 태중에 있는 내 아이의 어떤 업행으로 말미암아 그러한 것 같습니다."

과연 열 달이 되어서 아들을 낳기는 했으나 뼈만 앙상할 정도로 야위고 초췌해서 볼 수가 없었으며, 또 온몸에 똥·오줌을 칠한 채 태어났다.

점차 나이가 들어서는 집에 있기를 좋아하지 않고 항상 똥·오줌 같은 더러운 것만을 탐식하므로, 부모·친척들이 다 보기 싫어서 집 바깥으로 쫓아내어 가까이하지 못하게 했다.

아이는 역시 본래의 습성(習性) 그대로 뒷간 같은 더러운 곳에 가서 똥·오줌을 구해 그것을 달게 먹고 지냈으니, 이러한 것을 보게 된 주민들이 아이의 이름을 담바라귀(噉婆羅鬼)라고 불렀다.

때마침 그 나라의 어떤 외도(外道)가 길을 가다가 우연히 이 아이를 만나 보고서 찬탄하며 말했다.

"좋아, 나를 따라갈 생각이 없느냐?"

아이는 이 말을 듣자 아주 기쁘게 받아들였다. 그리고 기쁨을 이기지 못하고 외도 앞에 나아가 말하였다.

"자애로운 마음으로 저를 가엾이 여기시어 함께 갈 수 있게 해 주옵소서."

이때에 외도가 그를 출가시켜 알몸을 하게 하고 재灰를 그 몸에 바르고 청정한 행을 닦게 하였다. 그러나 담바라는 비록 도의 문에 있으면서도 똥·오줌 따위가 있는 더러운 곳을 탐하였다. 외도가 그것을 보자 때로는 꾸짖고 때로는 때려 가면서 타일렀다.

"너는 무슨 까닭으로 아직도 더러운 곳만을 좋아하느냐?"

담바라는 그 외도에게 자주 이러한 꾸지람을 듣고 매질을 당하자 그곳을 떠나 어떤 강 기슭의 구덩이 속에 가서 스스로 즐겁게 지내려고 하였다. 그런데 거기에 이미 자리잡고 있는 5백의 아귀들이 담바라가 오자 그 냄새 나는 몸을 싫어하여 모두가 가까이 하지 않았으나, 담바라는 여러 아귀들을 향해 이렇게 말하였다.

"내가 인간에 있을 때 너무나 꾸지람을 듣고 매질을 당하여 고통을 받았더니, 이제 여기에 와서부터는 꾸지람과 매질을 당하지 않고 나 혼자 즐기네."

그러나 아귀들이 냄새나고 깨끗하지 못한 담바라를 보고 막상 다 떠나가자 담바라는 여러 아귀들에게 말하였다.

"내가 이 냄새 나는 몸이나마 당신들을 의지하여 수일 동안 잘 지내왔는데, 당신들이 이제 또 나를 버리고 가 나 홀로 뒤에 남아 있게 되었으니 어떻게 살아갈 수 있겠소."

이렇게 말하고서 매우 괴로워하고 근심하며 땅에 주저앉아 있었다.

마침 세존께서 밤낮 여섯 때육시(六時)49)로 중생들 가운데 그 어떤 제도 받을 자가 있는가를 관찰하여 직접 가서 제도하시던 때인지라, 저 담바라가 그의 동료를 잃고서 근심과 괴로움에 쌓여 땅에 주저앉아 있는 것을 보시고 곧 굴 속에 찾아가서 갖가지 법을 설하시어 그로 하여금 환희심을 내게 하셨다.

그때에 담바라도 부처님 세존의 육근(六根)이 적정(寂定)하여 빛나는 광명이 마치 백천의 해와 같아 그 몸을 장엄함을 보고는, 환희심을 내어 엎드려 예배하고 아뢰었다.

"세존이시여, 이 세간에 저같이 하열한 인간도 출가할 수 있나이까?"

부처님께서 담바라에게 말씀하셨다.

"나의 법에는 높고 낮음이 없어서 누구나 다 출가할 수 있노라."

부처님의 이 말씀을 들은 담바라가 다시 아뢰었다.

---

49) 불교에서는 하루를 육시(六時)로 나누었다. 즉 신조(晨朝), 일중(日中), 일몰(日沒), 초야(初夜), 중야(中夜), 후야(後夜)이다.

"저를 가엾이 여기시어 출가하게 해 주옵소서."

그때 세존께서 곧 금 빛깔의 오른팔을 들고서 그에게 말씀하셨다.

"잘 왔도다, 비구야."

그러자 수염과 머리털이 저절로 떨어지고 법복이 몸에 입혀져 곧 사문의 모습을 갖추었는데, 그 조용한 위의(威儀)가 마치 오래된 비구와 다름이 없었다.

이에 담바라는 이미 부처님의 은혜를 입고 출가하고 나서 곧 부처님 앞에 게송(偈頌)을 읊어 아뢰었다.

이제 부처님 은혜를 입어
평소 제가 소원한 바 그대로
더럽고 냄새나는 몸을 벗어나
사문의 모습을 이루었습니다.

부처님께서 담바라에게 말씀하셨다.

"네가 이제 나의 법에 이미 출가했으니 전일한 마음으로 부지런히 수행하면, 오래지 않아서 아라한과를 얻음과 동시에 삼명(三明)·육통(六通)과 팔해탈(八解脫)을 구족하여 모든 천상(天上)·세간(世間) 사람들로부터 존경을 받으리라."

여러 비구들이 이 일을 보고 부처님께 아뢰었다.

"세존이시여, 이제 저 담바라 비구는 전생에 무슨 업을 지어서 그러한 죄보(罪報)를 받다가 이제 와선 또 무슨 인연으로 부처님을 만나서 아라한과까지 얻게 되나이까?"

세존께서 곧 비구들을 위해 게송(偈頌)을 읊어 말씀하셨다.

전생(前生)에 지은 선업(善業)과 악업(惡業)은
백겁(百劫)이 지나도 없어지지 않나니
죄업(罪業)의 인연 때문에
이제 이러한 과보를 얻었느니라.

비구들은 부처님의 이 게송(偈頌)을 듣고 나서 다시 부처님께 아뢰었다.

"세존이시여, 과거세에 어떠한 일이 있었는지를 저희들은 알지 못하오니, 원컨대 자세히 말씀해 주옵소서."

그러자 세존께서 여러 비구들에게 말씀하셨다.

"너희들은 자세히 들으라. 내가 이제 너희들을 위해 분별 해설하리라.

이 현겁에 사람의 수명이 4만 세를 누릴 때 가라가손타(迦羅迦孫陀) 부처님이 바라날국(波羅捺國)에 출현하시어 여러 비구들과 함께 지방을 유행(遊行)하면서 교화하던 차에 보전국(寶殿國)에 도착하셨다. 저 국왕이 부처님께서 오신다는 소문을 듣고 마음 속으로 기뻐하면서 신하들을 거느린 채 성문에 나와 받들어 맞이한 다음 엎드려 예배하고 무릎을 꿇고 부처님께 청하였다.

'원컨대 세존께서 자비하신 마음으로 저희들을

가엾이 여기시어 석 달 동안만 저희들이 올리는 의복
· 음식 · 탕약 · 침구 등의 공양을 받아 주옵소서.'

부처님께서 그렇게 하기를 허락하시자, 저 국왕은
곧 부처님과 비구승을 위해 별도의 방사를 마련하고, 비
구 한 사람을 청해 사주(寺主)의 일을 맡아 관리하게 하
였다.

어느 날 사주가 외출한 사이에 다른 어떤 나한(羅
漢) 비구가 그 절에 들어오자, 마침 사주에게 보시를 하
던 이가 저 나한 비구의 조용한 위의를 보고서 그를 목
욕실로 인도하여 깨끗이 목욕하게 하고 다시 향유(香油)
를 몸에 발라 주었다. 그 무렵 외출했던 사주가 절에 돌
아와서 몸에 향유를 바른 나한 비구(比丘)를 보고 문득
질투심(嫉妬心)이 생겨나 곧 악설(惡說)을 퍼부었다.

**'네가 출가한 사람으로서 어떻게 이럴 수 있는
가. 똥으로 너의 몸을 발라 놓은 것과 같구나.'**

이렇게 말하고 나자 몸에 향유를 바른 저 나한 비
구가 마음으로 가엾이 여겨 곧 허공에 솟아올라 열여덟
가지 변화를 나타내었다. 이때 저 사주가 이러한 변화를
보고 나서 깊이 부끄럽게 여겨 나한 비구를 향해 참회,
사과한 다음 각자의 처소로 돌아갔다.

마침내 이 업연으로 말미암아 저 사주가 5백 세 동
안 항상 더럽고도 냄새 나는 몸을 받아 다른 사람들에
게 가까이 할 수 없게 되었느니라."

부처님께서 여러 비구들에게 말씀하셨다.

알아 두라. **그 당시 나한에게 악설을 퍼부은 저**

사주 비구가 바로 오늘의 담바라 비구이다. 그래도 그가 일찍이 출가 수도하였고 결국 나한 비구에게 자신의 죄과를 참회했기에 이제 나를 만나서 출가 득도(得道)하게 된 것이니라."

부처님께서 이 담바라의 인연을 말씀하실 때에 각자 몸·입·뜻의 업을 보호하여 질투심(嫉妬心)을 버리고 생사를 싫어함으로써 그 중에 혹은 수다원과를, 혹은 사다함과를, 혹은 아나함과를, 혹은 아라한과를 얻은 자도 있었으며, 혹은 벽지불의 마음, 혹은 위없는 보리심을 낸 자도 있었다.

다른 여러 비구들도 부처님의 이 말씀을 듣고는, 다 환희심을 내어 받들어 행하였다.

福의 힘으로 佛道를 성취한다

"아나율아, 네 바늘을 가져오라. 내가 실을 꿰어 주리라.
이 세상에서 복을 얻고자 나보다 더 노력하는 사람은 없다.
그래서 나는 여섯 가지 일에 게을리 하지 않는다.
여섯 가지는 ① 남에게 베푸는 것이요,
② 남을 가르침이며, ③ 억울함을 참아 견딤이요,
④ 계율을 가르침이요, ⑤ 중생을 감싸고 보호함이요,
⑥ 위없는 깨달음을 구하는 것이다.
나는 이 여섯 가지 일에 만족함이 없이 항상 힘쓴다."
부처님께서는 이렇게 게송으로 말씀하셨다.
"이 세상에서 닦은 힘 가운데 천상에서나 인간에서
안락하게 하는 것. 복의 힘이 가장 훌륭하나니
그 복의 힘으로 불도를 성취하리라."
- 증일아함경

찬집백연경 제6권

오 월지 우바새 지겸 한역

6. 제천내하공양품(諸天來下供養品)

51) 현면(賢面)이 인색하고 탐욕스러운 마음으로 인하여 독사(毒蛇)의 몸을 받은 인연[50]

❀부처님께서는 왕사성 가란타 죽림에 계시었다.

당시 성중에 한량없고 헤아릴 수 없는 재보(財寶)를 지닌 현면(賢面)이란 장자가 있었다.

그는 천성(天性)이 매우 아첨(阿諂)하기를 좋아하고 사악(邪惡)하며, 인색(吝嗇)하고 탐욕(貪慾)스러우며 질투(嫉妬)가 많았다. 그는 전혀 보시(布施)할 마음이 없었으므로 심지어는 날짐승도 쫓아서 그 집 근처에 얼씬하지 못하게 했다.

어느 빈궁한 사문이나 바라문이 그 집에 가서 구걸할 때엔 항상 악설을 퍼부어 가면서 지독히 재산 모으기만 업을 삼았다. 전여 보시를 닦지 않다가 그 뒤 목숨이 끝나 독사(毒蛇)의 몸을 받고서도, 역시 본래의 재산

---

50) 이와 유사한 이야기가 〈현우경〉제18품 "칠병금시품(七瓶金施品)"에
   도 실려 있다.

을 수호하기 위해 접근하는 이가 있으면 맹렬히 진심을 내고 성난 눈으로 노려보아 사람들을 죽게 하였다.

이 사실을 빈바사라왕(頻婆娑羅王)에게 알리자, 왕이 놀라고 또 이상하게 여겨 스스로 생각하였다.

'이제 이 독사가 성냄이 치성(熾盛)하여 보는 대로 사람을 죽이니 부처님 세존만이 이 독사(毒蛇)를 조복하실 수 있으리라.'

이렇게 생각하고 곧 신하들과 함께 부처님 처소에 나아가 엎드려 예배하고 한쪽에 물러나 앉아 아뢰었다.

"세존이시여, 이제 이 성중(城中)에 한량없는 재보를 지닌 장자 한 사람이 보시하기를 싫어하다가 목숨이 끝난 뒤 독사의 몸을 받고서도 역시 본래의 재산을 지키기 위해 진심을 내어 가까이하면 사람을 해치니, 원컨대 세존께서 이 독사(毒蛇)를 항복 받아 다시는 사람을 해치지 못하게 하옵소서."

부처님께서 잠잠히 허락(許諾)하신 다음, 그 이튿날 옷을 입고 발우를 들고 독사 있는 곳으로 가셨다. 독사가 부처님 오시는 것을 보고 몹시 진심을 내어 여래를 물려고 하자 부처님께서 인자하신 힘을 다하여 다섯 손가락 끝에서 광명을 놓아 저 독사의 몸을 비춰 주셨다. 이내 몸이 시원하여 독기와 열기가 다 소멸되자 독사가 마음 속에 기쁨이 넘쳐 머리를 들고 사방을 돌아보면서 이렇게 생각하였다.

'어떤 복덕(福德)이 있는 이가 이 광명을 놓아

내 몸에 비춰 이같이 시원하게 해 줄까. 참으로 말할 수 없이 상쾌하구나.'

세존께서는 그 독사가 이미 조복되었음을 보시고 타이르셨다.

"현면(賢面) 장자여, 그대가 전생(前生)에 인색하고 탐욕스러웠기 때문에 이러한 독사의 몸을 받았거늘, 이제 어쩌자고 또 인색한 마음을 갖고 독기를 피워 함부로 사람을 해치는가. 이렇게 나쁜 일만 더하다가는 미래세에 반드시 큰 고통을 받으리라."

이에 독사는 부처님의 말씀을 듣고 깊이 스스로 가책(呵責)한 나머지 그 번뇌가 다 제거되었다. 또한 전생에 장자로서 악업을 지었기 때문에 이제 그 과보를 받게 됨을 기억해 알고는, 비로소 부처님께 깊은 신심과 공경심을 내었다. 세존께서는 이 독사의 마음이 이제 완전히 조복되었음을 아시고 다시 말씀하셨다.

"네가 전생에 내 말을 따르지 않았기에 이 독사의 몸을 받았으니, 이제는 나의 말을 잘 듣고 따라야 하리라."

독사가 곧 부처님께 아뢰었다.

"제가 부처님의 지시대로 하여 감히 어기지 않겠습니다."

부처님께서 독사에게 말씀하셨다.

"네가 과연 내 말에 따를 생각이라면 내 발우 속에 들어가라."

부처님께서 말씀을 마치자 독사는 곧 발우 속에 들

어가 숲속으로 옮겨 가려고 하는데, 때마침 빈바사라왕과 그 여러 백성들이 세존께서 독사를 조복하여 발우 속에 넣어 오신다는 소문을 들었다. 그리고 온 백성들이 함께 발우 속에 들어 있는 독사를 구경하였다.

독사는 여러 사람들을 보자 곧 독사의 몸을 받은 것을 매우 부끄럽게 여겨 바로 그날 밤에 목숨이 끝나 도리천(忉利天)에 태어나서 스스로 이렇게 염언(念言)하였다.

'내가 무슨 복을 지었기에 이 천상에 태어났을까? 세간에 있을 때엔 독사의 몸을 받았는데, 아마 부처님을 만나 보고서 신심과 공경심을 낸 인연으로 말미암아 독사 몸을 싫어하고 이 천상에 태어나서 하늘의 쾌락을 얻게 되었으리라. 그렇다면 이제 부처님 세존의 은혜를 갚아야 하지 않겠는가.'

그리고는 천관(天冠)을 쓰고 보배 영락을 걸고 그 몸을 장엄함과 동시에 향·꽃을 받들어 광명이 빛나면서 세존 앞에 이르러 예배 공양한 다음 한쪽에 물러나 앉았다. 부처님의 설법을 듣고 마음이 열리고 뜻을 이해하여 수다원과를 얻자 그 자리에서 게송(偈頌)으로 부처님을 찬탄하였다.

거룩하신 큰 성인께서
모든 공덕을 구족하시어
중생들의 어두운 눈을 열어
불과(佛果)를 얻게 하시고

중생들의 번뇌를 씻어
생사의 바다를 초월케 하시니
이제 부처님의 은덕(恩德)으로
나쁜 세 갈래51)를 벗어났습니다.

이렇게 찬탄하고 나서 세 번 부처님을 돌고 도로
천궁(天宮)에 올라갔다. 그 이튿날 새벽에 빈바사라왕이
부처님께 아뢰었다.

"세존이시여, 어젯밤 세존께 비친 광명은 누가 비춘
것입니까? 혹시 제석천·범천·전륜성왕이 한 것입니
까? 그렇지 않으면 28부(部) 신장들이 한 것입니까?"

부처님께서 왕에게 대답하셨다.

"이는 제석천·범천이나 천신들이 와서 설법을 들
은 것이 아니요, 바로 옛날에 인색하고 탐욕스러웠던 장
자 현면이 천상에 태어나 나에게 공양하려고 비춘 광명
입니다."

이같이 빈바사라왕이 부처님으로부터 인색하고 탐
욕스러운 인연을 들을 때 그 모임에 있던 사람 중에는
혹은 수다원과를, 혹은 사다함과를, 혹은 아나함과를, 혹
은 아라한과를 얻은 자도 있었고 혹은 벽지불의 마음을,
혹은 위없는 보리의 마음을 낸 자도 있었다.

다른 여러 비구들도 부처님의 이 말씀을 듣고는,
다 환희심을 내어 받들어 행하였다.

---

51) 삼악도(三惡道): 지옥, 축생, 아귀를 말한다.

52) 월광(月光)이란 아이가 천상에 태어난 인연

❀**부처님께서는 사위국 기수급고독원에 계시었다.**

당시 성중에 어떤 바라문이 밭갈이로 업을 삼아 오다가 계비(婢여종비)을 아내로 정하여 열 달 만에 한 남자 아이를 낳자, 그 이름을 월광(月光)이라 하였다.

나이가 점차 장대해지자 수달(須達)의 아들과 함께 성문 바깥을 나가 유람하다가 어떤 승방(僧坊)에 도착하여 여러 비구들이 경전을 힘써 외우고 익히는 것을 보았다.

이때 바라문의 아들이 게송(偈頌) 네 구절을 들자 깊은 신심과 공경심을 내었는데, 집에 돌아온 지 7일 만에 문득 목숨이 끝나 도리천(忉利天)에 왕생하였다. 한편 그 부모(父母)는 슬피 울고 마음이 아파서 스스로 억제할 길이 없어 죽은 시체(屍體)를 안고 무덤으로 가서 울부짖으면서 말하였다.

"내 하나뿐인 자식이 나를 버리고 갔으니 누가 나를 돌보아 주랴. 이 아픈 마음 말할 수 없구나. 차라리 자식을 따라 죽을지언정 집에 돌아가고 싶지 않노라."

여러 친척들이 달려와서 갖가지로 위로하고 타일렀으나 그 부모(父母)는 끝내 돌아가지 않았다. 그러한 지극한 정성의 감응으로 천상의 궁전이 흔들려 편안하지 않으니 그 천상에 왕생한 아들이 스스로 관찰하여 알게 되었다.

'내가 인간(人間)에서 천상에 태어났건만 이제 부모가 무덤에서 내 시체(屍體)를 안고 목이 메이도록 슬피 울며 슬픔을 억제하지 못하여서 이 천상의 궁전을 감응시켜, 이렇게 흔들리는구나.'

그리고는 부모(父母)를 가엾이 여겨 곧 천상에서 내려와 몸을 선인(仙人)의 모습으로 변화하여 부모 옆에 나타나 오열(嗚咽)로 온몸을 불태우니 바라문이 선인에게 말하였다.

"그대는 이제 무엇 때문에 오열로 온몸을 불태우는가? 무엇을 구하려고 그러는가?"

선인(仙人)이 대답하였다.

"나는 지금 한 나라의 왕이 되어 금(金)으로 수레를 만들되 뭇 보배로 섞어 꾸미고서 일월(日月) 천자를 좌우에 두고 사천왕으로 하여금 수레를 굴리어 온 사천하를 두루 돌아다니고자 이러는 것이오. 이것이 얼마나 마음에 통쾌한 일이겠습니까?"

이에 바라문이 선인에게 말하였다.

"선인이여, 그대가 설령 지금부터 백 년 동안 밤낮으로 온몸을 태우면서 그러한 보배 수레를 구해 여러 천자들로 하여금 좌우에서 그대를 모시게 하려 한들 마침내 그렇게 될 수 없을 것이오."

그러자 선인이 다시 바라문에게 물었다.

"당신은 그럼 지금 죽은 시체를 안고 무엇을 구하려는 것입니까?"

바라문이 대답하였다.

"내 유일한 아들이 나를 버리고 갔습니다. 그래서 이렇게 끌어안고 다시 살아오기를 바랄 뿐이오."

선인이 바라문에게 말하였다.

"당신이 지금 이 죽은 시체를 안고 설령 백 년 동안 밤낮으로 울부짖더라도 마침내 죽은 아들을 다시 살아오게 하지는 못할 것입니다."

바라문은 이 선인(仙人)의 말을 듣자, 마음 속으로 부끄럽게 여겨 다시 울지 않고 잠잠히 서 있었으며, 아들이었던 천자는 선인의 모습을 버리고 본래의 몸으로 되돌아가 그 부모에게 말했다.

"제가 바로 과거세(過去世) 당신네의 외아들입니다.

제가 어느 때 승방(僧房)에 갔다가 게송(偈頌) 네 구절을 듣고 환희심을 내고 신심을 내었는데, 곧 목숨이 끝나 천상(天上)에 태어났습니다. 이제 부모(父母)님의 근심과 괴로움을 풀어 드리기 위해 선인(仙人)의 모습으로 변화하여 여기에 와서 위로의 말씀을 올리는 것입니다."

천자의 말을 듣자 그 부모는 믿고 이해하였으며, 기쁨을 이기지 못하였다. 이때 천자는 곧 천관(天冠)을 쓰고 보배 영락을 걸고서 온몸을 장엄한 채 꽃·향을 받들어 부모에게 권하고, 함께 부처님 처소에 나아가 부처님께 공양하고는 한쪽에 물러나 앉아 있었다. 부처님께서 곧 그들을 위해 사제법((四諦法)을 설해 주시자 그들은 마음이 열리고 뜻을 이해하게 되어 한꺼번에 다 수다원과를 얻게 되었다.

여러 비구들이 이 광경을 보고 부처님 앞에 나아가 아뢰었다.

"이제 저 천자는 전생에 어떠한 복을 심었기에 그 훌륭한 위로의 말씀으로 부모의 근심과 괴로움을 풀어 다시 울지 않게 하고, 한편 또 도과(道果)를 얻었나이까?"

부처님께서 비구들에게 말씀하셨다.

"저 천자는 단지 오늘만 그 부모의 근심과 괴로움을 풀어 드린 게 아니라, 과거세에도 그러한 일이 있었느니라."

비구들이 이 말씀을 듣자, 다시 부처님께 아뢰었다.

"세존이시여, 과거세에 어떠한 일이 있었는지를 저희들은 알지 못하오니, 원컨대 자세히 말씀해 주옵소서."

세존께서 여러 비구들에게 말씀하셨다.

"너희들은 자세히 들으라. 내가 이제 너희들을 위해 분별 해설하리라.

오랜 옛적에 바라날국(波羅捺國)에 어떤 어리석은 사람이 있었다. 그는 도적(盜賊)이 되어 항상 남을 해치고 속이며 사음(邪淫)하기를 좋아하다가 사관(伺官)에게 체포되었는데, 국왕이 그 죄상을 심문한 결과 사실이 틀림없으므로 곧 사형에 처하기를 명령하였다.

그때 저 천자가 그의 아들이 되어 있었는데, 천성이 인자하고 온순하며 현명하고 부드러웠으므로 온 나라

에 소문이 나 있었다. 천자인 아들이 그 아버지를 위해
국왕에게 구제해 줄 것을 세 번이나 부탁하였는데, 국왕
이 이를 어기지 못해 결국 죽이지 않고 놓아줌으로써
그는 자유로운 몸이 되었느니라."

부처님께서 여러 비구들에게 말씀하셨다.

"알아 두라. 그 당시 도둑이 되었던 사람은 바로
저 천자의 아버지이고, 아들은 바로 저 천자이다. 아버
지인 그가 한때 가섭(迦葉)부처님으로부터 삼귀의(三歸
依)의 계를 받았기 때문에 지금에 와서 또 나를 만나 출
가 득도하게 된 것이니라."

부처님께서 이 천자의 인연을 말씀하실 때 그 모임
의 대중들이 혹은 수다원과를 얻고 혹은 위없는 보리심
을 내었다.

그때 다른 여러 비구들도 부처님의 이 말씀을 듣고
다 환희심을 내어서 받들어 행하였다.

53) 꽃을 꺾어 부처님께 공양하여 천상에 태어난
인연

❀**부처님께서는 사위국 기수급고독원에 계시었
다.**

당시 성중(城中)의 매우 부유한 장자(長子)들이 함께
모여 샘물천수(泉水)로 나아가 기악(伎樂)을 베풀어 함께 즐
겨하였으니 사라화회(娑羅花會)라 하였다.

그 모임에서 한 사람을 시켜서 저 숲속에 나아가 사라꽃을 꺾어서 여러 화만(花鬘)을 만들게 하였는데, 꽃 꺾으러 간 사람이 돌아오는 도중에 마침 세존의 그 32상과 80종호로 부터 백천의 해 같은 광명이 널리 비춤을 보고 곧 환희심을 내어서 부처님 앞에 엎드려 예배함과 동시에 그 꺾은 꽃을 다 부처님께 받들어 공양하였다.

그런 다음 다시 나무 위에 올라가서 꽃을 꺾으려하다가 나뭇가지가 부러지는 바람에 땅에 떨어져서 그는 곧 목숨이 끝났다. 그는 즉시 도리천(忉利天)에 왕생하여 단정하고도 뛰어난 미묘한 몸을 얻었으며, 사라꽃으로 궁전을 만들고 나자 제석천이 이렇게 물었다.

"그대는 어느 곳에서 복업을 닦았기에 이 천상에 태어났는가?"

천자가 대답하였다.

"제가 염부제(閻浮提)에서 사라꽃을 꺾다가 세존을 만나 뵙고 그 꽃을 받들어 공양한 일이 있었는데, 그 공덕으로 말미암아 여기에 태어났습니다."

제석천은 이 천자의 몸매가 빼어나고 단정함을 보고 게송(偈頌)을 읊어 찬탄하였다.

몸은 참된 금 빛깔같이
매우 선명하게 두루 비추고
얼굴은 아주 단정하니
모든 천자 가운데 제일이로다.

그러자 천자도 곧 제석에게 게송(偈頌)을 읊어 대답
하였다.

내가 부처님 은혜의 덕을 입어
사라꽃으로 공양하였던
그 선한 인연으로 말미암아
이제 이 과보를 얻었습니다.

천자는 이 게송(偈頌)을 읊고 나서 곧 제석천과 함
께 부처님 처소에 가서 엎드려 예배하고 한쪽에 물러나
앉아 있었다. 부처님께서 곧 갖가지 법을 설해 주시자
그들은 마음이 열리고 뜻을 이해하게 되어 20억의 삿된
소견과 업장을 깨뜨리고 수다원과를 얻음으로써 마음에
기쁨이 넘쳐 다시 부처님 앞에 게송(偈頌)을 읊어 찬탄
하였다.

거룩하옵신 큰 성인이시여
가장 높아 견줄 데 없으시어
부모와 사장(師長)을 비롯한
그 누구의 공덕도 미칠 수 없나니

사방의 바닷물을 고갈시키고
백골산(白骨山)을 초월하여서
나쁜 세 갈래의 길을 막고
선한 세 문을 널리 열어 주시네.

천자는 이 게송(偈頌)을 읊은 뒤 부처님께 엎드려 예배하고 세 번 부처님을 돌고서 도로 천상으로 올라갔다.

이때 여러 비구들이 이 광경을 보고 그 이튿날 아침에 부처님께 아뢰었다.

"세존이시여, 어젯밤 이 기원동산을 두루 비춘 그 광명이 혹시 제석천·범천왕·사천왕들이 한 것이옵니까, 28부(部) 신장들이 한 것이옵니까?"

부처님께서 비구들에게 말씀하셨다.

"그것은 제석·범천이나 귀신, 사천왕 등이 한 것이 아니라 옛날 사라꽃을 꺾어 나에게 공양한 자가 이제 천상에 태어나서 향·꽃을 가지고 다시 나에게 공양하기 위해 비춘 광명일 뿐이니라."

그때 다른 여러 비구들이 부처님의 이 말씀을 듣고 다 환희심을 내어서 받들어 행하였다.

54) 공덕의(功德意)가 탑에 공양하여 천상에 태어난 인연

❀부처님께서는 왕사성 가란타 죽림에 계시었다.

저 빈바사라왕(頻婆娑羅王)은 매일 세 번씩 여러 관속(官屬)을 거느리고 부처님 처소에 나아가 예배 문안하다가 점차 늙어가매 몸이 무거워서 전과 같이 날마다 예배하러 갈 수 없게 되자, 군신들이 왕에게 이렇게 말했다.

"부처님의 머리털과 손톱을 얻어 이 후궁에 탑 (塔)을 세워 봉안하고서 향·꽃을 받들고 등불을 켜 서 공양하옵소서."

이때 왕은 군신들의 말에 따라 그렇게 하기로 생각하고 곧 부처님 처소에 가서 세존께 아뢰자 머리털과 손톱을 빈바사라왕에게 주셨다. 과연 왕은 그 궁내에 탑을 세움과 동시 비단 번기와 보배 일산을 달고 향·꽃을 받들고 등불을 켜서 날마다 세 번씩 공양하였다.

그러다가 뒷날 왕태자 아사세(阿闍世)가 제바달다 (提婆達多)와 함께 음모를 꾸며 그 부왕(父王)을 살해하고 스스로 왕이 되면서 궁내에 명령을 내려 누구든지 그 탑에 예배 공양하지 못하게 할 뿐만 아니라 명령을 듣지 않는 자에게는 처벌을 내리기로 했다.

그 후 칠월 보름의 스님들의 자자(自恣)52) 때에 궁인(宮人)인 공덕의(功德意)가 이렇게 염언(念言)하였다.

'이 탑은 과거 선왕께서 세우신 것이거늘, 이제 아무리 헐고 더러워도 청소하는 이가 없으니, 내 이 몸이 찢겨지는 사형을 받더라도 이 탑만은 깨끗이 청소하여 향·꽃을 받들고 등불을 켜서 공양하리라.'

이렇게 염원하고 나서 바로 탑에 나아가 향·꽃을 받들고 등불을 켜서 공양하였다. 때마침 아사세왕이 멀

52) 90일간 하안거(夏安居)의 마지막 날을 자자(自恣)라고 한다. 이때 스님들은 자자법(自恣法)을 거행하는데, 먼저 자신의 신(身), 구(口), 의(意) 삼업을 돌아보고, 자신의 과오를 다른 스님들 앞에서 고백하고 참회한다.

리 누각 위에서 등불이 환한 것을 보고 매우 화를 내어 곧 사람을 보내 그 공양하는 이가 누구인가를 조사하게 하였다. 공덕의가 공양하는 것을 보고 사령이 돌아와 사실 그대로를 보고하자, 왕이 다시 불러오게 하여서 그 이유를 묻자, 공덕의가 왕에게 대답하였다.

"이 탑이야말로 과거 선왕(先王)께서 세워 공양하시던 곳이었길래 오늘처럼 좋은 날에 깨끗이 청소하고 등불을 켜서 공양하였습니다."

이에 아사세왕이 이 말을 듣고 공덕의에게 말하였다.

"너는 일전에 지키도록 내린 나의 명령을 듣지 못했느냐?"

공덕의가 말하였다.

"저도 대왕께서 명령하신 말씀을 듣기는 했습니다만, 이제 대왕께서 나라를 다스리는 교화가 선왕 때보다 뒤떨어지기 때문입니다."

아사세왕이 이 말을 듣고 더욱 화를 내어 곧 칼을 휘둘러 (공덕의)를 베어 죽이고 말았다. 공덕의는 그 착한 마음으로 말미암아 목숨이 끝나자 도리천(忉利天)에 왕생하니 몸빛이 1유순(由旬)53)을 가득 비추었다. 이때 제석천을 비롯한 여러 천신들이 함께 와서 물었다.

"그대는 무슨 복을 지었기에 이 천상에 태어나서 그 어느 천신들보다도 뛰어난 광명을 나타내는가?"

천자는 곧 게송(偈頌)을 읊어 제석천에게 대답하였

---

53) 유순은 고대 인도의 수량단위로 1유순은 대략 40리이다.

다.

여래(如來)께서 세간에 출현하시니
그 광명 마치 해와 달 같아
저 모든 어둠을 비추어
모두 두루 밝게 하시나니

보는 이 마다 환희심 내어
자연 마음의 번뇌(煩惱)가 제거되었네.
거룩하신 위없는 부처님 세존께선
바로 이 중생들의 복밭이시네.

나 또한 몸과 목숨 아끼지 않고
신심 내어 복덕을 닦았기에
피살되어 목숨이 끝나는 즉시
이 도리천상에 태어났습니다.

　천자는 제석천을 향해 이 게송(偈頌)을 읊고 나서, 천관(天冠)을 쓰고 보배 영락을 걸고 그 몸을 장엄하여 여러 천자들과 함께 각각 꽃·향을 갖고 내려와 부처님께 공양하는 한편, 온 가란타 죽림장사에 평시보다 몇 배의 광명을 비추고 부처님께 엎드려 예배하고서 한쪽에 앉아 있었다. 부처님께서 곧 사제법(四締法)을 설해 주시니 마음이 열리고 뜻을 이해하게 되어 수다원과를 얻어서 이렇게 염언하였다.

'내가 지나간 세상 동안 수미산보다 더 많은 흰 뼈를 쌓고, 큰 바다보다 더 많은 눈물을 흘려 가면서 온몸의 피와 살이 다 마르도록 목숨을 아끼지 않았기 때문에 이제 괴로움을 떠나게 되었구나.'

이와 같이 염언하고 나서 부처님을 세 번 돌고는, 도로 천궁으로 올라갔다.

비구들이 이튿날 아침에 세존께 아뢰었다.

"세존이시여, 어젯밤 평상시보다 배나 뛰어나게 비춘 광명이 제석·범천·사천왕 등이 한 것이옵니까? 혹은 28부 귀신 대장들이 한 것이옵니까?"

부처님께서 여러 비구들에게 말씀하셨다.

그 광명은 제석·범천이나 귀신 대장들이 한 것이 아니라, 바로 빈바사라왕의 후궁 채녀 공덕의가 탑(塔)에 가서 공양하였다가 아사세왕에게 피살되어 목숨이 끝나는 즉시 도리천에 왕생하였는데, 이제 천상에서 내려와 나를 봉양하기 위해 비춘 광명이었느니라."

부처님께서 이 공덕의에 대한 인연을 말씀하실 때 혹은 수다원과를, 혹은 사다함과를, 혹은 아나함과를, 혹은 아라한과를 얻은 자도 있었으며, 혹은 벽지불의 마음을, 혹은 위없는 보리심을 낸 자도 있었다.

여러 비구들도 부처님의 이 말씀을 듣고는 다 환희심을 내어서 받들어 행하였다.

55) 수달다(須達多)가 코끼리를 타고 다니면서 권화 (勸化)한 인연

❀**부처님께서는 사위국 기수급고독원에 계시었 다.**

당시 성중에 수달(須達)이란 장자가 있었는데 그는 백천 금의 돈으로 부처님께 보시하고는, 이렇게 생각하 였다.

'내가 이 한량없는 재부(財富)로서 백천 금의 돈을 들인 기원정사(祇園精舍)를 부처님과 스님들에게 보시한 것은 어려운 일이라 할 것 없겠지만, 이제 가장 빈궁하 고 미천한 사람들을 권화(勸化)하여 조그마한 바늘이나 실 같은 것이라도 그것을 끊어서 부처님께 보시할 수 있게 하는 것이 오히려 어려운 일이다. 다시 한량없고 그지없는 공덕을 얻을 수 있게 하리라.'

이렇게 생각하고 곧 바사닉왕(波斯匿王)에게 가서 그 뜻을 밝혔다. 왕이 즉시 그렇게 하기를 허락하고 온 성중에 신하들을 보내 북을 두드리면서 여러 사람들에게 전달하였다.

"이제 수달 장자가 뭇사람들을 권화하여 보시의 공 덕을 닦으려 하노라."

그리고서 7일 만에 수달 장자가 과연 흰 코끼리를 타고 도시의 네거리와 마을 길에 이르기까지 곳곳을 다 니면서 널리 권화하자, 사람들이 모두 기뻐하여 서로 다 투어 보시하였다.

　　혹은 의복·영락·금·은 따위의 보물을, 혹은 갖가지 옥가락지·바늘·실 따위를 각자의 집에 있는 대로 다 꺼내어 보시하였다. 때마침 한 빈궁한 여인이 석 달 동안 나그네로 돌아다니면서 겨우 담요 한 장을 얻어 그것을 옷 삼아 입고 있었는데, 수달 장자가 여러 사람들에게 권화하는 것을 보고서 그 옆에 있는 사람에게 물었다.

　　"저 수달 장자는 많은 재보를 지닌 사람으로서 땅 속의 광[복장伏臟)]과 같이 아무런 모자람이 없거늘 이제 무엇이 부족하여 또 여러 사람들에게 구걸하러 다니는가?"

　　이에 몇 사람이 대답하였다.

　　"그런 것이 아니고, 저 장자는 사실 모자람이 없지만, 뭇사람들을 가엾이 여겨 부처님과 스님들에게 다 같이 함께 복을 받으려고 권하는 것이오."

　　빈궁(貧窮)한 여인이 이 말을 듣고는 매우 환희심을 내어 이렇게 생각하였다.

　　'내가 전생(前生)에 보시하지 않았기 때문에 이같이 빈궁한 것이 아니겠는가. 그렇다면 지금이라도 보시하지 않으면 후세에 가서 이러한 빈궁이 더욱 극심하리라.'

　　그리고서 여인은 또 생각하였다.

　　'이 세간에 부처님 만나기가 매우 어려운데, 부처님과 스님들을 청하려고 해도 가진 게 없구나. 내 몸에 지금 오직 이 담요 한 장뿐인데, 만약 보시하는 데 쓴다면 벌거벗은 몸으로 앉아 있게 되리라. 설령 이 담요가 아무런 소용이 없게 될지라도, 나는 보시한 뒤에 바라는 것이 없으니, 지금의 이 빈궁과 고통 그대로 죽음을 각오하고 담요만은 끝내 보시(布施)하는 데 쓰리라.'

이렇게 생각하고 곧 담요 한 장을 창문 사이로 수달 장자에게 던져 주었다. 수달 장자가 담요를 받은 뒤 사람을 보내 살펴보게 하였는데 빈궁한 여인이 알몸으로 앉아 있는 것을 발견하고 이렇게 물었다.

"그대는 무엇 때문에 옷 삼아 입은 담요를 벗어 보시하였는가?"

그러자 빈궁한 여인이 대답하였다.

"내가 후세에 가서도 이 극심한 빈궁을 다시 받을까봐 그것이 두려워 보시하는 것이오."

이때 사령이 이러한 사실을 갖춰 수달 장자에게 보고하자 장자가 이 말을 들은 즉시 **'기이한 일이로다'** 하고 감탄하면서 자신이 입은 옷을 벗어 그 여인에게 보시했다.

가난한 여인은 이 옷을 얻고 너무나 기쁨에 넘쳐서 '내가 보시한 공덕으로 지금 눈앞에서 이러한 과보를 받았거늘, 하물며 미래세(未來世)에 있어서야 더 말할 것이 있겠느냐'라고 외쳤으며, 그 뒤 며칠 지나 여인은 드디어 목숨이 끝나서 도리천(忉利天)에 왕생하여 스스로 이렇게 염언하였다.

'내가 무슨 복을 지었기에 이 천상에 태어났을까? 인간에 있을 때엔 매우 빈궁하였거늘, 아마 담요 한 장을 보시한 그 공덕으로 말미암아 여기에 태어났으리라.

그렇다면 이제 곧 부처님과 수달 장자의 은혜를 갚아야 하지 않겠는가.'

그는 곧 천관(天冠)을 쓰고 보배 영락을 걸고 그 몸을 장엄하여 꽃·향을 가지고 천상에서 내려와 부처님과 수달 장자에게 공양한 다음, 부처님께 엎드려 예배하고, 한쪽에 물러나 앉아 있었다. 부처님께서 곧 4제법을 설해 주시자, 그는 마음이 열리고 뜻을 이해하게 되어 곧 수다원과를 얻고 세 번 부처님을 돌고 천상으로 올라갔다.

이튿날 아침에 여러 비구들이 부처님께 아뢰었다.

"세존이시여, 어젯밤 여래께 비친 그 광명은 혹시 제석·범천·사천왕 등이 한 것이옵니까, 또는 28부 신장들이 한 것이옵니까?"

부처님께서 비구들에게 대답하셨다.

"그 광명은 제석·범천이나 신장들이 한 것이 아니고 바로 수달 장자의 권화를 받은 저 빈궁한 여인이 담요 한 장을 보시한 공덕으로 말미암아 천상에 태어나서 이제 나를 공양하기 위해 비춘 광명이었느니라."

부처님께서 여러 비구들에게 말씀하셨다.

"알아 두라. 저 때의 빈궁(貧窮)한 여인이 곧 지금의 저 천자(天子)니라."

그때 여러 비구들이 부처님의 이 말씀을 듣고 다 환희심을 내어서 받들어 행하였다.

56) 앵무새왕이 부처님을 청한 인연

❀**부처님께서는 사위국 기수급고독원에 계시었다.**

여름 안거 하안거(夏安居음력4월15-7월15일까지)를 마치고 여러 비구들과 함께 다른 나라로 유행(遊行)하려 하시는데, 때마침 빈바사라왕이 신하들을 거느리고 성문을 나오다가 멀리 여래를 바라보고는, 이렇게 아뢰었다.

"세존께서 이제 어느 곳으로 가서 계시려 하십니까? 이 중생들을 가엾이 여기시어 비구 스님들과 함께 오셔서 저희들의 공양을 받으시옵소서."

그때 세존께서 왕의 그 간절한 성의를 짐작하시고 비구들과 같이 점차 마갈제국(摩竭提國)을 향해 유행하시던 중 뭇 새들 가운데 앵무왕(鸚鵡王)이 부처님을 바라보고 멀리 허공으로부터 날아와서 길을 가로막으며 맞이하였다.

"원컨대 부처님과 여러 스님들께선 저희들을 가엾이 여기시어 이 숲속에서 하룻밤 묵으시길 청하옵니다."

부처님께서 그렇게 하기를 허락하시자 앵무왕은 부처님께서 허락(許諾)하심을 알고 본래의 숲에 돌아가 뭇 앵무들에게 명령하여 함께 와서 맞이하였다.

이때 부처님과 비구스님들은 앵무 숲에 이르러서 각각 나무 밑에 자리를 잡고 좌선(坐禪)에 들어 사유하였다.

이때 앵무왕은 부처님과 스님들이 고요히 앉아 계

시는 것을 보고 매우 기뻐하여 온밤을 지새웠다. 혹시 사자·호랑이·이리 따위의 짐승이나 도적들이 부처님과 비구스님들을 괴롭히지 않을까 염려하여 밤이 새도록 날아다니면서 부처님과 비구들을 둘러싸고 사방을 살펴 보았다.

이튿날 맑은 아침에 세존께서 출발하려고 하시자 앵무새왕은 기뻐하여 앞길을 인도해 왕사성에 이르러서 빈바사라왕에게 말하였다.

"세존께서 이제 비구들을 데리고 곧 도착하시리니, 원컨대 대왕은 모든 맛있는 음식을 준비시키고 길에 나가 맞이하소서."

빈바사라왕이 이 말을 듣고는, 모든 맛있는 음식을 준비시키고 당기·번기·꽃·향·기악 따위를 지니고서 신하들과 함께 길에 나가 맞이하였다.

한편 앵무왕은 그날 밤중에 목숨이 끝나는 대로 도리천(忉利天)에 태어나 홀연히 여덟 살 정도의 장대한 아이가 되어서 이렇게 생각하였다.

'내가 무슨 복을 지었기에 이 천상에 천자로 태어났을까? 아마 내가 세간에 있을 때 앵무왕으로서 부처님을 청해 하룻밤을 묵게 한 그 인연으로 말미암아 여기에 태어났으리라. 그렇다면 내가 이제 세존의 은혜를 갚아 드려야 하지 않겠는가.'

이렇게 생각하고 천관(天冠)을 쓰고 보배 영락을 걸치고 그 몸을 장엄한 채 향·꽃을 가지고 내려와 부처님께 공양하고는, 한쪽에 물러나 앉았다.

부처님께서 곧 그에게 사제법을 설해 주시자 곧 마음이 열리고 뜻을 이해하게 되어 곧 수다원과를 얻어서 부처님을 세 번 돌고 도로 천상으로 올라갔다.

이튿날 아침에 비구들이 부처님께 아뢰었다.

"세존이시여, 어젯밤에 비친 광명은 혹시 제석·범천·사천왕 등이 한 것이옵니까? 혹은 28부 신장들이 한 것이옵니까?"

부처님께서 비구들에게 말씀하셨다.

"그 광명은 제석·범천이나 신장들이 한 것이 아니고, 앞서 길에서 나와 비구들을 숲속으로 청하여 하룻밤을 묵게 한 저 앵무왕이 이제 천상에 태어나 나를 공양하기 위해 비추었던 것이니라."

비구들이 다시 부처님께 아뢰었다.

"저 천자는 전생에 무슨 업을 지어서 앵무새 가운데 태어났다가 이제 다시 무슨 복을 닦았기에 법을 듣고 그 과위를 얻게 되었나이까?"

세존께서 여러 비구들에게 말씀하셨다.

"너희들은 자세히 들으라. 내가 이제 너희들을 위해 분별 해설하리라.

이 현겁(賢劫)에 가섭(迦葉)여래께서 바라날국(波羅捺國)에 출현하셨을 때, 어떤 장자 한 사람이 부처님의 법을 따라 다섯 가지 계율54)을 받아 오다가, 어느 때 한

---

54) 오계(五戒): 살생하지 아니하고, 도둑질 하지 아니하고, 음란하지 아니하고, 거짓된 말을 하지 아니하고, 술을 마시지 아니한다는 다섯 가지 계율.

가지 계율을 범함으로 인하여 앵무새 가운데 태어났다. 그러나 나머지 네 가지 계율은 완전히 갖추었기 때문에 이제 나를 만나 출가 득도하게 된 것이다.“

부처님께서 여러 비구들에게 말씀하셨다.

“알아 두라. 그 당시의 저 우바새가 바로 지금의 앵무 천자니라.”

여러 비구들이 부처님의 이 말씀을 듣고 다 환희심을 내어서 받들어 행하였다.

57) 왕이 보낸 사신이 부처님을 청해 목숨을 마치자 천상에 태어난 인연

❀**부처님께서는 왕사성 가란타 죽림에 계시었다.**

여름 안거를 마치신 다음 여러 비구들을 데리고 다른 나라로 유행(遊行)하려고 하셨다. 그때 수달(須達) 장자가 바사닉왕에게 말하였다.

“우리들이 오랫동안 부처님을 뵙지 못했으니, 원컨 대 대왕께서 이제 편지와 함께 사신을 보내어 부처님을 이곳으로 맞이해 와서 다같이 공양할 수 있게 하소서.”

이 말을 들은 바사닉왕이 멀리서 예배하고 문안 편지와 함께 사신을 보내어 초청하였다.

‘오랫동안 뵙지 못하였습니다. 이제 사신을 보내오니 원컨대 가엾이 여기시어 저의 청을 받아 주옵소서.’

부처님께서 곧 그렇게 하기를 허락하시자 사신이

돌아가 세존이 허락하심을 왕에게 보고하였다. 왕이 다시 신하들을 시켜 수레를 장엄하게 하고 사신으로 하여금 부처님께 가서 맞이하게 하였다.

"원컨대 세존께서 가엾이 여기시어 저의 국왕의 청을 받아들이시어 이 수레를 타시옵소서."

부처님께서 사신에게 대답하셨다.

"나에게 육신통의 신족(神足)이 있고, 칠각(覺)55)의 화만(花鬘)이 있으며, 팔성도(八聖道)56)의 도분(道分)이 있고, 다섯 가지 크고 편안한 수레오연안차(五衍安車)57)가 있

---

55) 칠각(七覺)은 곧 ①염각(念覺: 가르침을 명심하여 마음을 챙김), ②택법각(擇法覺: 지혜로써 바른 가르침만을 선택하고 그른 가르침은 버림), ③정진각(精進覺: 바른 가르침을 사유하면서 수행함), ④희각(喜覺: 정진하는 수행자에게 평온한 기쁨이 생김), ⑤경안각(輕安覺: 평온한 기쁨이 생긴 수행자의 몸과 마음이 경쾌해짐), ⑥정각(定覺: 몸이 경쾌한 수행자가 정신을 집중하고 통일시킴), ⑦사각(捨覺: 집중 통일된 마음을 평등하게 잘 응시함) 등 일곱 가지 깨달음을 말한다. 칠보리분(七菩提分) 또는 칠각지(七覺支)라고도 한다.

56) 팔성도(八聖道)는 정견(正見), 정사유(正思惟), 정어(正語), 정업(正業), 정명(正命), 정정진(正精進), 정념(正念), 정정(正定)의 팔정도(八正道)를 말한다. ①정견(正見)은 바르게 보기, 즉 치우침 없이 세상을 보는 것이다. ②정사유(正思惟)는 바른 마음가짐으로 이치에 맞게 생각하는 것이다. ③정어(正語)는 바른 언행을 하는 것으로, 즉 거짓말, 속이는 말, 이간질하는 말, 나쁜 말을 하지 않고 참되고 유익한 말을 하는 것이다. ④정업(正業)은 바른 행동을 하여 선업을 쌓는 것이다. ⑤정명(正命)은 바른 생활이다. ⑥정정진(正精進)은 바른 노력으로 깨달음을 향해 끊임없이 노력하는 것이다. ⑦정념(正念)은 바른 의식으로, 항상 올바른 이상과 목표를 간직하고 이를 잃어버리지 않도록 깨어 있는 것이다. ⑧정정(正定)은 바른 명상으로 마음을 한곳에 집중하여 마음의 평정을 찾는 것이다.

57) 다섯 가지 크고 편안한 수레[五衍安車]는 곧 해탈의 경지에 이르는 다섯 가지 교법(敎法)을 말한다. 즉 인승(人乘), 천승(天乘), 성문승(聲聞乘), 연각승(緣覺乘), 보살승(菩薩乘)의 오승(五乘)이다.

으니 이러한 내 신족은 너희의 수레를 필요로 하지 않노라."

사신이 재삼 정성껏 청하였다.

"원컨대 저를 가엾이 여기시어 신족을 사용하지 마시고 저희 국왕의 청을 받아들이는 뜻에서 이 수레를 이용하옵소서."

이때 세존께선 그 사신을 가엾이 여겨 수레에 오르심과 동시 곧 신통의 힘으로 수레를 타신 채 허공으로부터 왕사성에 도착하시어 왕의 마중을 받으셨다.

한편 사신은 그날 밤 목숨이 끝나 도리천(忉利天)에 왕생하여, 홀연히 여덟 살 정도의 장대한 아이가 되어 곧 이렇게 염언하였다.

'내가 무슨 복을 닦았기에 이 천상에 태어났을까? 내가 세간에 있을 때 국왕의 사신이 되어 수레를 가지고 부처님께 가서 국왕의 청대로 수레를 타시게 권한 그 선심으로 말미암아 이 천상에 태어났으리라. 그렇다면 이제 내가 부처님의 은혜를 갚아야 하지 않겠는가.'

그는 곧 천관(天冠)을 쓰고 보배 영락을 걸고 그 몸을 장엄하여 향·꽃을 가지고 두루한 광명을 기환정사에 비추면서 내려와 부처님께 예배 공양한 다음 한쪽에 물러나 앉아 있었다.

부처님께서 곧 4제법을 설해 주시자, 그는 마음이 열리고 뜻을 이해하게 되어 곧 수다원과를 얻어서 세 번 부처님을 돌고 도로 천궁으로 올라갔다.

이튿날 아침에 비구들이 부처님께 아뢰었다.

"어젯밤 이곳을 비춘 광명은 혹시 제석·범천·사천왕, 또는 28부 신장들이 한 것이옵니까?"

부처님께서 여러 비구들에게 말씀하셨다.

"그 광명은 제석·범천이나 신장들이 설법을 듣기 위해 비춘 것이 아니라, 지난번 수레를 가져와서 나를 맞이한 저 국왕의 사신이 착한 마음으로 말미암아 천상에 태어나서 이제 나를 공양하기 위해 비춘 광명이니라."

비구들이 부처님의 이 말씀을 듣고 다 환희심을 내어서 받들어 행하였다.

58) 부처님이 물소를 제도하여 천상에 태어나게 한 인연

❋**부처님께서 교살라(驕薩羅) 나라에 계시면서 비구들과 함께 늑나수(勒羅樹) 아래로 가시려고 어느 연못가에 도착하셨다.**

마침 그곳에 아주 크고 사나운 오백 마리 물소가 있고 또 소치는 오백 명의 사람들이 있다가 멀리서 비구들을 거느리고 길을 따라오시는 부처님을 보고는 큰 소리로 외쳤다.

"세존이시여, 부디 이 길을 다니지 마옵소서. 이 소떼 중에는 크고 사나운 소가 있어서 사람을 떠받고 해치는 습성(習性)이 있어 길을 지나가기가 매우 어렵기 때문입니다.”

이때 부처님께서 소를 치는 사람들에게 말씀하셨다.

“그대들은 너무 염려하지 말라. 저 물소들이 와서 나를 떠받더라도 내 스스로 알아서 하겠노라.”

이렇게 말씀하시는 동안에 그 사나운 소가 별안간 달려들어 꼬리를 흔들며 뿔을 낮추고 땅을 파헤치면서 소리를 지르고 앞에 다가와 마구 날뛰었다.

그때 여래께서 다섯 손가락 끝에서 다섯 사자를 변화로 나타내어 좌우에 배치해 두고 사방엔 두루 큰 불구덩이를 만들어 두시자 저 물소가 놀래고 겁을 내어 사방 달아날 곳이 없었다.

그러나 세존의 발 밑에 있는 조그마한 땅이 시원하면서도 자유롭게 활동할 수 있어서 마음이 태연하여 다시는 두려움이 없게 되자, 무릎을 세우고 꿇어앉아 머리를 숙여 세존의 발을 핥다가 다시 머리를 들어 세존을 우러러보고는 기쁨에 넘쳐 있었다.

그때 세존께서 저 사나운 소의 마음이 이미 조복(調伏)됨을 아시고 곧 소를 위하여 게송(偈頌)을 읊어 타이르셨다.

**아주 나쁜 생각을 품고 와서
함부로 나를 해치려 했지만
이제 정성껏 귀의하여
도리어 와서 내 발을 핥는구나.**

　　이때 물소가 부처님의 이 게송(偈頌)을 듣고 깊이 부끄럽게 여김으로써 모든 장애가 제거되어 홀연히 전생에 인간으로서의 나쁜 업을 저지른 것을 깨닫고는, 더욱 더 부끄럽게 여겨 물과 풀을 먹지 않았다. 곧 목숨이 끝나는 대로 도리천(忉利天)에 태어나 홀연히 여덟 살 정도의 아이가 되어서 이렇게 염언(念言)하였다.

　　'내가 무슨 복을 닦았기에 이 천상에 태어났을까? 아마 세간에 있을 때 물소의 몸으로서 부처님의 제도를 받아 여기에 태어났으리라. 그렇다면 내가 이제 부처님의 은혜를 갚아야 하지 않겠는가.'

　　이같이 염언하고 나서 곧 천관(天冠)을 쓰고 보배 영락을 걸고 그 몸을 장엄하여 향·꽃을 가지고 빛나는 광명으로 부처님을 비추며 예배한 다음 한쪽에 물러나 앉아 있었다.

　　세존께서 곧 사제법을 설해 주시자 마음이 열리고 뜻을 이해하게 되어 수다원과를 얻어서 부처님을 세 번 돌고 도로 천상으로 올라갔다.

　　이튿날 아침에 물소를 방목하던 사람들이 부처님께 아뢰었다.

　　"어젯밤 비춘 광명은 혹시 제석·범천·사천왕, 28부 신장들이 한 것이옵니까?"

　　부처님께서 소를 방목하는 사람들에게 말씀하셨다.

　　그 광명은 제석·범천이나 신장들이 설법을 듣기 위해 비춘 것이 아니라, 바로 그대들이 방목하던

그 사나운 물소가 나를 보았기 때문에 목숨이 끝나자 천상에 태어나서 이제 나를 공양하려고 비춘 것이니라."

이때 물소를 방목하던 오백 명의 사람들이 부처님의 이 말씀을 듣고 각자가 서로 이렇게 말하였다.

'저 사나운 물소도 부처님을 뵙고 천상에 태어났거늘, 하물며 우리들이 사람으로서 어찌 선한 법을 닦지 않겠는가.'

이렇게 말하고 나서 그들은 서로 모여 맛있는 음식을 베풀어 부처님을 비롯한 여러 스님들을 청하였다. 부처님께서 공양을 받으신 뒤 갖가지 법을 설해 주시자 모두 마음이 열리고 뜻을 이해하게 되어 도의 자취도취(道跡)를 얻음과 동시에 출가하기를 구하자, 부처님께서 말씀하셨다.

"잘 왔도다. 비구들이여."

그러자 수염과 머리털이 저절로 떨어지고 법복이 몸에 입혀져 사문의 모습을 갖추었으며, 정성껏 닦고 익힘으로써 아라한과를 얻고, 삼명(三明)·육통(六通)과 팔해탈(八解脫)을 구족하여 모든 하늘·사람들로 부터 존경을 받게 되었다.

그때 비구들이 이 일을 보고 부처님께 아뢰었다.

"저 물소와 오백 명의 소치는 사람들은 전생에 무슨 업을 지어서 물소로 태어났고, 다시 무슨 복을 닦았기에 부처님을 만나는 즉시 출가하여 도를 얻게 되었나이까?"

이때 세존께서 여러 비구들에게 말씀하셨다.

"너희들은 저 물소와 물소를 방목하던 사람들이 전생에 지은 악업의 인연을 알려고 하느냐? 내가 이제 너희들을 위해 게송(偈頌)으로 설명해 주리라."

전생 때 지은 선하고 악한 업은
백 겁을 지나도 사라지지 않나니
그 선한 업을 지은 인연 때문에
이제 이러한 과보를 얻은 것이네.

부처님께서 말씀하신 게송(偈頌)을 들은 비구들이 다시 부처님께 아뢰었다.

"전생에 어떠한 일이 있었는지를 저희들은 알지 못하오니, 원컨대 자세히 말씀해 주옵소서."

부처님께서 여러 비구들에게 말씀하셨다.

"너희들은 자세히 들으라. 내가 이제 너희들을 위해 분별 해설하리라.

이 현겁에 가섭(迦葉)부처님이 바라날국(波羅捺國)에 출현하셨을 때, 어느 삼장(三藏) 비구가 5백 제자를 거느리고 여러 나라를 유행(遊行)하면서 대중 앞에서 법을 논하게 되었다.

그는 어려운 질문에 부딪치자 통달하지 못하고 도리어 성을 내며, '너희들은 이제 깨달아 아는 바가 없으면서 억지로 나에게 질문하니 그 모습이 마치 물소가 사람을 떠받는 것과 같구나' 라고 꾸짖었다.

이때 제자들이 모두 함께 그렇다고 하며 다른 사람을 비난하고는 각자 흩어져 가버렸는데, 이 나쁜 구업(口業)을 지은 인연 때문에 그들은 오백 세 동안 물소 또는 물소를 방목하는 사람으로 태어나 서로가 따르게 되어 이제까지도 벗어나지 못한 것이다."

부처님께서 여러 비구들에게 말씀하셨다.

"알아 두라. 그 당시의 삼장 비구가 바로 지금의 저 물소 가운데 가장 사나운 물소며, 그 당시 오백 제자가 바로 지금의 저 물소를 방목하던 오백 사람이니라."

부처님께서 이 물소의 인연을 말씀하실 때 비구들이 각자의 몸·입·뜻의 업을 보호해 생사를 싫어함으로써 그 중에 혹은 수다원과를, 혹은 사다함과를, 혹은 아나함과를, 혹은 아라한과를 얻은 자도 있었으며, 혹은 벽지불(辟支佛)의 마음을, 혹은 위없는 보리의 마음을 낸 자도 있었다.

여러 비구들은 부처님의 이 말씀을 듣고 다 환희심을 내어서 받들어 행하였다.

59) 두 범지(梵志)[58]가 함께 재계(齋戒)를 받은 인연[59]

---

58) 범지(梵志)는 바라문교의 수행자를 말한다.

59) 이 이야기는 〈현우경〉제3품 "이범지수재품(二梵志受齋品)"에서도 볼 수 있다.

❊부처님께서는 사위국 기수급고독원에 계시었다.

어느 날 저녁에 오백 천자들이 천관(天冠)을 쓰고 보배 영락을 걸고 그 몸을 장엄하여 향·꽃을 가지고 내려와 온 기원정사(祇園精舍)에 광명을 비추면서 부처님 앞에 예배 공양한 다음 한쪽에 물러나 앉았다.

부처님의 설법을 듣고는, 곧 마음이 열리고 뜻을 이해하게 되어 곧 수다원과를 얻고 세 번 부처님을 돌 고 도로 천궁으로 올라갔다.

이튿날 아침에 아난(阿難)이 부처님께 아뢰었다.

"세존이시여, 이 기원정사(祇園精舍)에 평상시보다 몇 배의 광명이 비쳤는데, 그것은 제석·범천·사천왕, 28부 신장들이 와서 법을 듣기 위해 비춘 것이옵니 까?"

부처님께서 아난에게 말씀하셨다.

"그 광명(光明)은 제석·범천이나 귀신 대장들이 설 법을 듣기 위해 비춘 것이 아니다.

과거 가섭(迦葉)부처님 때 두 바라문이 국왕을 따라 부처님 처소에 가서 예배 문안하였는데, 때마침 그 성중 에 있던 우바새 한 사람이 두 바라문에게 권유하였다.

'그대들이 이제 국왕을 따라 함께 부처님 세존을 뵈었으니, 이 기회에 재계(齋戒)를 받는 것이 좋으리라.'

바라문이 대답하였다.

'그 재계의 법을 받으면 어떠한 이익이 있습니까?'

우바새가 다시 말하였다.

'그 재계의 법을 받으면 모든 것을 뜻대로 구할 수 있고 소원대로 성취할 수 있기 때문이오.'

이 말을 들은 바라문이 함께 재계를 받되, 한 바라문은 천상(天上)에 왕생하기를 구하고, 다른 한 바라문은 국왕(國王)이 되기를 구하였다. 그들은 재계를 마친 뒤 역시 여러 바라문들의 모여 있는 곳으로 같이 갔는데, 그곳의 바라문들이 이렇게 말하였다.

'그대들은 이제 목이 마르거나 배가 고프면 같이 음식을 먹읍시다.'

재계를 받은 두 바라문이 대답하였다.

'우리는 부처님의 재계를 받았기 때문에 식사 때가 지나면 먹지 않습니다.'

여러 바라문들이 다시 이렇게 말하였다.

'우리는 우리들의 바라문 법이 있거늘 저 사문의 재계를 받을 필요가 무엇인가?'

이같이 은근하게 여러 차례 권유하자 그 뜻을 굽혀 천상에 태어나기를 원하던 바라문은 결국 음식(飲食)을 먹기 시작하여 재계를 깨뜨림으로써 본래의 소원을 이룩하지 못한 채 목숨이 끝나는 대로 용(龍) 가운데 태어났다.

다른 한 바라문은 끝내 음식(飲食)을 먹지 않고 재계를 지킴으로써 과연 그 소원대로 국왕(國王)이 되었다. 앞서 용(龍) 가운데 태어난 바라문은 전생(前生)에 재계를 같이 받은 인연으로 국왕의 정원 못물지수(池水) 속에 왕생하였다.

　　이때 정원지기_{수원인(守園人)}가 날마다 갖가지 과일을 국왕께 헌납하여 왔는데, 어느 날 문득 못물 속에서 아주 향내 나고 빛깔 좋은 과일 하나를 얻어 생각하기를, '내가 이 정원을 드나들면서 항상 황문(黃門 : 내시)에게 신세를 끼치고 있으니, 이 과일을 선사하리라' 하고 황문에게 넘겨 주었다.

　　황문은 또 이 과일을 얻어 생각하기를, '왕의 부인이 항상 대왕께 나의 덕을 칭찬하셨으니 이제 내가 지니고 있는 이 과일을 선사하리라' 하고 왕 부인에게 바쳤으며, 왕 부인은 이 과일을 얻어 다시 대왕에게 바쳤다. 왕이 과일을 먹어 본 다음 너무나 향내 나고 맛좋은 것에 감탄하여 곧 부인에게 물었다.

　　'당신은 이 과일을 어느 곳에서 구해 왔소?'

　　부인은 사실 그대로를 왕에게 대답하였다.

　　"황문으로부터 이 과일을 받았습니다."

　　왕은 다시 황문에게 물었다.

　　'너는 이 과일을 어느 곳에서 얻어 왔느냐?'

　　이와 같이 차례차례 그 과일의 출처를 따진 결과 점차로 정원지기에까지 미치자 왕은 곧 정원지기를 불렀다.

　　'나의 정원에 이같이 아름다운 과일이 있었거늘 너는 어찌해 직접 올리지 않고 다른 사람에게 주었느냐?'

　　이에 정원지기가 그 경위를 자세히 진술했으나 왕은 듣지 않고 그에게 말했다.

　　'지금 이후부터 항상 이 과일을 보내라. 그렇지 않

으면 내가 당장 너를 사형(死刑)에 처하리라.'

정원지기가 왕(王)의 명령을 받고는 자기 정원에 돌아와 자제하지 못하고 눈물을 흘리며 울부짖으면서, **'이 과일은 종자가 없으니 구할 길이 없구나'** 라고 하였다.

때마침 용왕(龍王)이 이 울음 소리를 듣고 사람의 형상으로 변화하여 정원지기에게 물었다.

'그대는 이제 무엇 때문에 그렇게 울기만 하는가?'

정원지기가 대답하였다.

'내가 엊그저께 이 정원 못물 속에서 아름다운 과일 한 개를 얻어 문지기에게 선사하였는데, 문지기는 이것을 얻고 나서 황문에게 주었습니다.

황문은 이것을 왕비에게 주었고, 왕비는 이것을 대왕에게 올렸는데, 대왕이 이제 나를 불러 명령하시기를 **'지금부터 이 과일을 끊임없이 올려야지, 그렇지 않을 경우엔 사형에 처하리라'** 하셨소. 온 정원을 통털어도 이런 과일은 없으니 이 때문에 우는 것이오.'

이 말을 들은 화인(化人)이 도로 물속으로 들어가서 앞서와 같은 향내 나고 빛깔 좋은 과일을 갖고 나와 금반(金盤) 위에 얹어 정원지기에게 넘겨주면서 이렇게 말하였다.

'그대가 이 과일을 가져가서 대왕께 올리면서 다음과 같은 내 뜻을 전달해 주시오.

〈나와 대왕은 옛날 부처님 재세시(在世時)에 본래 친한 벗으로서 함께 범지가 되어 팔관재(八關齋)

를 받아 각자의 소원을 구하던 중, 왕은 계율(戒律)을 구족하여 국왕(國王)이 되고, 나는 계율이 완전치 못해 용(龍) 가운데 태어났소. 하지만 이제 다시 재법(齋法)을 닦아서 이 몸을 벗어나려 하오니, 원컨대 국왕은 나를 위해 팔관재 법문(法文)을 구해 보내시오. 만일 그렇지 않으면 내가 당신의 국토를 뒤엎어 큰 바다로 만들 것이오〉 라고 하시오.'

정원지기가 금반의 과일을 받아 국왕께 받들어 올린 뒤에 곧 용왕의 부탁한 말 그대로를 대왕께 전달하자, 대왕이 이 말을 듣고 매우 근심하게 되었다.

왜냐 하면 그때에는 불법이란 이름조차 없었거늘 하물며 8관재의 법문을 어떻게 구할 수가 있겠는가. 만일 구해 보내 주지 않을 경우엔 큰 위해(危害)를 받을 염려가 있어 이 일을 생각해 봐도 어떻게 할 수 없었는데, 그러던 차에 왕이 가장 소중히 여기는 어느 대신에게 물었다.

'이제 용신(龍神)이 나에게 팔관재 법문을 요구하니, 그대가 어떠한 방법으로라도 이 법문을 얻어 저 용신(龍神)에게 전해 주어야 하겠네.'

대신이 대답하였다.

'지금 세상에 불법이 없으니 어떻게 팔관재 법문을 구하겠습니까?'

왕이 다시 말하였다.

'그대가 구해 보낼 수 없다면 내 반드시 그대를 죽이고야 말겠노라.''

대신은 이 말을 듣고 집으로 물러나와 안색이 이상해지고 아주 근심에 쌓여 있었는데, 때마침 연세가 많고 덕망이 높은 그의 아버지가 집에 돌아온 아들의 안색이 보통 때보다 이상한 것을 보고 그 이유를 물었다.

'무슨 일이 있기에 네 안색이 그러하냐?'

이에 대신이 전후 사실을 그 아버지에게 자세히 말하자, 그의 아버지가 이렇게 말하였다.

'우리집 기둥에 항상 광명이 비추는 것을 보건대 기둥 속에 아마 이상한 물건이 있을 듯하니, 네가 이제 시험삼아 기둥을 베어 그 속에 무엇이 있는가를 보아라.'

대신이 그 아버지의 명령에 따라 곧 기둥을 베어 보니, 과연 12인연에 대한 법문과 팔관재 법문 두 권의 경전(經典)이 그 속에 들어 있으므로, 대신은 이것을 얻고 매우 기뻐한 끝에 금 책상에 받들어 국왕께 올렸다.

국왕도 기쁨을 이기지 못하고 이것을 용왕에게 보냈는데, 용왕 역시 기쁨에 넘쳐 그 답례로 값진 보배를 국왕에게 보내고는 5백 용자(龍子)들과 함께 부지런히 팔관재 법을 닦은 결과, 뒤에 목숨이 끝나 곧 도리천에 태어났으니, 어젯밤의 광명이 바로 그들이 나를 공양하기 위해 비춘 것이니라."

부처님께서 아난에게 말씀하셨다.

"알아 두라. 그 당시 팔관재 법을 받들어 닦은 이가 곧 지금의 오백 천자니라."

부처님께서 이 인연을 말씀하실 때 혹은 수다원과

를, 혹은 사다함과를, 혹은 아나함과를, 혹은 아라한과를
얻은 자도 있었으며, 혹은 벽지불의 마음을, 혹은 위없
는 보리의 마음을 낸 자도 있었다.

비구들은 부처님의 이 말씀을 듣고 다 환희심을 내
어서 받들어 행하였다.

60) 기러기 오백 마리가 부처님의 설법을 들은 인연[60]

❀부처님께서 바라날(波羅捺)의 가란타 죽림에
계시면서 못택(澤) 부근의 숲속에서 여러 천상·인간
사람들을 위해 묘법을 말씀하셨다.

때마침 공중에서 기러기 오백 마리가 빙빙 돌면서
내려와 부처님 설법을 듣고 매우 기뻐하며 한꺼번에 날
아와 같이 법을 들으려 하는데, 사냥꾼이 그물을 쳐 놓
았으므로 오백 마리 기러기가 그 그물에 걸려서 죽음을
당하였다.

기러기들은 거기에서 목숨이 끝나 곧 도리천에 태
어나 홀연히 여덟 살 정도의 장대한 아이가 되어 그 수
승 미묘한 몸의 광명을 온 궁전에 비춰 마치 보배 산처
럼 찬란케 하고는, 곧 이렇게 생각하였다.

'우리들이 무슨 복을 닦았기에 이 천상에 태어났을

---

60) 이와 유사한 이야기가 〈현우경〉제60품 "오백안문불법승천품(五百雁
聞佛法升天品)"에도 실려 있다.

까? 아마 인간(人間) 세간(世間)에 있을 때 우리 모두가 기러기 몸으로서 부처님의 설법을 듣고 깊이 신심을 내어 기뻐한 그 인연으로 목숨이 끝나 이 천상에 태어났으리라. 그렇다면 이제 우리들이 부처님의 은혜를 갚아야 하지 않겠는가.'

이와 같이 생각한 끝에 함께 천관(天冠)을 쓰고 보배 영락을 걸고 그 몸을 장엄하여 뭇 향을 몸에 바르고 향과 꽃을 갖고 와서 부처님께 예배 공양한 다음 한쪽에 물러앉아 아뢰었다.

"세존이시여, 저희들이 이제 부처님의 연설하신 묘법을 듣고 마음 속으로 믿고 기뻐하여 수승한 천상에 태어나기는 했습니다만, 원컨대 세존께서 저희를 가엾이 여기시어 거듭 선설하여 도(道)의 요체를 개시(開示)해 주시옵소서."

이에 세존께서 그들을 위해 곧 갖가지 법요를 선설해 주시자 마음이 열리고 뜻을 이해하게 되어 5백 천자는 다 함께 수다원과를 얻어 마음 속으로 환희하며 세 번 부처님을 돌고 도로 천상으로 올라갔다.

아난이 부처님께 아뢰었다.

"세존이시여, 어젯밤 이 숲속에 비춘 광명이 그 무슨 인연이옵니까? 알려 주시옵소서."

부처님께서 아난에게 말씀하셨다.

"너는 자세히 들으라. 내가 이제 너를 위해 분별 해설하리라.

내가 옛날 어느 연못 부근의 숲속에서 여러 천상·

인간 사람들을 위해 묘법을 연설할 때, 기러기 오백 마리가 설법하는 음성을 듣고 매우 환희심을 내어 함께 내가 있는 곳으로 날아오다가 사냥꾼에게 잡혀 죽었느니라. 그러한 착한 마음으로 말미암아 천상에 태어나서 이제 나의 은혜를 갚으려고 한 것이니라."

아난이 부처님의 이 말씀을 듣고는, 전에 없었던 일이라고 찬탄하였다.

"여래께서 세간에 출현하심은 너무나 존귀하고도 미묘하여 그 은혜를 입지 않는 이가 없습니다. 저 날짐승까지도 부처님의 음성을 듣고 오히려 도과(道果)를 얻게 되거늘 하물며 사람으로서 신심으로 받들어 간직한다면, 그보다 백천만 배나 뛰어나 비유조차 할 수 없겠나이다."

"그러므로 너희들은 다 한마음 한뜻으로 불법을 믿고 존경함은 물론, 그 법대로 수행해야 하리라."

그때 부처님의 말씀을 들은 비구들 가운데 혹은 수다원과를, 혹은 사다함과를, 혹은 아나함과를, 혹은 아라한과를 얻은 자도 있었으며, 혹은 벽지불의 마음을, 혹은 위없는 보리의 마음을 낸 자도 있었다.

비구들은 부처님의 이 말씀을 듣고 다 환희심을 내어서 받들어 행하였다.

찬집백연경 제7권

오 월지 우바새 지겸 한역

7. 현화품(現化品)

61) 금 빛깔의 몸으로 태어난 인연

❀부처님께서는 가비라위국(迦毘羅衛國)의 니구타(尼拘陀)나무 아래 계시었다.

당시 성중(城中)에 한량없는 재보(財寶)를 지닌 어떤 장자가 있었다. 그는 문벌 좋은 집의 딸을 골라 아내로 맞이하여 항상 음악을 즐겨 오다가, 그 아내가 임신하여 열 달 만에 아들을 낳으니, 아이의 온몸이 다 금빛깔이어서 단정하고도 수승 미묘하기가 이 세간에 드물 뿐만 아니라 몸의 광명을 비출 때엔 온 성(城)이 다 금 빛깔로 화하였다.

아이의 부모가 이것을 보고 마음 속으로 기뻐하여 전에 없었던 일임을 감탄하면서 곧 상사(相師)를 불러 아이의 상을 보게 하였더니, 상사가 상을 보고 나서 그 부모에게 물었다.

"이 아이를 낳을 때 어떤 상서로운 일이 있었습니까?"

부모가 이렇게 대답하였다.

"이 아이가 출생할 때부터 온몸이 금 빛깔이었고 또 광명이 있으므로 이름을 금색(金色)이라 하였소."

그 뒤 아이가 점차 장대하여 성품이 매우 어질고 유순하며 인자하고 효성스러웠는데, 이 세간에 부처님이 니구타나무 아래에 계신다는 말을 듣고 곧 여러 친구들과 함께 그곳으로 가서 세존의 32상과 80종호로 부터 마치 백천의 해와 같은 광명이 비춤을 보고는 환희심을 내어 엎드려 예배하고 한쪽에 물러나 앉아 있었다.

부처님께서도 그를 위해 사제법을 선설해 주시자 곧 마음이 열리고 뜻을 이해하게 되어 수다원과를 얻어서 집에 돌아온 즉시 그 부모에게 말했다.

"제가 오늘 니구타나무 아래에 가서 세존의 거룩하신 모습으로부터 백천의 해와 같은 광명이 비춤을 보았고, 또 비구들의 그 조용한 근기와 훌륭한 위의를 보았으므로, 이제 출가(出家)하기를 원하오니 허락해 주옵소서."

부모(父母)도 이 말을 듣고 나서 아들을 사랑하는 마음에서 허락하지 않을 수 없게 되자, 아이는 곧 부처님 처소에 나아가서 출가한 뜻을 밝히니, 부처님께서 이렇게 말씀하셨다.

"잘 왔도다, 비구여."

그러자 아이의 머리털이 저절로 떨어지고 법복이 몸에 입혀져 곧 사문의 모습을 이루었다. 아이는 이로부터 부지런히 닦고 익혀 아라한과를 얻고 삼명(三明)·육통(六通)과 팔해탈(八解脫)을 구족함으로써 모든 천상·

세간 사람들에게 존경을 받게 되었다.

비구들이 이 사실을 보고 부처님께 아뢰었다.

"세존이시여, 이 금색(金色) 비구는 전생에 무슨 복을 심었기에 호귀(豪貴)한 집에 태어나 금색의 몸을 받고, 또 무슨 인연으로 세존을 만나 출가하여 도를 얻었나이까?"

그러자 세존께서 여러 비구들에게 말씀하셨다.

"너희들은 자세히 들으라. 내가 너희들을 위해 분별 해설하리라.

과거 91겁 때 비바시(毘婆尸) 부처님[61]이 이 바라날(波羅捺)에 출현하시어 두루 교화를 마치신 뒤 열반에 드시자, 그 당시 반두말제(槃頭末帝)란 국왕이 그 사리(舍利)를 거두어 높이 1유순(由旬)의 4보탑(寶塔)을 세워 공양하였다. 때마침 어떤 사람이 집을 가다가 탑(塔) 한 구석이 조금 허물어진 것을 발견하자 진흙을 이겨 수리하고, 한편 금박(金箔)을 구해 그 위를 입힌 다음 발원(發願)하고 떠났다.

이 공덕으로 말미암아 91겁 동안 나쁜 갈래에 떨어지지 않고 항상 금색의 몸을 받아 천상의 쾌락을 받아오다가, 이제 또 나를 만났기 때문에 역시 금색의 몸으로 출가 득도하게 된 것이다."

---

61) 비바시 부처님은 과거에 이 세상에 출현하셨던 일곱 부처님 가운데 첫 번째 부처님이다. 과거칠불(過去七佛)에는 비바시불(毘婆尸佛), 시기불(尸棄佛), 비사부불(毘舍浮佛), 구류손불(拘留孫佛), 구나함불(拘那含佛), 가섭불(迦葉佛), 그리고 석가모니불(釋迦牟尼佛)이 계시다.

부처님께서 여러 비구들에게 말씀하셨다.

"알아 두라. 그 당시 금박을 입힌 사람이 바로 지금의 이 **금색 비구**니라."

여러 비구들이 부처님의 이 말씀을 듣고 다 환희심을 내어서 받들어 행하였다.

62) 전단향(栴檀香)의 향내 나는 몸으로 태어난 인연

❀**부처님께서는 가비라위국(迦毘羅衛國)의 니구타(尼拘陀)나무 아래 계시었다.**

당시 성중에 한량없고 헤아릴 수 없는 재보를 지닌 장자가 있었다. 그는 어떤 문벌 좋은 집의 딸을 골라 아내로 맞이하여 온갖 기악(伎樂)을 즐겨 오다가, 그 아내가 임신(姙娠)이 되어 열 달 만에 한 남자 아이를 낳으니, 아이의 얼굴이 이 세간에 견줄 데 없을 만큼 미묘할 뿐만 아니라 온몸의 털구멍에서 우두전단(牛頭栴檀)의 향내가 나고 그 입에서는 우발라(優鉢羅)꽃 향내가 나므로, 부모와 친척들이 모두 기뻐하여 곧 상사(相師)를 불러 아이의 상을 보게 하였다. 상사가 상을 보고 나서 그 부모에게 물었다.

"이 아이를 낳을 때에 어떤 상서로운 일이 있었습니까?"

부모는 이렇게 대답하였다.

"이 아이가 출생할 때부터 온몸의 털구멍에 우두전
단의 향내가 나고 입에서는 우발라꽃 향내가 나므로 이
름을 전단향이라 하였소."

그 뒤 아이가 점차 장대하여 성품이 더욱 어질고
부드러워 보는 이마다 사랑하고 공경하였다. 그러던 차
에 아이가 친구들과 함께 여러 곳을 다니면서 유람하다
가 니구타나무 아래에 계시는 부처님 세존의 그 32상과
80종호로부터 마치 백천의 해와 같은 광명이 비춤을 보
고는, 곧 환희심을 내어 엎드려 예배하고 한쪽에 물러나
앉아 있었다. 세존(世尊)께서도 그를 위해 사제법을 선설
해 주시자 마음이 열리고 뜻을 이해하게 되어 수다원과
를 얻어서 집에 돌아온 즉시 그 부모에게 출가할 것임
을 말씀드렸다.

부모가 아이를 사랑하는 뜻에서 허락하지 않을 수
없게 되자, 아이는 부처님 처소에 나아가 출가하기를 원
하니, 부처님께서 이렇게 말씀하셨다.

잘 왔도다, 비구여."

그러자 머리털이 저절로 떨어지고 법복이 몸에 입
혀져 사문의 모습을 이루었으며, 부지런히 닦고 익혀 아
라한(阿羅漢)과를 얻고 삼명(三明)·육통(六通)과 팔해탈
(八解脫)을 구족함으로써 모든 천상과 세간 사람들이 다
우러러 존경하였다.

여러 비구들이 이 사실을 보고 나서 부처님께 아뢰
었다.

"세존이시여, 이 전단향 비구는 전생에 무슨 복을 심었기에 태어나면서 곧 향내를 내며, 또 부처님을 만나 출가 득도하게 되었나이까?"

세존께서 여러 비구들에게 말씀하셨다.

"너희들은 자세히 들으라. 내가 이제 너희들을 위해 분별 해설하리라.

과거 91겁 때 비바시(毘婆尸)부처님이 이 바라날국(波羅捺國)에 출현하시어 두루 교화를 마치고 열반에 드시자, 그때 반두말제(槃頭末帝)란 국왕이 비바시부처님의 사리를 거두어 4보탑(寶塔)을 세우고 뭇 신하와 왕후·채녀들을 데리고 탑 속에 들어가 향·꽃으로 공양했다.

탑(塔)이 있는 땅을 밟아 한 구석이 허물어진 곳이 있었는데, 때마침 어떤 장자가 이 탑이 있는 곳에 허물어진 곳을 발견하자 곧 진흙을 이겨 수리하고 그 위에 전단향을 뿌린 다음 발원(發願)하고 떠났다.

이 공덕으로 말미암아 91겁 동안 나쁜 갈래에 떨어지지 않고 항상 하늘과 사람으로 태어나 몸과 입으로부터 향내를 내면서 하늘의 쾌락을 받아 오던 중, 이제 또 나를 만나 몸과 입에 여전히 향내가 나고 출가하여 도를 얻게 된 것이다."

부처님께서 여러 비구들에게 말씀하셨다.

"알아 두라. 그 당시 탑이 있는 땅에 전단향을 뿌린 장자가 바로 지금의 이 **전단향 비구**니라."

여러 비구들이 부처님의 이 말씀을 듣고 다 환희심

을 내어서 받들어 행하였다.

63) 큰 위덕(威德)이 있는 인연

❀부처님께서는 가비라위국(迦毘羅衛國)의 니구타(尼拘陀)나무 아래 계시었다.

당시 성중에 한량없고 헤아릴 수 없는 재보를 지닌 장자가 있었다. 그는 어떤 문벌 좋은 집의 딸을 골라 아내로 맞이하여 갖가지 음악(音樂)을 즐겨 오다가, 그 아내가 임신(姙娠)이 되어 열 달 만에 한 남자 아이를 낳으니, 아이의 몸매가 매우 부드럽고 얼굴빛이 곱고 윤택할 뿐만 아니라 그 단정하고도 수승 미묘함이 이 세간에 드물 정도이므로, 부모와 친척들이 아이를 보고 모두 기뻐하여 이름을 위덕(威德)이라 하였다.

아이가 점차 장대할수록 부드럽고 온화하며 조순(調順)했으므로 보는 이마다 사랑하고 존경하며, 멀고 가까운 곳에서 모두 믿고 따랐다. 그러던 차에 친구들과 함께 다니면서 유람하던 도중, 니구타나무 아래에 이르러 부처님 세존의 그 32상과 80종호로 부터 마치 백천의 해와 같은 광명이 비춤을 보고는, 곧 환희심을 내어 엎드려 예배하고 한쪽에 물러나 앉아 있었다.

세존께서도 그를 위해 사제법을 선설해 주시자 마음이 열리고 뜻을 이해하게 되어 수다원과를 얻어서 돌아가 부모에게 도에 들어갈 것을 말씀드렸다.

부모가 아이를 사랑하는 뜻에서 허락하지 않을 수 없게 되자, 아이는 곧 부처님 처소에 나아가 출가하기를 원하니, 부처님께서 이렇게 말씀하셨다.

"잘 왔도다, 비구여."

그러자 아이의 머리털이 저절로 떨어지고 법복이 몸에 입혀져 사문의 모습을 이루었으며, 부지런히 닦고 익혀 아라한과를 얻고 삼명(三明)·육통(六通)과 팔해탈(八解脫)을 구족함으로써 모든 천상·세간 사람들이 다 우러러 존경하였다.

여러 비구들이 이 사실을 보고 나서 부처님께 아뢰었다.

"세존이시여, 이 위덕(威德) 비구는 전생에 무슨 복을 심었기에 그 몸매가 부드럽고 낯빛이 선명하여 뭇 사람들의 존경을 받으며, 또 무슨 인연으로 세존을 만나 출가 득도하게 되었나이까?"

그러자 세존께서 여러 비구들에게 말씀하셨다.

"너희들은 자세히 들으라. 내가 이제 너희들을 위해 분별 해설하리라.

과거 91겁 때 비바시(毘婆尸)부처님이 이 바라날국(波羅捺國)에 출현하시어 두루 교화를 마치신 뒤 열반에 드시자, 그 당시 반두말제(槃頭末帝)란 국왕이 그 사리를 거두어 높이 1유순의 4보탑(寶塔)을 세워 공양하였다. 때마침 어떤 사람이 길을 가다가 저 탑 위에 시들어진 꽃이 먼지에 묻혀 있는 것을 발견하고 곧 꽃 위의 먼지를 털어 깨끗이 해 둔 다음 발원하고 떠나갔다.

이 공덕으로 말미암아 91겁 동안 지옥·아귀·축생 따위의 나쁜 갈래에 떨어지지 않고 항상 천상과 사람으로 태어나 얼굴빛이 빛나고 큰 위덕을 갖추어 하늘 쾌락을 받아 오던 중, 이제 또 나를 만났기에 위덕을 지닌 그대로 출가 득도하게 된 것이다."

부처님께서 여러 비구들에게 말씀하셨다.

"알아 두라. 그 당시 시들어진 꽃 위의 먼지를 털어 깨끗이 한 사람이 바로 지금의 이 **위덕 비구**니라."

여러 비구들이 부처님의 이 말씀을 듣고 다 환희심을 내어서 받들어 행하였다.

64) 큰 힘이 있는 몸으로 태어난 인연

⁂부처님께서는 가비라위국(迦毘羅衛國) 니구타(尼拘陀)나무 아래 계시었다.

당시 성중에 한량없고 헤아릴 수 없는 재보를 지닌 장자가 있었다. 그는 어떤 문벌 좋은 집의 딸을 골라 아내로 맞이하여 항상 기악(伎樂)을 즐겨 오다가, 그 아내가 임신(姙娠)이 되어 열 달 만에 한 남자 아이를 낳으니, 아이의 뼈마디와 온몸이 크고 굳센 힘이 있으므로, 부모가 이 아이를 보고 이름을 대력(大力)이라 하였다.

아이가 점차 장대할수록 더욱 건강하고 힘이 있어 따를 자가 없었다. 그러던 차에 아이가 친구들과 다니면서 노닐다가 니구타나무 아래에 이르러 부처님 세존의 그 32상과 80종호로부터 마치 백천의 해와 같은 광명이 비춤을 보고는, 곧 환희심을 내어 엎드려 예배하고 한쪽에 물러나 앉아 있었다.

부처님께서 그를 위해 사제법을 가르쳐 주시자 마음이 열리고 뜻을 이해하게 되어 곧 수다원과를 얻고, 집에 돌아온 즉시 그 부모에게 출가 수도할 뜻을 말씀드렸다. 그 부모가 아이를 사랑하는 뜻에서 허락하지 않을 수 없게 되자, 아이는 곧 부처님 처소에 나아가 출가하기를 원하니, 부처님께서 이렇게 말씀하셨다.

"잘 왔도다. 비구여."

그러자 머리털이 저절로 떨어지고 법복이 몸에 입혀져 곧 사문의 모습을 이루었으며, 부지런히 닦고 익혀 아라한과를 얻고 삼명(三明)·육통(六通)과 팔해탈(八解脫)을 구족함으로써 천상과 세간의 모든 사람들에게 존경을 받게 되었다.

여러 비구들이 이 사실을 보고 나서 부처님께 아뢰었다.

"세존이시여, 이 **대력 비구**는 전생에 무슨 복을 심었기에 큰 힘이 있는 몸으로 태어나서 대적할 이가 없을 만큼 날래고 굳건하며, 또 이제 무슨 인연으로 부처님을 만나 출가 득도하게 되었나이까?"

그러자 세존께서 여러 비구들에게 말씀하셨다.

"너희들은 자세히 들으라. 내가 이제 너희들을 위해 분별 해설하리라.

과거 91겁 때 비바시(毘婆尸)부처님이 이 바라날국

(波羅捺國)에 출현하시어 두루 교화를 마치고 열반에 드
시자, 그 당시 반두말제(槃頭末帝)란 국왕이 사리를 거두
어 4보탑(寶塔)을 만드는데, 때마침 그 옆에 있던 한 사
람이 큰 소리로 뭇 사람들을 불러서 힘을 모아 탑의 기
둥을 세운 다음 발원(發願)하고 떠났다.

이 공덕으로 말미암아 91겁 동안 지옥·축생·아
귀 갈래에 떨어지지 않고 항상 천상과 사람으로서 큰
힘이 있는 몸으로 태어나 하늘의 쾌락을 받아 오던 중,
이제 또 나를 만났기 때문에 큰 힘을 지닌 그대로 출가
득도하게 된 것이다."

부처님께서 여러 비구들에게 말씀하셨다.

알아 두라. 그 당시 뭇 사람들을 불러 탑의 기둥을
세운 그 사람이 바로 지금의 이 **대력 비구**니라."

여러 비구들이 부처님의 이 말씀을 듣고 다 환희심
을 내어서 받들어 행하였다.

65) 뭇 사람들에게 공경을 받게 된 인연

※**부처님께서는 가비라위국(迦毘羅衛國) 니구타
(尼拘陀)나무 아래 계시었다.**

당시 성중에 한량없고 헤아릴 수 없는 재보를 지닌
장자가 있었다. 그가 어떤 문벌 좋은 집의 딸을 골라 아
내로 맞이하여 갖가지 음악을 즐겨 오다가, 그 아내가
임신이 되어 열 달 만에 한 남자 아이를 낳으니, 아이의

얼굴이 단정하고도 수승 미묘하여 일반 아이들보다 뛰어나므로 보는 이들이 다 존경하였다.

그러던 차에 아이가 점점 장대하여 여러 친구들과 함께 유람하던 도중 니구타나무 아래에 이르러 부처님 세존의 그 32상과 80종호로부터 마치 백천의 해와 같은 광명이 비춤을 보고는, 곧 환희심을 내어 엎드려 예배하고 한쪽에 물러나 앉아 있었다.

부처님께서 그를 위해 사제법을 설해 주시자, 마음이 열리고 뜻을 이해하게 되어 수다원과를 얻고, 집에 돌아와 출가(出家) 수도할 뜻을 말씀드렸다. 부모가 아이를 사랑하는 뜻에서 그 청을 듣지 않을 수 없게 되자, 아이는 곧 부처님 처소에 나아가 출가하기를 원하였고, 부처님께선 아이에게 이렇게 말씀하셨다.

"잘 왔도다, 비구여."

그러자 머리털이 저절로 떨어지고 법복이 몸에 입혀져 곧 사문의 모습을 이루었으며, 부지런히 도를 닦아 아라한과를 얻고 삼명(三明)·육통(六通)과 팔해탈(八解脫)을 구족함으로써 천상·세간의 모든 사람들에게 존경을 받게 되었다.

이때 여러 비구들이 이 사실을 보고 나서 부처님께 아뢰었다.

"세존이시여, 이제 저 여러 사람들에게 존경을 받는 비구는 전생에 무슨 복을 심었기에 단정 미묘한 몸으로 태어나 보는 이가 다 우러러 존경하며, 또 무슨 인연으로 부처님을 만나 출가 득도하게 되었나이까?"

세존께서 여러 비구들에게 말씀하셨다.

"너희들은 자세히 들으라. 내가 이제 너희들을 위해 분별 해설하리라.

과거 91겁 때 비바시부처님이 이 바라날국(波羅捺國)에 출현하시어 두루 교화를 마치고 열반에 드시자, 그때 반두말제(槃頭末帝)란 국왕이 그 사리를 거두어 4보탑(寶塔)을 세워 공양하였는데, 그 뒤 조금 허물어진 곳이 있었다.

그때 어떤 아이가 탑 속에 들어가 허물어진 곳을 보고 매우 기뻐하는 얼굴 표정으로 곧 여러 사람들을 불러 함께 그 허물어진 곳을 수리한 다음 발원(發願)하고 떠나갔다.

이 공덕으로 말미암아 그 사람이 91겁 동안 지옥·축생·아귀에 떨어지지 않고 항상 천상과 사람으로 태어나 무한한 쾌락을 누림과 동시에 뭇 사람·하늘들의 존경을 받아 왔으며, 이제 또 나를 만나 여러 사람에게 존경을 받으면서 출가 득도하게 된 것이다."

부처님께서 여러 비구들에게 말씀하셨다.

"알아 두라. 그 당시 여러 사람들을 불러 모아 탑의 허물어진 곳을 수리한 이가 바로 지금 뭇 사람들의 존경을 받는 이 비구니라."

여러 비구들은 부처님의 이 말씀을 듣고 다 환희심을 내어서 받들어 행하였다.

66) 정수리 위에 보배 일산 보개(寶蓋)을 지닌 인연

❀부처님께서는 가비라위국(迦毘羅衛國) 니구타 (尼拘陀)나무 아래 계시었다.

당시 성중에 한량없고 헤아릴 수 없는 재보를 지닌 장자가 있었다. 그가 어떤 문벌 좋은 집의 딸을 골라 아내로 맞이하여 온갖 음악을 즐겨 오다가, 그 아내가 임신이 되어 열 달 만에 한 남자 아이를 낳으니, 그 용모가 세간에서 보기 드물 만큼 단정할 뿐만 아니라 출생할 때부터 자연히 마니(摩尼) 보배 일산이 정수리 위에 있어 온 성중을 두루 덮으므로, 부모가 매우 기뻐하여 아이의 이름을 보개(寶蓋)라 하였다.

그러던 차에 아이가 점점 장대하여 친구들과 함께 성문을 나가 유람하던 도중 니구타나무 아래에 이르러 부처님 세존의 그 32상과 80종호로부터 마치 백천의 햇빛 같은 광명이 비춤을 보고는, 곧 환희심을 내어 부처님 앞에 엎드려 예배하고 출가하기를 구하였다. 부처님께서 곧 이렇게 말씀하셨다.

"잘 왔도다, 비구여."

그러자 머리털이 저절로 떨어지고 법복이 몸에 입혀져 이내 사문의 모습을 이루었으며, 부지런히 도를 닦고 익혀 아라한과를 증득하였다.

이 때 다른 여러 비구들이 이 사실을 보고 전에 없었던 일이라 이상히 여겨 부처님께 아뢰었다.

"저 **보개 비구**는 전생에 무슨 복을 심었기에 처음 태어날 때 자연히 마니 보배 일산이 정수리 위에 있어 온 성중을 두루 덮으며, 또 이제 무슨 인연으로 부처님을 만나서 출가한 지 오래지 않아 도과(道果)를 얻게 되었나이까?"

이때 세존께서 여러 비구들에게 말씀하셨다.

"너희들은 자세히 들으라. 내가 너희들을 위해 분별 해설하리라.

과거 91겁 때 비바시(毘婆尸)부처님이 이 바라날국(波羅捺國)에 출현하시어 두루 교화를 마치고 열반에 드시자, 그때 반두말제(槃頭末帝)란 국왕이 그 사리를 거두어 높이 1유순의 4보탑(寶塔)을 세워 공양하였다.

때마침 어떤 상주(商主)가 바다에 나아가 보물을 채취해 무사히 돌아와서 그 마니 구슬로 탑(塔) 위를 덮어 둔 다음 발원(發願)하고 떠났다.

이 공덕으로 말미암아 그 상주가 91겁 동안 나쁜 갈래에 떨어지지 않고 항상 천상과 사람으로 태어남과 동시에 보배 일산이 따라다니게 되었으며, 이제 또 나를 만나 출가 득도하게 된 것이다."

"알아 두라. 그 당시 마니 보배 구슬을 받들어 올린 상주가 바로 지금의 이 **보개비구**니라."

여러 비구들은 부처님의 이 말씀을 듣고 다 환희심을 내어서 받들어 행하였다.

67) 미묘한 음성을 내는 몸으로 태어난 인연

❀**부처님께서는 가비라위국(迦毘羅衛國) 니구타 (尼拘陀)나무 아래 계시었다.**

당시 성중에 한량없고 헤아릴 수 없는 재보를 지닌 장자가 있었다. 그가 어떤 문벌 좋은 집의 딸을 아내로 맞이하여 온갖 음악(音樂)을 즐겨 오다가, 그 아내가 임신(姙娠)이 되어 열 달 만에 한 남자 아이를 낳으니, 아이의 용모가 세간에 보기 드물 만큼 단정 미묘하고 나이가 점점 장대해서는 좋은 음성을 나타내어 듣는 이들을 다 즐겁게 하였다.

그러던 차에 아이가 여러 친구들과 함께 성문을 나가서 유희하다가 니구타나무 아래에 이르러 부처님 세존의 그 32상과 80종호로부터 마치 백천의 해와 같은 광명이 비춤을 보고는, 곧 환희심을 내어 부처님 앞에 엎드려 예배한 다음 한쪽에 물러나 앉아 있었다.

부처님께서 곧 사제법을 가르쳐 주시자 마음이 열리고 뜻을 이해하게 되어 수다원과를 얻어서 집에 돌아와 그 부모에게 출가할 뜻을 말씀드렸다.

그 부모가 아이를 사랑하는 마음에서 굳이 만류할 수 없게 되자, 아이는 곧 부처님 처소에 나아가 출가하기를 원하니, 부처님께서 이렇게 말씀하셨다.

"잘 왔도다, 비구여."

그러자 머리털이 저절로 떨어지고 법복이 몸에 입혀져 곧 사문의 모습을 이루었으며, 부지런히 도를 닦고 익힘으로써 아라한과를 얻고 삼명(三明)·육통(六通)과 팔해탈(八解脫)을 구족하여 온 천상과 세간 사람들에게 존경을 받게 되었다.

이때 다른 여러 비구들이 이 사실을 보고 나서 부처님께 아뢰었다.

"세존이시여 저 묘성(妙聲) 비구는 전생에 무슨 복을 심었기에 이 미묘한 음성을 내게 되었으며, 또 무슨 인연으로 이제 부처님을 만나 출가 득도하게 되었나이까?"

이때 세존께서 여러 비구들에게 말씀하셨다.

"너희들은 자세히 들으라. 내가 이제 너희들을 위해 분별 해설하리라.

과거 91겁 때 비바시(毘婆尸)부처님이 이 바라날국(波羅捺國)에 출현하시어 두루 교화를 마치고 열반에 드셨다. 그때 반두말제(槃頭末帝)란 국왕이 저 사리를 거두어 높이 1유순의 4보탑(寶塔)을 세워 공양하였는데, 때마침 어떤 사람이 이 탑(塔)을 보고 곧 환희심을 내어서 음악(音樂)을 베풀어 공양한 다음 그 자리에서 발원하고 떠나갔다.

이 공덕으로 말미암아 그 사람이 91겁 동안 지옥·아귀·축생에 떨어지지 않고 항상 천상과 사람으로 태어나서 미묘한 음성을 내어 듣는 이들을 다 즐겁게 하였으며, 이제 나를 만나 출가 득도하였기 때문에 역시 미묘한 음성을 그대로 지니는 것이니라."

여러 비구들은 부처님의 이 말씀을 듣고 다 환희심

을 내어서 받들어 행하였다.

68) 한꺼번에 1백 명의 아들을 낳은 인연

❀**부처님께서는 가비라위국(迦毘羅衛國) 니구타(尼拘陀)나무 아래 계시었다.**

당시 성중에 한량없고 헤아릴 수 없는 재보를 지닌 장자가 있었다. 그가 어떤 문벌 좋은 집의 딸을 골라 아내로 맞이하여 온갖 기악(伎樂)을 즐겨 오다가, 그 아내가 임신(姙娠)을 하여 열 달 만에 큰 육단(肉團) 하나를 낳자, 저 장자가 이것을 보고 상서롭지 못한 일로 생각되어 매우 근심한 나머지, 부처님 처소에 나아가 엎드려 예배하고 무릎을 세우고 꿇어앉아 아뢰었다.

"세존이시여, 저의 아내가 임신한 몸으로 이제 큰 육단 하나를 낳았습니다만, 이것이 좋은 일인지 나쁜 일인지를 알 수 없사오니, 원컨대 세존께서 한 말씀 일러 주옵소서."

부처님께서 장자에게 말씀하셨다.

"장자여, 그대는 이상하게 여기지 말라. 잘 기르기만 한다면, 7일을 지난 뒤엔 그대 스스로가 보게 되리라."

장자가 이 말을 듣고 매우 기뻐서 집에 돌아와 가족들에게 잘 기르기를 명령하였는데, 과연 7일 만에 아들 백 명이 그 육단 속에서 풀려 나오는데 모두가 이 세간에 보기 드물 만큼 단정하고도 미묘하며 뛰어났다.

그러던 차에 나이가 점점 장대하여 한꺼번에 성문을 나가 유람하던 중, 니구타나무 아래 이르러 부처님 세존의 그 32상과 80종호로부터 마치 백천의 해와 같은 광명이 비춤을 보고는, 모두 환희심을 내어 부처님 앞에 엎드려 예배하고 한쪽에 물러나 앉아 있었다.

부처님께서 곧 사제법을 가르쳐 주시자, 마음이 열리고 뜻을 이해하게 되어 각각 수다원과를 얻고, 곧 부처님 앞에서 출가 수도할 것을 원하자, 부처님께서 동자들에게 타일렀다.

"부모의 허락이 없이는 출가할 수 없노라."

이 말을 들은 동자들이 집에 돌아와 부모에게 출가할 뜻을 말씀드리자, 그 부모 역시 아이들을 사랑하는 마음에서 굳이 만류할 수 없는지라, 이제 동자들은 다시 부처님 처소에 나아가 출가시켜 줄 것을 원하였고, 부처님께선 곧 동자들에게 이렇게 말씀하셨다.

"잘 왔도다, 비구들이여."

그러자 머리털이 저절로 떨어지고 법복이 몸에 입혀져 곧 사문의 모습을 이루었으며, 부지런히 닦고 익혀 아라한과를 얻고 삼명(三明)·육통(六通)과 팔해탈(八解脫)을 구족함으로써 온 천상과 세간 사람들에게 존경을 받게 되었다.

그때 다른 여러 비구들이 이 사실을 보고 나서 부처님께 아뢰었다.

"세존이시여, 이 한꺼번에 출생한 1백 명의 비구는

전생에 무슨 복을 심었기에 백 명의 형제가 다 같이 단정 미묘한 몸으로 태어나 뭇 사람들의 존경을 받으며 이제 또 무슨 인연으로 부처님을 만나 출가하여 득도(得道)하게 되었나이까?"

이때 세존께서 여러 비구들에게 말씀하셨다.

"너희들은 자세히 들으라. 내가 이제 너희들을 위해 분별 해설하리라.

과거 91겁 때 비바시(毘婆尸)부처님이 이 바라날국(波羅捺國)에 출현하시어 두루 교화를 마치고 열반에 드시자, 그때 반두말제(槃頭末帝)란 국왕이 저 사리(舍利)를 거두어 4보탑(寶塔)을 세워 공양하였다. 때마침 그 고을에 있던 1백 사람이 기악을 베풂과 동시에 꽃과 향을 갖고 와서 탑에 공양하고 각각 서원을 세우기를 '원컨대 이 공양의 선근 공덕으로 말미암아 저희들로 하여금 미래세에 태어나는 곳마다 함께 형제의 몸이 되게 하옵소서' 하고는 각자 돌아갔다."

부처님께서 여러 비구들에게 말씀하셨다.

알아 두라. 그 당시 같은 고을 사람으로서 발원하고 떠나간 이들이 바로 지금의 **1백 비구**이다. 그들이 과연 서원의 힘으로 91겁 동안 지옥·축생·아귀에 떨어지지 않고 항상 천상과 인간에 같이 태어나 하늘의 쾌락을 받아 왔으며, 지금 또 나를 만났기 때문에 다시 같은 형제로 태어나 출가 득도하게 된 것이니라."

여러 비구들은 부처님의 이 말씀을 듣고 다 환희심을 내어서 받들어 행하였다.

69) 정수리 위에 보배 구슬이 있는 인연

❀**부처님께서는 가비라위국(迦毘羅衛國) 니구타 (尼拘陀)나무 아래 계시었다.**

당시 성중에 한량없고 헤아릴 수 없는 재보를 지닌 장자가 있었다. 그가 어떤 문벌 좋은 집의 딸을 골라 아내로 맞이하여 항상 음악을 즐겨 오다가, 그 아내가 임신(姙娠)하여 열 달 만에 한 남자 아이를 낳으니, 아이의 용모가 단정하고도 수승 미묘하여 세간에 드물 정도였고, 저절로 머리 위에 마니(摩尼) 보배 구슬이 달려 있으므로, 부모들이 이것을 보고 아이의 이름을 보주(寶珠)라 하였다.

아이가 점점 장대하여 여러 친구들과 함께 성문을 나가서 유희하다가 니구타나무 아래에 이르러 부처님 세존의 그 32상과 80종호로부터 마치 백천의 해와 같은 광명이 비춤을 보고 곧 환희심을 내어 부처님 앞에 엎드려 예배한 다음 한쪽에 물러나 앉아 있었다.

부처님의 설법을 듣고 마음이 열리고 뜻을 이해하게 되어 수다원과를 얻어서 집에 돌아와 그 부모에게 출가(出家)할 뜻을 말씀드렸다.

부모 역시 아이를 사랑하는 마음에서 굳이 만류할 수 없게 되자, 아이는 곧 부처님 처소에 나아가 출가하기를 원하였고, 부처님께선 아이에게 이렇게 말씀하셨다.

"잘 왔도다, 비구여."

그러자 머리털이 저절로 깎이고 법복이 몸에 입혀져 곧 사문의 모습을 이루었으며, 부지런히 도를 닦고 익혀 아라한과를 얻고 삼명(三明)·육통(六通)과 팔해탈(八解脫)을 구족하여 천상·세간의 사람들에게 존경을 받았다.

옷을 입고 발우를 들고 성중에 들어가 걸식하는데, 그 보배 구슬이 항상 정수리 위에 있어 온 성중 사람들이 어찌하여 비구의 정수리 위에 구슬이 있을까 이상히 여겼다. 그리곤 걸식(乞食)을 할 때 다투어 와서 이를 보았는데, 보주(寶珠) 비구는 이것을 매우 부끄럽게 여겨 곧 처소에 돌아와 부처님께 아뢰었다.

"세존이시여, 제 머리 위에 있는 이 보배 구슬을 제거할 수 없겠나이까? 제가 성중에 들어가 걸식할 때 이 머리 위에 있는 보배 구슬 때문에 뭇 사람들의 비웃음을 받습니다. 원컨대 세존께서 이 구슬을 제거해 주옵소서."

부처님께서 비구에게 말씀하셨다.

"네가 다만 구슬을 향해서 **'나는 이제 다시 세간에 태어나지 않을 터이니 다시는 네가 필요 없노라'** 고 이렇게 세 번 말한다면, 그 구슬이 저절로 사라져 버리리라."

이에 보주 비구가 부처님의 분부를 받은 그대로 구슬을 향해 세 번 말하자, 과연 보배 구슬이 홀연히 나타나지 않았다.

이 때 다른 여러 비구들이 이 사실을 보고 나서 부처님께 아뢰었다.

"세존이시여, 저 보주 비구는 전생에 무슨 복을 심었기에 그가 태어날 때부터 해와 달의 광명보다도 더 빛나는 보배 구슬이 정수리 위에 있었으며, 또 무슨 인연으로 이제 세존을 만나서 출가 득도하게 되었나이까?"

부처님께서 비구들에게 말씀하셨다.

"너희들은 자세히 들으라. 내가 이제 너희들을 위해 분별 해설하리라.

과거 91겁 때 이 바라날(波羅捺)에 비바시(毘婆尸)부처님이 출현하시어 두루 교화를 마치고 열반에 드시자, 그 당시 반두말제(槃頭末帝)란 국왕이 사리를 거두어 높이 1유순이나 되는 4보탑(寶塔)을 만들어 공양하였다.

때마침 왕자가 그 탑 속에 들어가서 마니(摩尼) 보배 구슬 하나를 탑의 기둥 위에 걸어 두고 예배 공양한 다음 발원하고서 떠났는데, 이 공덕으로 말미암아 저 왕자는 91겁 동안 지옥·축생·아귀에 떨어지지 않고 항상 그 보배 구슬이 정수리 위에 있는 채 천상과 사람으로 태어나 하늘의 쾌락을 받아 왔으며, 이제도 보배 구슬이 있는 그대로 나를 만나 출가 득도하게 된 것이니라."

부처님께서 여러 비구들에게 말씀하셨다.

"알아 두라. 그 당시 왕자가 바로 지금의 이 **보주**

비구니라."

여러 비구들은 부처님의 이 말씀을 듣고 다 환희심을 내어서 받들어 행하였다.

70) 부처님께 번기번(幡)를 보시한 인연

　❀**부처님께서는 가비라위국(迦毘羅衛國) 니구타(尼拘陀)나무 아래 계시었다.**

당시 성중(城中)에 한량없고 헤아릴 수 없는 재보를 지닌 장자가 있었다. 그가 어떤 문벌 좋은 집의 딸을 골라 아내로 맞이하여 온갖 음악을 즐겨 오다가, 그 아내가 임신을 하여 열 달 만에 한 남자 아이를 낳으니, 아이의 용모가 남보다 뛰어나게 단정하고 수승 미묘할 뿐만 아니라 처음 출생하던 날 허공(虛空)으로부터 큰 번기가 내려와 온 성중을 두루 덮으므로, 사람들이 아이의 이름을 파다가(波多迦patka : 번幡)라 하였다.

아이가 점점 장대하여 여러 친구들과 함께 성문을 나가서 유희하다가 니구타나무 아래에 이르러 부처님 세존의 그 32상과 80종호로부터 마치 백천의 해와 같은 광명이 비춤을 보고 곧 환희심을 내어 부처님 앞에 엎드려 예배한 다음 한쪽에 물러나 앉아 있었다.

부처님께서 사제법을 가르쳐 주시자, 마음이 열리고 뜻을 이해하게 되어 수다원과를 얻어서 집에 돌아와 그 부모(父母)에게 출가(出家)할 뜻을 말씀드렸다. 부모가 사랑하는 마음에서 굳이 만류할 수 없게 되자, 아이는 곧 부처님 처소(處所)에 나아가 출가하기를 원하였고, 부처님께선 아이에게 이렇게 말씀하셨다.

"잘 왔도다, 비구여."

그러자 머리털이 저절로 깎이고 법복이 몸에 입혀져 곧 사문의 모습을 이루었으며, 부지런히 도를 닦고 익혀 아라한과를 얻고 삼명(三明)·육통(六通)과 팔해탈(八解脫)을 구족하여 모든 천상·세간의 사람들에게 존경을 받았다.

이때 다른 여러 비구들이 이 사실을 보고 나서 부처님께 아뢰었다.

"세존이시여, 저 파다가 비구는 전생에 무슨 복을 심었기에 남달리 단정하고도 수승 미묘한 몸으로 태어남과 동시에 허공으로부터 큰 번기가 내려와 온 성중을 두루 덮고 또 부처님을 만나서 출가 득도하게 되었나이까?"

부처님께서 말씀하셨다.

"너희들은 자세히 들으라. 내가 이제 너희들을 위해 분별 해설하리라.

과거 91겁 때 비바시(毘婆尸)부처님이 이 바라날국(波羅㮈國)에 출현하시어 두루 교화를 마치고 열반에 드시자, 그때 반두말제(槃頭末帝)란 국왕이 사리를 거두어 높이 1유순이나 되는 4보탑(寶塔)을 만들어 공양하였다. 때마침 어떤 사람이 큰 모임을 베풀어 공양을 마침과 동시에 긴 번기 하나를 그 탑 위에 달아 둔 다음 발원하고 떠나갔다.

이 공덕으로 말미암아 그 사람이 91겁 동안 지옥
·축생·아귀에 떨어지지 않고 천상과 인간에 태어날
때마다 항상 번기가 정수리 위를 덮은 채 하늘의 쾌락
을 받아 왔으며, 이제 또 나를 만나서 출가 득도하게 된
것이니라.”

부처님께서 여러 비구들에게 말씀하셨다.

“알아 두라. 그 당시 탑 위에 번기를 달아 둔 사람
이 바로 지금의 이 **파다가 비구**니라.”

여러 비구들이 부처님의 이 말씀을 듣고 다 환희심
을 내어서 받들어 행하였다.

찬집백연경 제8권

오 월지 우바새 지겸 한역

8. 비구니품(比丘尼品)

71) 보주(寶珠) 비구니가 출생할 때 광명이 온 성안을 비춘 인연

✿부처님께서는 사위국 기수급고독원에 계시었다.

당시 성중(城中)에 한량없고 헤아릴 수 없는 재보(財寶)를 지닌 선현(善賢)이란 장자가 있었다. 그가 어떤 문벌 좋은 집의 딸을 골라 아내로 맞이하여 온갖 음악을 즐겨 오다가, 그 아내가 임신을 하여 열 달 만에 한 여자 아이를 낳으니, 아이가 이 세간에 보기 드물 만큼 단정하고도 수승 미묘할 뿐만 아니라 그 정수리에 저절로 보배 구슬 하나가 있어 광명이 온 성중을 비추었다.

그 부모가 기뻐하여 이름을 보주(寶珠)라 하였는데, 아이가 점점 장대하면서 성품이 유순한 데다가 보시(布施)하기를 좋아하여 누구라도 그 보배 구슬을 요구하는 이가 있을 때엔 곧 서슴지 않고 보시하였는데, **보시한 뒤엔 그 보배 구슬이 도로 생겼다.** 부모님들이 매우 기뻐하여 부처님 처소에 나아갔는데, 딸이 부처님을 뵙고는 환희심을 내어 출가하기를 원하므로 부처님께선 곧 이렇게 말씀하셨다.

"잘 왔도다, 비구니여."

그러자 머리털이 저절로 떨어지고 법복이 몸에 입혀져 이내 비구니의 모습을 이루었으며, 부지런히 도를 닦고 익혀 아라한과를 얻고 삼명(三明) · 육통(六通) · 팔해탈(八解脫)을 구족하여 모든 천상과 세간 사람들로부터 존경을 받았다.

다른 여러 비구들이 이 사실을 보고 나서 부처님께 아뢰었다.

"저 **보주 비구니**는 전생에 무슨 복을 심었기에 출생할 때 보배 구슬이 그 정수리에 있었으며, 또 무슨 인연으로 이제 부처님을 만나서 도과(道果)를 얻게 되었나이까?"

세존께서 여러 비구들에게 말씀하셨다.

"너희들은 자세히 들으라. 내가 이제 너희들을 위해 분별 해설하리라.

과거 91겁 때 이 바라내국(波羅奈國)에 비바시(毘婆尸)부처님이 출현하시어 두루 교화를 마치고 열반에 드시자, 그때 범마달다(梵摩達多)란 국왕이 사리를 거두어 4보탑(寶塔)을 세워 공양하였다.

때마침 어떤 사람이 이 탑 속에 들어가 보배 구슬을 기둥에 걸어 두고서 발원(發願)하고 떠났는데, 이 공덕으로 말미암아 91겁 동안 나쁜 갈래에 떨어지지 않고

항상 보배 구슬과 함께 천상과 인간에 태어나 하늘의
쾌락을 받아 왔으며, 지금 또 나를 만나서 출가 득도하
게 된 것이니라."

여러 비구들은 부처님의 이 말씀을 듣고 환희심을
내어서 받들어 행하였다.

72) 선애(善愛) 비구니가 출생할 때 저절로 음식(飮 食)이 있게 된 인연

❀**부처님께서는 왕사성 가란타 죽림에 계시었다.**
당시 성중에 한량없고 헤아릴 수 없는 재보를 가진
수가(修伽)란 장자가 있었다. 그가 어떤 문벌 좋은 집의
딸을 골라 아내로 맞이하여 항상 기악(伎樂)을 즐겨 오
다가, 그 아내가 임신을 하여 열 달 만에 한 여자 아이
를 낳았다.

**아이가 출생(出生)한 즉시 곧 말을 하게 되고 그
집에 갖가지 맛난 음식이 자연 다 구비되자, 그 부모
(父母)가 이것을 보고, '이 아이는 사람이 아닌 비
사사(毘舍闍) 귀신62)일 것이다'** 하고 두려워 감히
가까이하지 못했다. 이러한 두려워하는 모습을 본 딸아
이는 곧 합장하고 그 어머니를 향해 다음의 게송(偈頌)
을 읊었다.

---

62) 비사사귀(毘舍闍鬼)는 곧 나찰귀(羅刹鬼)를 말하며, 피와 살을 먹는
귀신, 사람의 정기를 빨아들이는 귀신으로 알려졌다. 흔히 악마나 사
악한 외도를 비유하기도 한다.

원컨대 어머니께서는
저의 말을 들으십시오.
이제 사실대로 말하자면
비사사 귀신이 아니고
그 어떤 귀신도 아닙니다.

저는 진실로 사람으로서
선한 업의 인연 때문에
그 업행이 항상 따라다녀
이제 이러한 과보를 받았습니다.

그 부모가 딸아이의 게송(偈頌)을 듣고는 기쁨을 이기지 못하고 아이를 거둬 앉고 젖을 주어 기르는 한편 아이의 이름을 선애(善愛)라 하였는데, 아이는 그 부모가 기뻐함을 보고 다시 합장하여 말하였다.

"원컨대 저를 위해 부처님과 비구 스님들을 청해 공양하옵소서."

그렇게 청하자 곧 갖가지 맛난 음식이 모두 넉넉해졌고, 부처님 앞에 나아가 간절히 설법 듣기를 원하니 부처님께선 그를 위하여 곧 사제법(四諦法)을 가르쳐 주시므로 마음이 열리고 뜻을 이해하게 되어 수다원과(須陀洹果)를 얻었다.

나이가 들어 점점 장대해지자 그 부모에게 출가(出家)할 뜻을 밝혔다. 부모는 아이를 사랑하는 마음에서 군이 만류할 수 없었으므로, 곧 부처님 처소에 나아가 출가하기를 원하니, 부처님께선 이렇게 말씀하였다.

"잘 왔도다. 비구니여."

그러자 머리털이 저절로 떨어지고 법복이 몸에 입혀져 곧 비구니의 모습을 이루었으며, 부지런히 도를 닦고 익혀 아라한과를 얻고 삼명(三明)·육통(六通)과 팔해탈(八解脫)을 구족하여 온 천상과 세간 사람들의 존경을 받았다.

그때 세존께서는 1천2백50명의 비구를 거느리고 다른 나라로 가시던 도중 어느 넓은 벌판에 이르러 식사 때가 되었으므로 선애 비구니에게 분부하셨다.

"네가 이제 음식을 베풀어 나와 이 비구들을 공양하여라."

선애 비구니가 곧 부처님의 발우를 받아서 허공에 던지니 갖가지 맛난 음식이 자연 가득 차고 이와 같이 차례차례 1천2백50명의 비구의 발우를 다 그렇게 하니, 음식이 모두 가득 차서 풍족하게 하였다.

아난(阿難)이 이 사실을 보고는 전에 없었던 일이라 감탄하고 곧 부처님 앞에 나아가 아뢰었다.

"저 선애 비구니는 전생에 어떤 복을 심었기에 그 생각만 하면 갖가지 맛난 음식이 곧 자연히 이르게 하는 이 기특하고도 미묘한 일을 하게 되며, 또 부처님을 만나 출가 득도하게 되었나이까?"

그러자 부처님께서 아난에게 말씀하셨다.

"너희들은 자세히 들으라. 내가 이제 너희들을

위해 분별 해설하리라.

이 현겁(賢劫)에 가섭(迦葉)부처님이 바라내국(波羅奈
國)에 출현하시어 옷을 입고 발우를 들고서 여러 비구들
과 함께 성에 들어가 걸식하기 시작하여 어느 장자의
집에 가셨다.

마침 그 장자의 집에서 손님을 청하려고 많은 음식
을 준비해 두었으나 손님이 아직 도착하지 않았던 때인
지라, 한 계집종비(婢)이 문 밖에 걸식하러 서 있는 부처
님과 스님들을 보고 그 상전의 허락도 없이 음식을 가
져와 부처님과 스님들에게 보시하였는데, 그 뒤 초청했
던 손님이 오게 되어 장자가 계집종에게 준비해 둔 음
식을 가져오도록 명령하자 계집종은 상전에게 이렇게 대
답하였다.

'이제 막 부처님과 스님들이 걸식(乞食)하러 문 밖
에 서 계시기에 제가 준비해 둔 음식을 다 보시하였습
니다.'

상전이 이 말을 듣고는 매우 기뻐하면서 계집종에
게 말하였다.

'우리들이 이제 복밭복전(福田)을 만났는데, 네가 이 음
식을 가지고 보시했다니 기쁜 마음 말할 수 없구나. 이
제부터 너를 풀어주어 하고 싶은 일을 마음대로 하게
해 주겠다.'

계집종이 상전에게 대답하였다.

'기왕 상전께서 저를 풀어주시려면 출가의 길을 허
락해 주옵소서.'

　　장자는 곧 그녀의 요구대로 허락하였고, 계집종은
이때부터 비구니가 되어 1만 년 동안 끊임없이 정진하
였는데, 목숨이 끝나자 나쁜 갈래에 떨어지지 않고 항상
천상과 인간에 태어나 모든 맛난 음식이 생각만 하면
다 저절로 이르렀느니라."
　　부처님께서 여러 비구들에게 말씀하셨다.
　　"알아 두라. 그 당시 계집종으로서 비구니가 된 여
인이 바로 지금의 이 **선애 비구니**이니, 오랫동안 그렇
게 정진하여 계율을 지켰기 때문에 이제 또 나를 만나
서 출가 득도하게 된 것이니라."
　　여러 비구들은 부처님의 이 말씀을 듣고 다 환희심
을 내어서 받들어 행하였다.

73) 백정(白淨) 비구니가 태어날 때 몸에 옷이 입혀진 인연[63]

　　❀부처님께서는 가비라위국(迦毘羅衛國)의 니구타(尼
拘陀)나무 아래 계시었다.
　　당시 성중에 구사(瞿沙)라는 장자가 있었다. 그가
어떤 문벌 좋은 집의 딸을 골라 아내로 맞이하여 온갖
음악을 즐겨 오다가, 그 아내가 임신을 하여 열 달 만에
한 여자 아이를 낳으니, 아이의 용모가 단정하고도 수승

---

63) 이와 유사한 이야기가 〈현우경〉제26품 "빈인부부질시득현보품(貧人
　　夫婦迭施得現報品)"에도 실려 있다.

미묘하며, 아주 희고 깨끗한 옷을 입은 채 태어났으므로 그 이름을 백정(白淨)이라 하였다.

아이의 몸이 점점 장대함에 따라 옷도 몸에 알맞게 커지고 빛깔이 희고 깨끗하여 빨거나 물들일 필요가 없었으니, 뭇 사람들이 이 아이를 보려고 서로 모여들었다.

그러던 차에 아이가 그 부모에게 말씀드렸다.

"저는 이제 세속의 영화를 떠나서 출가(出家)하기를 원하옵니다."

이 말을 들은 부모가 역시 아이를 사랑하는 마음에서 굳이 만류할 수 없게 되자, 아이는 곧 부처님 처소에 나아가 출가하기를 원하였고, 부처님은 아이에게 곧 이렇게 말씀하셨다.

"잘 왔도다, 비구니여."

그러자 머리털이 저절로 떨어지고 몸에 입은 흰 옷이 가사로 변하여 비구니의 모습을 이루었으며, 부지런히 도를 닦고 익혀 아라한과를 얻고 삼명(三明)·육통(六通)과 팔해탈(八解脫)을 구족하여 온 천상과 세간 사람들의 존경을 받았다.

아난이 이 사실을 보고 나서 부처님께 아뢰었다.

"세존이시여, 저 **백정 비구니**는 전생에 무슨 복을 심었기에 자연히 희고 깨끗한 옷을 입은 몸으로 태어났으며, 이제 또 무슨 인연으로 출가한 즉시 도의 자취[道跡]를 얻었나이까?"

세존께서 아난에게 말씀하셨다.

"너희들은 자세히 들으라. 내가 이제 너희들을 위해 분별 해설하리라.

이 현겁에 가섭(迦葉)부처님이 바라내국(波羅奈國)에 출현하시어 여러 비구들과 함께 촌락을 유행(游行)하면서 중생들을 교화하실 적에 어떤 여인이 부처님과 스님들을 보고는, 곧 환희심을 내어 담요 한 장을 가지고 와서 보시하고 발원하며 떠났는데, 이 공덕이 인연이 되어 그 여인이 항상 깨끗한 옷을 입은 채 하늘과 사람으로 태어났으며, 이제 또 나를 만났기에 출가 득도하게 된 것이니라."

부처님께서 아난에게 말씀하셨다.

"알아 두라. 그 당시 담요 한 장을 보시한 여인이 바로 지금의 이 **백정 비구니**이니라."

여러 비구들은 부처님의 이 말씀을 듣고 다 환희심을 내어서 받들어 행하였다.

74) 수만(須漫) 비구니가 변재(辯才)를 구족한 인연

※**부처님께서는 사위국 기수급고독원에 계시었다.**

당시 성중에 범마(梵摩)라는 바라문이 있었는데, 그는 학식이 많고 변재(辯才)가 뛰어나 경론을 밝게 알고 4위타(韋陀 : 베다)의 전적을 모두 통달하였다.

그가 어느 문벌 좋은 집의 딸을 아내로 맞이하여

열 달 만에 한 여자 아이를 낳으니, 그 아이가 단정하고 수승 미묘할 뿐만 아니라 역시 지혜와 변재도 뛰어나 누구도 따를 이가 없었다. 그 아버지와 여러 바라문이 경전을 논란하는 이야기를 듣고 한마디도 빠짐없이 수지하였는데, 이러한 소문이 점점 널리 퍼짐에 따라 나이 많고 덕망 있는 이들까지 모두 와서 질문하였으나 아이는 통달하지 않은 것이 없었다.

그러던 차에 아이가 이 세간에 처음 정각(正覺)을 이룩한 부처님이 계시어 중생을 교화함과 동시에 법 뜻 법미(法味)을 전달하신다는 말을 듣고, 곧 갖가지 영락(瓔珞)으로 그 몸을 장엄하고 부처님 처소에 나아가 부처님 세존의 그 32상(相) 80종호(種好)로부터 마치 백천의 해와 같은 광명이 비춤을 보고 엎드려 예배한 뒤 한쪽에 물러나 앉아 있었다.

부처님께서 사제법을 가르쳐 주시자, 마음이 열리고 뜻을 이해하게 되어 수다원과를 얻어서 부처님께 출가하기를 원하니, 부처님께서는 곧 말씀하셨다.

"잘 왔도다, 비구니여."

그러자 머리털이 저절로 떨어지고 법복이 몸에 입혀져 비구니의 모습을 이루었으며, 부지런히 도를 닦고 익혀 아라한(阿羅漢)과를 얻었다.

아난이 이 사실을 보고 나서 부처님께 아뢰었다.

"세존이시여, 저 **수만(須漫) 비구니**는 전생에 무슨 복을 심었기에 비록 여자의 몸을 받았으나 누구보다도 다문(多聞)이 제일이며, 또 무슨 인연으로 부처님을 만난 즉시 출가하여 도를 얻었나이까?"

세존께서 아난에게 말씀하셨다.

"너는 자세히 들으라. 내가 이제 너를 위해 분별 해설하리라.

이 현겁에 가섭(迦葉)부처님이 바라내국(波羅奈國)에 출현하시어 두루 교화를 마치고 열반에 드셨다. 그 상법 (像法) 중에 한 비구니가 항상 환희심을 내어서 끊임없이 설법하고 교화하던 나머지 곧 이러한 서원을 세웠다.

'원컨대 저로 하여금 미래세에 석가모니 부처님의 법 가운데서 경론(經論)을 분명히 풀이할 수 있게 해 주옵소서.'

이렇게 발원(發願)하고는, 곧 목숨이 끝나 천상과 인간으로 태어날 때마다 그 총명한 지혜를 누구도 따를 이가 없었느니라."

부처님께서 아난에게 말씀하셨다.

"알아 두라. 그 당시 설법하고 교화한 비구니가 바로 지금의 이 **수만 비구니**이니라. 그가 이제 또 나를 만나 출가하여 도를 얻었고 다문 제일(多聞第一)이 된 것이니라."

여러 비구들은 부처님의 이 말씀을 듣고 다 환희심을 내어서 받들어 행하였다.

75) 춤추는 사람의 딸이 비구니가 된 인연

❀**부처님께서는 왕사성 가란타 죽림에 계시었다.**

당시 성중에 어떤 부호 장자가 있어 여러 사람들을 불러서 큰 모임을 베풀어 두루 갖가지 기악(妓樂)을 즐기며 지냈다.

때마침 남방(南方)에서 춤을 추는 부부 두 사람이 청련화(靑蓮華)라는 예쁜 딸아이를 데리고 왔는데, 그 아이는 이 세간에서 보기 드물 만큼 단정하고 수승 미묘할 뿐만 아니라 총명과 지혜가 뛰어났다.

또한 그 누구도 대항하기 어려운 부인으로서의 예순네 가지 기예[64]를 구비함과 동시에 춤추는 법을 잘 알아서 돌고 굽히고 쳐다보는 모든 절차를 다 자유롭게 하면서 이렇게 큰 소리로 외쳤다.

"이 성중에 누가 나처럼 춤출 이가 있으며, 또 누가 경론(經論)을 잘 알아서 나와 같이 문답할 이가 있겠는가?"

이때 어떤 사람이 이렇게 대답하였다.

"저 가란타 죽림에 부처님 세존이 계신데 문답을 잘하시니, 모든 의심을 다 해결하게 되리라."

이 말을 들은 춤추는 이의 딸이 곧 여러 사람들과

---

64) 고대 인도의 64가지 기예(技藝). 여기에는 노래와 무용 뿐 아니라 연주, 회화, 자수, 공예, 서법, 연극 등 각종 기술과 예술이 포함되며, 심지어 각종 과학, 무예, 종교, 철학 등 방면의 지식과 능력이 모두 망라되어 있다. 그러므로 본문에서 64가지 기예를 구비하였다 함은 문(文)·무(武)·예(藝)·기(技)에 두루 뛰어난 인재(人才)임을 의미한다.

함께 노래를 부르고 춤을 추면서 죽림에 이르러 부처님 세존을 뵙고서도 여전히 교만(驕慢)하고 방일하고 비웃으며, 여래(如來)께 공경을 올리지 않았다.

여래께서 그와 같음을 보시고 곧 신통력으로써 이 춤추는 사람의 딸을 마치 백 살 먹은 노파처럼 머리털은 하얗고 얼굴은 쭈구러졌으며, 이는 모두 빠져 성글고 몸을 구부리고 다니는 그러한 모습으로 변화시켰는데, 저 춤추는 이의 딸이 자신의 모습이 아주 늙은이가 된 것을 보고 이렇게 생각하였다.

'이제 내 몸이 무슨 까닭으로 이렇게 갑자기 늙은이가 되었을까? 이는 반드시 부처님의 위신력(威神力) 때문이리라.'

그리곤 깊이 부끄러워하며 부처님 앞에 나아가 아뢰었다.

"제가 오늘 부처님 앞에서 함부로 교만하고 방자한 행동을 하였으니, 원컨대 세존께서 용서해 주옵소서."

세존께서는 춤추는 이의 딸의 마음이 이미 조복된 줄을 아시고 다시 신통력으로 그의 몸을 본래와 다름없이 변화시켜 주셨다.

대중들은 이 춤추는 이의 딸의 몸이 갑자기 늙은이가 되었다가 또 젊은이가 되었다가 하는 그 무상(無常)함을 보고는 다 생사를 싫어하여 무상함을 깨닫는 동시에, 마음이 열리고 뜻을 이해하게 되어 그 중에 혹은 수다원과(須陀洹果), 혹은 사다함과(斯陀含果), 혹은 아나함과(阿那含果), 혹은 아라한과(阿羅漢果)를 얻은 자도 있었으며, 혹은 벽지불(辟支佛)의 마음을, 혹은 위없는 보리의 마음을 낸 자도 있었다.

한편 춤추는 이의 딸도 그 부모와 함께 부처님 앞에 나아가 출가(出家)하기를 원하므로 부처님께선 말씀하셨다.

"잘 왔도다, 비구니여."

그러자 머리털이 저절로 떨어지고 법복이 몸에 입혀져 비구니가 되었으며, 부지런히 도를 닦고 익혀 아라한과를 얻고 삼명(三明)·육통(六通)과 팔해탈(八解脫)을 구족하여 온 천상과 세간 사람들에게 존경을 받았다.

대중들이 이 사실을 보고 나서 부처님께 아뢰었다.

"저 춤추는 이의 딸처럼 방일하고 요망하며 신심이 없는 사람을 어떻게 교화하여 출가 득도하게 하셨나이까?"

그러자 세존께서 여러 대중에게 말씀하셨다.

"저 사람을 교화한 것은 지금뿐만 아니라, 과거세(過去世)에 있어서도 내가 그를 교화하였노라."

대중들은 이 말씀을 듣고 다시 아뢰었다.

"세존이시여, 과거세에 어떠한 일이 있었는지를 저희들은 알지 못하오니, 원컨대 세존께서 자세히 말씀해 주옵소서."

세존께서 대중들에게 말씀하셨다.

"너희들은 자세히 들으라. 내가 이제 너희들을 위해 분별 해설하리라.

한량없는 과거세 때 바라내국(波羅奈國)의 왕태자

손타리(孫陀利)가 산에 들어가서 도를 배워 다섯 가지 신통을 얻었다. 마침 그때 긴나라(緊羅羅) 여인[65]을 만나 보았는데, 그 여인이 천녀(天女)와 같은 단정하고도 수승 미묘한 용모로 그의 마음을 흔들고 집착시켜서 선도(仙道)를 잃어버리게 하므로, 그는 마음을 더욱 굳게 하여 아무런 생각 없이 저 여인에게 이렇게 말하였다.

'일체(一切)의 유위(有爲)는 다 덧없고 일정하지 않은 것이다. 내가 이제 너의 몸뚱이를 관찰해 보건대 온갖 더러움이 그 속에 가득하고 엷은 껍질만이 그 위를 덮고 있어 오래도록 보전할 수 없구나. 곧 머리털은 하얗고 얼굴은 주름질 것이며, 등은 구부러져서 다닐게 될 터인데, 너는 지금 어찌 교만 방자함이 이와 같은가. 또 지금의 그 노래하는 음성도 곧 변하기 마련이거늘, 어찌하여 네가 그렇게 교만하고 방자한 행동을 하느냐?'

긴나라 여인도 이 말을 듣고는 곧 신선을 향해 그 죄과(罪過)를 참회한 끝에 '미래세에 저로 하여금 생사를 끊고 당신 옆에서 도과(道果)를 얻게 해 주소서'라고 원을 세웠느니라.

부처님께서 대중들에게 말씀하셨다.

"알아 두라. 그 당시 선도를 배운 왕태자는 바로 나의 전신이었고, 저 긴나라 여인은 바로 지금의 **청련화 비구니**이다. 그 당시 발원한 힘으로 말미암아 이제

---

65) 긴나라여(緊那羅女)는 하늘을 나는 천신 즉 비천(飛天)을 말한다. 비천은 음악의 신으로, 향(香)을 먹고 살기 때문에 향신(香神)이라고도 한다.

또 나를 만나서 출가 득도하게 된 것이니라."

여러 비구들은 부처님의 이 말씀을 듣고 다 환희심을 내어서 받들어 행하였다.

76) 가시(伽尸) 비구니가 몸에 가사를 입고 태어난 인연

❀부처님께서는 바라내국(波羅奈國)의 녹야원(鹿野苑)에 계시었다.

당시 범마달다왕(梵摩達多王)의 부인이 임신을 하여 열 달 만에 딸아이를 하나 낳으니, 몸에는 가사를 입었는데 그 모습이 이 세간에서 보기 드물 만큼 수승하고도 단정 미묘하므로 관상쟁이를 불러 아이의 상을 보게 하였다.

상사가 상을 보고 나서 왕에게 물었다.

"이 아기께서 태어날 때 어떤 상서로운 모습이 있었습니까?"

왕이 대답하였다.

"이 아이가 태어날 때 이상하게도 몸에 가사를 둘렀으므로 이름을 가시손타리(伽尸孫陀利)라 하였다."

그 뒤 아이가 점점 장대함에 따라 가사옷도 몸에 알맞게 커지고 성품이 더욱 착하고 인자하며 효성스러웠다. 어느 때 그 가까운 벗들과 함께 성문을 나가서 유희하다가 점차 녹야원에 이르러 부처님 세존의 그 32상

(相) 80종호(種好)로부터 마치 백천의 햇빛 같은 광명이 비춤을 보고 환희심을 내어 부처님 앞에 엎드려 예배한 다음 한쪽에 물러나 앉았다.

부처님께서 그를 위해 사제법(諦法)을 가르쳐 주시자, 마음이 열리고 뜻을 이해하게 되어 수다원과(須陀洹果)를 얻어서 집에 돌아온 즉시 그 부왕에게 말했다.

"제가 이제 성문을 나가서 구경하다가 녹야원에 이르러 세존의 그 온갖 복덕을 갖춘 장엄한 몸매와 조용한 위의와 거룩한 용모를 보았습니다. 원컨대 자비하신 부왕께서는 저를 출가(出家)하도록 허락해 주옵소서."

이에 부왕은 딸아이를 사랑하는 마음에서 굳이 만류할 수 없게 되자, 아이는 곧 부처님 처소에 나아가 출가하기를 원하므로, 부처님께서 곧 말씀하셨다.

"잘 왔도다, 비구니여."

그러자 머리털이 저절로 떨어지고 법복이 몸에 입혀져 곧 비구니의 모습을 이루었으며, 부지런히 도를 닦고 익혀 아라한과(阿羅漢果)를 얻고 삼명(三明)·육통(六通)·팔해탈(八解脫)을 구족하여 온 천상과 세간 사람들에게 존경을 받았다.

여러 비구들이 이 사실을 보고 나서 부처님께 아뢰었다.

"저 가시손타리 비구니는 전생에 무슨 복을 심었기에 출생할 때 이미 가사를 몸에 두르고 호족(豪族)으로 태어났으며, 지금 또 도과(道果)를 얻었나이까?"

세존께서 여러 비구들에게 말씀하셨다.

"너희들은 자세히 들으라. 내가 이제 너희들을 위해 분별 해설하리라.

한량없는 과거세 때 가나가모니(加那加牟尼)부처님께서 이 바라내국에 출현하시어 비구들과 함께 여러 곳을 순회하면서 교화하실 무렵에 어떤 왕녀(王女)가 부처님을 만나 뵙고 환희심을 내어서 엎드려 예배한 뒤 부처님과 스님들에게 청하였다.

'원컨대 세존께서 석 달 동안 저희의 네 가지 공양 사사공양(四事供養=음식(飮食),의복(衣服),와구(臥具),의약(醫藥))을 받으시옵소서.'

부처님께서 곧 그렇게 하기를 허락하시자, 왕녀는 정성껏 석 달 동안의 공양을 마치고 다시 미묘한 옷 한 벌씩을 부처님과 스님들께 각각 보시하였는데, 이 공덕으로 말미암아 저 왕녀가 항상 천상과 인간으로 태어나 모든 존경과 귀여움을 받을 뿐만 아니라 태어날 때에는 으레 가사옷을 몸에 둘렀느니라."

부처님께서 여러 비구들에게 말씀하셨다.

"알아 두라. 그 당시의 왕녀가 바로 지금의 이 **손타리 비구니**니라."

여러 비구들은 부처님의 이 말씀을 듣고 다 환희심을 내어서 받들어 행하였다.

77) 이마에 진주(眞珠) 화만이 있는 비구니의 인연

❀**부처님께서는 사위국 기수급고독원에 계시었다.**

당시 성중(成衆)에 한량없고 헤아릴 수 없는 재보를 지닌 비소(沸疏)라는 장자가 있었는데 그는 어떤 문벌 좋은 딸을 골라 아내로 맞이하여 온갖 기악(伎樂)을 즐겨 오다가, 그 아내가 임신을 하여 열 달 만에 한 딸아이를 낳으니, 아이의 용모가 이 세간에 드물 만큼 단정하고도 수승 미묘할 뿐만 아니라 그 이마에 자연히 진주 화만이 둘려 있으므로, 부모(父母)가 이것을 보고 매우 기뻐하여 상사(相師)를 불러서 아이의 상을 보게 하였다.

상사가 상을 보고 나서 그 부모에게 물었다.

"이 아이가 태어날 때 어떤 상서로운 모습이 있었습니까?"

부모는 이렇게 대답하였다.

"이 아이가 태어날 때 이마 위에 진주 화만이 둘려 있었으므로 이름을 진주만(眞珠鬘)이라 하였소."

그 뒤 아이가 점점 장대함에 성품이 더욱 착하고도 어질어서 어떤 빈궁한 이의 요구가 있으면 곧 진주 화만을 풀어 주었으나, 그 진주는 다시 본래대로 돋아났다. 이때 수달(須達) 장자가 비소(沸疏) 장자에게 좋은 딸이 있다는 말을 듣고 서신과 함께 사령을 보내 진주만을 자기 아들을 위해 며느리로 맞으려 하였다.

진주만이 이 사실을 들어 알고 그 부모에게 말씀드렸다.

"자비하신 마음으로 가엾이 여기어 저를 그 아들에게 주시려면 반드시 그와 함께 출가(出家)시킬 것을 서약(誓約)한 뒤에 그렇게 하십시오. 그렇지 않을 경우엔 저는 이 세속(世俗)의 영화를 떠나겠습니다."

그 부모는 딸아이를 사랑하는 마음에서 굳이 만류할 수 없었으므로 곧 수달 장자에게 가서 딸아이의 생각을 그대로 전달하였다. 수달 장자도 이 말을 듣고 그렇게 하기로 한 다음 이내 며느리로 맞이하였는데, 오래지 않아 이 세간을 싫어하는 마음이 생겨 함께 부처님 처소에 나아가 출가하기를 원했으며, 부처님께선 이렇게 말씀하셨다.

"잘 왔도다, 비구니여."

그러자 머리털이 저절로 떨어지고 법복이 몸에 입혀져 곧 비구니의 모습을 이루었으며, 부지런히 도를 닦고 익혀 각각 도과(道果)를 얻고 삼명(三明)·육통(六通)·팔해탈(八解脫)을 구족하여 온 천상과 인간 사람들에게 존경을 받았다.

여러 비구들이 이 사실을 보고 나서 부처님께 아뢰었다.

"저 **진주만 부부**는 전생에 무슨 복을 심었기에 출생할 때 이미 진주 화만이 그 이마에 자연히 둘려 있었으며, 출가한 즉시 아라한과를 얻었나이까?"

세존께서 여러 비구들에게 말씀하셨다.

"너희들은 자세히 들으라. 내가 너희들을 위해 분별 해설하리라.

이 현겁 중에 가섭(迦葉)부처님이 바라내국(波羅奈國)에 출현하시어 여러 비구들을 거느리고 녹야원에서 바른 법륜을 굴려 중생들을 제도하셨는데, 그때 아사라(阿沙羅)라는 장자가 가섭부처님께서 중생을 제도하신다는 말을 듣고 이렇게 말하였다.

'내가 이제부터 온 성중의 백성들을 권화(勸化)하여다 부처님과 스님들을 위해 반차우슬(般遮于瑟)[66] 대회를 베풀리라.'

이같이 말하고 국왕에게 이 사실을 보고하고는 흰 코끼리를 타고 온 성중의 길목과 네거리를 다니면서 여러 사람들에게 무차대회를 하자고 권하였다. 때마침 어떤 부인이 자기 이마 위에 있는 구슬을 풀어 주었는데, 남편이 집에 돌아와 그 아내의 이마 위에 구슬 장식이 없는 것을 보고, **'그대의 이마 위에 있던 구슬 장식을 누구에게 주었느냐'고** 묻자, 부인이 **'이제 아사라 장자가 이곳에 와서 여러 사람들게 권화하므로 제가 이마 위의 구슬을 풀어 주었소'** 라고 대답하니, 그 남편 역시 환희심을 내어 다시 다른 보배 구슬까지 풀어 보시한 다음 이러한 원을 세워 말하였느니라.

'미래세에 저로 하여금 나쁜 갈래에 떨어지지 않고 항상 보배 구슬과 함께 천상과 인간으로 태어나게 하옵

---

66) 반차우슬은 주로 국왕이 시주(施主)가 되어 5년마다 한차례 여는 보시대회, 즉 무차대회(無遮大會)를 말한다. 이때에는 승속(僧俗)과 귀천(貴賤)을 가리지 않고 평등하게 보시와 법공양을 나눈다.

소서.'라고. "

부처님께서 여러 비구들에게 말씀하셨다.

"알아 두라. 그 당시 저 부인이 구슬을 보시했기 때문에 이제 또 나를 만나서 출가 득도하게 된 것이니라."

여러 비구들은 부처님의 이 말씀을 듣고 다 환희심을 내어서 받들어 행하였다.

78) 차마(差摩) 비구니가 출생할 때 두 국왕이 화해를 맺은 인연

❀**부처님께서 사위국 기수급고독원에 계실 때,** 바사닉왕(波斯匿王)과 범마달다왕(梵摩達多王)이 서로 분쟁을 일으켜 상병(象兵)·마병(馬兵)·거병(車兵)·보병(步兵) 등 모든 군사를 거느리고 강 양쪽의 언덕에 주둔하여 제 나름대로의 전투 태세를 갖추고 있었다.

그때 부인들이 달이 차서 각기 아들을 낳고 딸을 낳았는데, 용모가 다 단정하고도 수승 미묘하므로 두 국왕이 매우 기뻐서 북을 치고 모든 군사들을 집합시켜 재물을 하사하는 한편 서로가 경축하면서 화해를 맺을 뿐만 아니라, 앞으로 혼인하기를 약속하고 두 나라끼리 다시는 침범하지 않기로 한 다음 제각기 본국으로 돌아갔다.

그 뒤 범마달다왕의 아들이 나이 7세가 되자 비로

소 물건을 다 갖춰 파사왕에게 보내면서 본래의 약속대로 혼인을 청하였다. 바사닉왕의 딸이 이 말을 듣고 그 부왕에게 말씀드렸다.

"제가 얻기 어려운 사람의 몸을 이미 얻었고, 갖추기 어려운 모든 감관을 이미 갖추었으며, 내기 어려운 신심을 이미 내었고, 이 세간에 만나기 어려운 부처님을 이미 만났으니, 원컨대 대왕께서 저를 이 난중(難中)에 두어 아주 선지식(善知識)67)들을 여의게 하지 마시고 자비하신 마음으로 출가할 것을 허락해 주옵소서."

왕은 그 딸에게 이렇게 대답하였다.

"네가 출생하자마자 이미 그와 혼인할 것을 허락했거늘 이제 와서 어찌 그럴 수 있겠느냐? 너 때문에 두 나라가 서로 침범하지 않기로 한 화해가 무너진다면, 그들이 나를 배신했다 하여 도로 원수가 될 것이다. 모든 천신들도 나를 옹호하지 않을 것이고 대신과 온 백성들도 모두 믿지 않을 것이며, 나아가선 선왕의 옛 법제(法制)까지 어기는 것이 되리라. 네가 일찍이 저 아사세왕

---

67) 선지식(善知識)은 통상적으로 선종(禪宗)에서 수행자들의 스승을 이르는 말이다. 〈입보살행론〉에 이르길, "진정한 선지식은 대승교에 깊이 통달하고, 설령 생명의 위험에 빠질지라도 끝까지 보살계를 지키는 자이다"라고 하였다. 〈대반열반경〉 고위덕왕보살품에 따르면, 선지식은 중생에게 나쁜 업을 버리고 선한 업을 쌓게 하는 자이다. 〈화엄경〉에 의하면, 선지식은 사람들을 인도하여 일체지(一切知)로 인도하는 문(門)이다. 〈화엄경〉 선재동자 이야기는 곧 53 선지식을 만나가면서 깨달음을 얻는 과정이라 볼 수 있다. 그러므로 최고의 선지식은 부처님과 보살님들이고, 그 밖에 살면서 나에게 작은 깨우침이나 교훈을 주는 이들 역시 모두 선지식이라 부를 만하다.

(阿闍世王)과 파구리왕(波瞿利王) 등 많은 국왕들이 다 허망한 말을 함으로써 지옥에 떨어진 이야기를 듣지 않았느냐? 나로 하여금 배신하게 한다면 역시 저 왕들처럼 지옥의 고통을 받게 되리니, 너는 아예 출가할 생각을 버려야 하리라."

그리고 바사닉왕은 곧 범마달다왕에게 사신을 보내 7일 안으로 빨리 와서 성혼할 것을 말했다. 이때 왕녀(王女)는 이 사신을 보낸 사실을 듣고 알면서부터 매우 근심되고 괴로워서 곧 때구(垢) 묻은 옷을 입고 모든 영락(瓔珞)을 버리고 그 몸을 초췌하게 하여 높은 누각 위로 올라가 멀리 기원정사(祇洹精舍)를 향해 무릎을 꿇고 앉아 합장하고는, 이렇게 말하였다.

"자비하신 여래 세존께서 일체 중생을 가엾이 여기소서. 한 찰나에 과거·현재·미래를 두루 아시니, 원컨대 오늘날 저의 이 고액을 구제해 주소서."

세존께서 멀리 왕녀의 이러한 정성어린 말을 들어 아시고 곧 순식간에 왕녀 앞에 나타나 갖가지 법을 설해 주시자 마음이 열리고 뜻을 이해하게 되어 아나함과(阿那含果)를 얻었다.

한편 7일이 되자 범마왕의 아들이 수천만 시종들을 거느리고 진귀한 보배와 갖가지 의복을 갖춰 부인을 맞이하려고 그 궁중에 이르러서 장가 들려 하는데, 뜻밖에 왕녀가 허공에 솟아올라 열여덟 가지 변화를 지어 혹은 동(東)쪽에 솟아 서(西)쪽에 사라지고 혹은 남(南)쪽에 솟아 북(北)쪽에 사라지며, 다니고 멈추고 앉고 눕는 것을 다 자유로이 변화하고서 도로 허공으로부터 내려오자, 바사닉왕은 왕녀의 이러한 것을 보고 매우 당황하고 두려운 생각이 들어 그 왕녀에게 말하였다.

"내가 사실 어리석고도 어두워 너의 이러한 신통 변화가 있는 줄을 전연 모르고서 너를 이 세간에 더럽힐 뻔하였구나. 이제 나의 잘못을 뉘우치고 출가(出家)할 것을 허락하노라."

그리고 왕자 역시 이 변화를 보고 곧 신심과 존경심을 내어 이렇게 말하였다.

"나 또한 어리석고 식견이 없어서 이러한 뜻을 내었으니 잘못을 참회하고 당신의 출가를 허락합니다."

왕녀는 이 말을 듣고 나서 기원정사에 나아가 부처님을 뵙는 즉시 출가하기를 원하므로 부처님께서는 허락하시어 비구니로 만드시니 부지런히 도를 닦고 익혀 아라한과를 얻었다.

여러 비구들이 이 사실을 보고 나서 부처님께 아뢰었다.

"세존이시여, 저 차마(差摩) 비구니는 전생에 무슨 복을 심었기에 왕가(王家)에 태어나서 욕심을 내는 생각이 없이 출가 득도하게 되었나이까?"

그러자 세존께서 여러 비구들에게 말씀하셨다.

"너희들은 자세히 들으라. 내가 이제 너희들을 위해 분별 해설하리라.

이 현겁에 가섭(迦葉)부처님께서 바라내국(波羅奈國)에 출현하실 때, 어떤 부인이 그 남편과 함께 마음을 서로 화합하지 못해 항상 싸움을 일삼아 오다가, 어느 날 부부끼리 서로 이렇게 권면(勸勉)하였다.'우리 부부가 함께 부처님 처소에 가서 팔관재(八關齋)를 받고 서원을 세워 미래세엔 존귀한 가정이나 부호의 집에 태어나 싸우지 말고 항상 서로가 화해하여 살도록 합시다'라고.

이와 같이 발원하고 나서, 과연 그 부부가 각자의 길고 짧은 수명이 끝나는 대로 다 왕가에 태어났느니라."

부처님께서 여러 비구들에게 말씀하셨다.

"알아 두라. 그 당시 저 남편되는 이의 아버지가 바로 지금의 범마달다왕이고 부인되는 이의 아버지가 바로 지금의 바사닉왕이며, 그 당시 남편이 바로 지금의 저 왕자고 부인이 바로 지금의 왕녀니라."

여러 비구들은 부처님의 이 말씀을 듣고 다 환희심을 내어서 받들어 행하였다.

79) 바사닉왕의 못 생긴 딸에 대한 인연[68]

❀**부처님께서는 사위국 기수급고독원에 계시었다.**

바사닉왕(波斯匿王)의 마리(摩利) 부인이 딸아이를 하나 낳았으나 그 얼굴이 너무 못생겼으며, 몸은 마치

---

68) 같은 이야기가 〈현우경〉제8품 "바사닉왕녀금강품(波斯匿王女金剛品)"에도 실려 있다.

뱀 껍질같이 거칠었고 머리털은 마치 말꼬리같이 억세었다. 왕은 이 딸아이 때문에 걱정이 되어 궁내에 명령하기를, '아이를 잘 보호해서 밖에 내보내어 다른 사람들로 하여금 보지 못하게 하라' 하였다. 한편 또 이렇게 생각하였다.

'이 아이가 비록 추하고 못생겨 사람 같지는 않으나 말리 부인의 소생인 만큼 잘 양육해야 하리라.'

그러던 차 아이가 점점 장대하여 시집을 보내야 할 때가 되자, 왕이 더욱 근심하고 걱정한 나머지 어떻게 할 방도가 없어서 신하 한 사람을 불러 말하였다.

"그대가 나의 사윗감을 구해 보라. 그 근본만 호족(豪族)의 종성(種姓)이라면, 지금은 비록 재산이 없어 빈궁하더라도 데리고 오라."

신하가 왕의 지시를 받아 널리 사람을 구해 본 결과, 마침 빈궁한 호족의 아들이 있으므로 불러서 왕에게 데리고 오자, 왕이 보고는 한쪽 외진 곳으로 데리고 가서 가만히 그 사정을 말하였다.

"듣건대, 그대가 호족의 아들로서 지금 매우 빈궁하다 하니 앞으론 내가 모든 것을 공급해 주겠다. 그리고 내게 있는 딸 하나가 얼굴이 너무나 추하고 못생겼는데, 그대가 나의 청을 거역하지 않고 이 딸아이를 다행히 받아 주겠는가?"

빈궁(貧窮)한 호족의 아들은 곧 무릎을 꿇고 앉아 왕에게 대답하였다.

"분부하시는 대로 따르겠습니다. 설사 대왕께서 개

구(狗)를 주신다 하더라도 제가 어김없이 받아야 할 일이거늘, 하물며 말리 부인의 소생이신 딸이겠습니까? 지금 당장이라도 명령만 하신다면, 제가 아내로 받아들이겠습니다.”

왕이 이에 저 빈궁한 사람을 곧 사위로 삼는 동시에 사택(舍宅)을 마련해 주었다. 특히 그 대문을 일곱 겹으로 굳게 해 두고는, 사위에게 부탁하기를, ‘그대만이 이 문을 열고 닫되 외출할 때에도 그대가 손수 문을 닫아 두어 다른 사람으로 하여금 내 딸아이의 추악한 꼴을 보지 못하게 하라. 그리고 항상 문을 굳게 닫아 두어 집안에서만 있게 하게’ 하고, 한편 그들의 생활에 필요한 물자를 다 공급하여 모자람이 없게 했다.

또 왕이 직접 사위를 불러들여 대신의 지위에 임명하였다.

그는 이 때로부터 모든 재보가 풍부하여 모자람이 없었다. 그러던 차에 다른 호족들과 함께 읍회(邑會)를 같이하게 되니, 그 모임을 가질 때마다 남녀가 서로 즐겨했는데, 다른 호족 대신들은 모두 부부가 동반하여 그 모임의 오락을 같이했으나 저 국왕의 사위인 대신은 언제나 홀로 오게 되자, 뭇 사람들이 이상하게 생각하였다.

‘저 대신의 부인이야말로 단정하고도 아름답지 않겠는가. 혹시 너무나 추악하여 다른 사람들 앞에 나타날 수 없어서 그런 것일까? 이제 우리가 어떤 계획을 꾸며 함께 가서 그 부인을 보는 것이 좋겠구나.’

이와 같이 모두 합심하고는, 그 대신에게 집중적으로 술을 권하여 술에 취해 일어나지 못하게 한 다음, 그 몸에 차고 있는 열쇠를 풀어 다섯 사람이 같이 그 집에 가서 문을 열고 부인을 보려고 하였다.

그때 그 부인은 마음이 매우 괴로워 자신의 죄의 허물을 책하고 있었다.

'내가 전생에 무슨 죄를 지었기에 남편에게 미움을 받아 항상 어두운 방에 갇혀 있어서 해와 달의 광명을 보지 못하고 사람들과 접촉을 할 수 없는가.'

한편 또 이렇게 생각하였다.

'지금 이 세간에 계시는 부처님께서 항상 자비한 마음으로 중생들을 관찰하시어 고액에 허덕이는 자가 있을 때엔 곧 친히 가서 제도하신다고 들었다.'

그리고서 이 부인은 멀리 부처님을 향해 지극한 마음으로 예배하면서 발원하기를, **'원컨대 세존께서 자비하신 마음으로 제 앞에 나타나시어 잠시 교훈을 나타내 주소서.'**라고 하였다.

이렇게 부인의 정성이 지극하고 신심과 존경심이 돈독하자, 부처님께서 그 뜻을 아시고 곧 그 집에 도착하시어 땅 속으로부터 솟아나와 그 부인 앞에 나타나시되 검푸른감(紺)머리털 모습을 나타내시자, 부인이 머리를 들어 부처님의 머리털 모습을 보고서 몇 배의 환희심을 내고 더욱 존경심을 돈독히 하였는데, 이에 따라 부인의 머리털도 자연히 부드럽고 검푸르게 되었다.

또 부처님께서 얼굴 모습을 차츰 나타내시자 그 부

인이 역시 얼굴 모습을 보고 환희심을 냄으로써 부인의 얼굴도 단정해지고 그 거친 피부가 차츰 다 사라졌다.

또 부처님께서 온몸에 금 빛깔 광명을 차츰 나타내시자 그 부인이 금 빛깔 몸을 보고 역시 환희심과 존경심을 냄으로써 부인의 몸도 마치 천녀(天女)처럼 단정 장엄하게 되었다.

이에 부처님께서 다시 갖가지 묘법을 설해 주시자 마음이 열리고 뜻을 이해하게 되어 수다원과(須陀洹果)를 얻자, 이 세간에 무엇과도 견줄 수 없을 만큼 뛸듯이 기뻤고, 부처님께선 본래의 처소로 돌아가셨다.

이때 바로 저 다섯 사람이 문을 열고 들어가서 부인의 그 둘도 없이 단정하고 수승 미묘한 모습을 보자 서로 이상하게 여겨 말하기를 '저 대신이 무엇 때문에 이같이 단정한 부인을 두고서 함께 모임에 나오지 않았을까' 하고는, 도로 문을 굳게 닫고 돌아와서 열쇠를 그이의 본래 차고 있던 자리에 달아 두었다. 급기야 모임이 끝난 뒤 그 사람이 집에 돌아와 집안에 들어가서 부인의 그 누구보다도 단정 수특한 모습을 보고 기쁨에 넘쳐 이렇게 물었다.

"그대는 도대체 누구시오."

부인이 대답하였다.

"제가 바로 당신의 부인입니다."

그는 다시 물었다.

"이제까지 그렇게 추악하던 당신이 별안간 무슨 인연으로 이같이 단정하게 되었소?"

이에 부인이 부처님의 신덕(神德)을 입어 그러한 몸을 얻게 된 전후 사실을 갖추어 남편에 대답하고 나서 다시 이렇게 말하였다.

"이제는 저도 부왕(父王)을 만나 뵙고 싶으니 당신이 저를 위해 이 뜻을 좀 전해 주십시오."

남편인 그는 이 말을 듣고 곧 왕에게 말씀드렸다.

"이제 아내가 대왕을 만나 뵙고자 합니다."

왕이 사위에게 대답하였다.

"그런 말 하지 말고 빨리 종전대로 문을 굳게 닫아 부디 바깥으로 못나오게 하라."

남편이 다시 왕에게 말씀드렸다.

"어찌 그러하십니까? 이제 제 아내는 부처님의 위신(威神)을 입어 천녀(天女)와 다름없는 단정한 몸을 얻었습니다."

왕도 이 말을 듣고는 이렇게 말했다.

"과연 그러하다면, 빨리 가서 데리고 오너라."

이에 시종들이 수레를 장엄하여 왕녀를 맞이해 궁중으로 들어오는데, 왕은 그 딸의 모습이 이 세간에 둘도 없을 만큼 단정하고 뛰어남을 보고 한량없이 기뻐한 나머지, 곧 명령을 내려 장엄한 행차를 준비하여 딸과 함께 부처님 처소에 나아가 엎드려 예배한 다음 한쪽에 물러나와 무릎을 꿇고 아뢰었다.

"세존이시여, 알 수 없는 일이옵니다. 저의 딸이 전생에 무슨 복을 지어 호귀한 왕가에 태어났는가 하면, 또 무슨 업을 저질러 저 축생보다 더 심한 더러운 몸과

거친 머리털을 받게 된 것이옵니까? 원컨대 세존께서
그 과보를 가르쳐 주소서."

이때 세존께서 대왕 등에게 말씀하셨다.

**"그대들은 잘 들으시오. 이제 그대들을 위해 설
명하리라.**

한량없는 과거세 때 이 바라내국(波羅奈國)에 많고
도 많은 재보를 지닌 장자가 있었는데, 그가 온 가족들
과 합심하여 어떤 벽지불 한 사람을 항상 공양하였소.
그런데 이 벽지불의 얼굴이 아주 추악하고 몸이 매우
초췌하여 차마 볼 수 없는 정도이므로, 그때 장자 집의
어린 딸아이가 이 벽지불 오는 것을 보고서 나쁜 마음
으로 깔보고 모욕해 '어쩌면 그렇게도 얼굴이 못생기고
몸의 피부가 추악할까'라고 말하였소.

벽지불은 자주 그 집에 가서 공양을 받았는데, 세
상에서 오래 살다가 열반에 들려고 할 무렵에 곧 큰 신
통 변화를 나타내 보이되 허공에 솟아 올라서 온몸에서
물과 불을 내는 한편, 동쪽에서 솟아올라 서쪽으로 사라
지기도 하고 남쪽에서 솟아올라 북쪽으로 사라지기도 하
며, 다시 허공에서 자유로이 다니고 멈추고 앉고 눕는
이러한 신통 변화를 장자의 가족들에게 모두 보인 다음
허공에서 내려와 그 장자의 집에 이르자, 장자가 기쁨을
이기지 못하고, 그 장자의 딸도 자신의 죄과를 뉘우쳐
이렇게 자책하였다오.

'원컨대 자비하신 마음으로 모든 것을 용서해 주소
서. 제가 이제 과거에 저지른 죄과를 깊이 참회하오니,

이 참회를 받아들이시어 용서해 주소서.'라고."

부처님께서 대왕에게 말씀하셨다.

"알아 두시오. 그 당시 저 장자의 딸이 벽지불을 미워하고 힐뜯었기 때문에 뒷날 태어나는 곳마다 추악한 몸을 받았지만, 나중에 신통 변화를 보고서 벽지불을 향해 깊이 참회했기 때문에 이제 온 세간에 따를 이가 없을 정도로 단정한 모습을 갖추게 된 것이며, 또 그 당시 장자의 집에서 항상 벽지불을 공양했기 때문에 장자의 딸이 언제나 호귀한 가정에 태어나서 모자람이 없었고, 이제 다시 나를 만났기 때문에 그 근심과 괴로움을 벗어나게 된 것이오."

바사닉왕과 그 여러 대신들은 부처님으로부터 이 업보의 인연을 듣자 모두 마음이 열리고 뜻을 이해하게 되어 그 중에 혹은 수다원과를, 혹은 사다함과를, 혹은 아나함과를 얻은 자도 있었으며, 혹은 벽지불의 마음과 혹은 위없는 보리의 마음을 낸 자도 있었다.

여러 비구들도 부처님의 이 말씀을 듣고 다 환희심을 내어서 받들어 행하였다.

80) 도적(盜賊)이 출가하게 된 인연

❀**부처님께서는 비사리(毘舍離)의 중각강당에 계시었다.**

당시 성중(城中)에 어떤 어리석은 사람이 항상 놀기

를 좋아하고 도적질로 업을 삼아 생활하니 그 지방 백
성들이 다 그가 그러한 사람인 줄을 들어 알고 있었다.

어느 때 그가 승방(僧坊)에 좋은 구리 항아리가 있
다는 말을 듣고 기어이 그 항아리를 훔쳐 내기 위해 곧
패거리들과 함께 승방에 들어갔으나 끝내 항아리를 훔쳐
내지 못한 반면, 비구들끼리 네 구절의 게송(偈頌)을 논
란하는 중에 **'천상 사람들의 눈 깜빡이는 것은 매우
더디고 세간 사람들의 눈 깜빡이는 것은 빠르다'** 는
그러한 말을 듣고 마음 속에 기억한 채 곧 승방을 나왔
다.

그 뒤 다른 나라로부터 어떤 상객(商客)이 아주 값
진 마니(摩尼) 보배 구슬 하나를 가져와서 국왕에게 헌
납하였는데, 국왕이 이 구슬을 얻은 즉시 사람을 보내어
탑(塔) 기둥에 달아 두게 하였다.

때마침 저 도적질을 좋아하는 사람이 그 소문을 듣
고 혼자 기회를 노리다가 마침내 그 구슬을 훔쳐 내어
숨겨 두었다. 얼마 뒤 왕이 탑 기둥에 걸어 둔 구슬이
없어진 것을 알고 매우 진노(震怒)하여 곧 온 나라에 명
령하기를, **'누구라도 이 구슬을 발견한 자가 있어 비
밀히 보고한다면 내가 당장 중한 상을 주겠노라'** 하
였으나 상당한 시일이 지나도록 보고하는 이가 없었다.

왕이 아무런 계책 없이 원망만 되풀이하고 있을 무
렵에 어떤 슬기로운 신하(臣下) 한 사람이 왕에게 말했
다.

"이제 국내가 다 한없이 풍부하고도 안락하여 도적

이 거의 없건만, 오직 한 사람만이 도적질로 업을 삼아 생활하는 것을 온 나라 사람들이 알고 있으니, 이 보배 구슬도 반드시 그 사람이 훔쳤을 것으로 생각됩니다. 그러나 이제 그를 매어 놓고 매질하고 구타하더라도 항복하지 않을 것이니, 왕께서 어떤 계획을 꾸며 그 사실을 스스로 고백하게 하옵소서.”

이에 왕이 그 슬기로운 신하에게 물었다.

“그렇다면 어떠한 계획(計劃)을 꾸며야 하겠는가?”

슬기로운 신하가 대답하였다.

“이제 대왕께서 비밀리에 어떤 사람을 보내 저 구슬을 훔친 자를 초청하여 모두가 한꺼번에 술을 권하되 극도로 만취시킨 다음, 그를 전상(殿上)으로 실어다 두고 미처 그가 술이 깨기 전에 온 궁전의 기녀(伎女)들을 장엄하는 동시 온갖 미묘하고 수승한 음악을 베풀어 오락하다가 마침내 술이 깨어 놀래 일어날 무렵에 뭇 기녀로 하여금 집중적으로 그에게, **‘당신이 염부제에 있을 때 탑 기둥 위의 구슬을 훔쳤기 때문에 이제 이 도리천(忉利天)에 태어난지라, 우리들 기녀가 함께 당신을 모시기 위해 이 음악들을 시작한 것이니 당신은 사실 그대로를 말씀하십시오’** 라고 추궁한다면 그의 고백을 얻을 수 있을 것입니다.”

왕이 이 말을 들은 즉시 그대로 실행해 보았으나 저 구슬을 훔친 자가 무슨 영문인 줄 모르고 술에 취해 있으면서도 얼핏 생각하기를, ‘정작 사실대로 말한다면 죄받을 것이 두렵고 사실대로 말하지 않는다면 다시 뭇 기녀들이 괴롭게 굴 것이니 어떻게 할까'라고 망설였다.

그러다가 문득 옛날 사문들이 논란하던 그 **'천상 사람들의 눈 깜빡이는 것은 매우 더디고 세간 사람들의 눈 깜빡이는 것은 빠르다'** 라는 그 게송(偈頌) 구절이 기억에 떠올라서 다시 생각하기를, '이제 기녀들의 눈 깜빡이는 것이 다 빠른 것을 보건대 반드시 천상 사람들이 아니구나' 하고는, 곧 머리를 숙여 사실대로 말하지 않았다.

그리고 급기야 술이 다 깨자 관(官)에선 그 이상 죄를 따져 묻지 않았으므로 훔친 자도 그 자리를 벗어나 죽지 않았는데, 이 계획이 실패하자 슬기로운 신하는 다시 왕에게 말씀드렸다.

"이번에는 다른 계획을 꾸며 저 문제의 구슬을 훔친 자를 잡게 하소서."

왕이 다시 물었다.

"다른 계획(計劃)이란 또 어떤 것인가?"

슬기로운 신하가 대답하였다.

"대왕께서 이제 저 구슬을 훔친 자를 친히 불러서 대신의 지위를 주되 일체 창고의 물자를 비밀리에 다 조사한 다음 그 창고의 책임을 맡겨 두십시오. 그리고 얼마 뒤에 왕께서 부드러운 말씀으로, '이제 그대처럼 친한 이가 다시 없으니 창고를 잘 지켜 잃어버리는 물건이 없게 하여라'고 타이르신다면, 그가 틀림없이 마음 속으로 기뻐할 것입니다.

이때 왕께서 조용히 '내가 전에 마니보배 구슬을

탑 기둥에 달아 둔 일이 있었는데 그대가 혹시 그 구슬의 행방을 아는가'라고 물으시면, 그가 반드시 사실대로 고백하리니, 왜냐 하면 왕께서 그를 귀중히 여겨 모든 창고의 재보를 다 신임하였기 때문입니다."

이에 바사닉왕이 역시 그 신하의 계획(計劃)에 따라 시험해 보았더니, 과연 구슬을 훔친 자가 슬기로운 신하의 말대로 왕에게 사실을 고백하였다.

"제가 실제로 보배 구슬을 훔친 놈이었습니다만, 두려워서 감히 구슬을 내놓지 못하였습니다."

왕이 다시 물었다.

"그렇다면 그대가 앞서 술에 취해 나의 전상에 누워 있을 때 뭇 기녀들이 그대를 천상에 태어난 사람이라고 힐문하여도 왜 사실대로 고백하지 않았는가?"

그는 이렇게 대답하였다.

"제가 옛날 승방에 들어갔을 때 비구들끼리 네 구절 게송(偈頌)을 강론하는 중에 **'천상 사람들의 눈 깜빡이는 것은 매우 더디고 세간 사람들의 눈 깜빡이는 것은 빠르다'** 라는 그 말을 들은 기억이 떠올라서 이 때문에 천상에 태어난 것이 아닌 줄을 알고 사실대로 고백하지 않았던 것입니다."

이에 바사닉왕은 보배 구슬을 도로 얻음으로써 기쁨에 넘쳐 다시 그 죄를 묻지 않았으며, 저 구슬을 훔쳤던 신하도 그때야 완전히 죄에서 벗어난 줄 알고 왕 앞에 나아가 말했다.

"원컨대 이 놈의 죄를 용서하시어 출가(出家)할 것

을 허락해 주소서.”

왕이 대답하였다.

“그대가 이제 높은 지위에 있어 부귀와 쾌락을 다 갖추었거늘 무엇 때문에 꼭 출가하려 하는가?”

그는 다시 이렇게 말하였다.

“제가 일찍이 사문들이 강설한 네 구절 게송(偈頌)을 들은 그것만으로도 이러한 액난(厄難)에서 벗어나 죽지 않게 되었거늘, 하물며 많은 경전을 듣고 외우고 닦고 익혀서 그대로 수행한다면 얼마나 큰 이익을 얻겠습니까? 그러므로 제가 출가하기를 원하는 것입니다.”

마침내 그는 출가하여 부지런히 닦고 익혀 아라한과를 얻고 삼명(三明)·육통(六通)·팔해탈(八解脫)을 구족하여 온 천상과 세간 사람들에게 존경을 받았다.

여러 비구들은 부처님으로부터 이 사실을 듣고 다 환희심을 내어서 받들어 행하였다.

찬집백연경 제9권

오 월지 우바새 지겸 한역

9. 성문품(聲聞品)

81) 해생(海生)이란 장사 우두머리상주(商主)의 인연

❀부처님께서는 사위국 기수급고독원에 계시었다.

당시 성중에 있는 오백 명의 장사치들이 큰 바다에 나아가 값진 보물을 채취하려고 하였다. 마침 그때 저 장사 우두머리[商主]가 문벌 좋은 집의 딸을 골라 부인으로 맞이하여 부인을 데리고 함께 바다에 나아갔다가 열 달 만에 한 사내아이를 낳았으므로 아이의 이름을 해생(海生)이라 하였다.

이 아이가 큰 복덕이 있어서 그 상주로 하여금 값진 보물을 많이 얻어 안전하게 돌아오게 하였으므로 모두들 안은해생(安隱海生)이라 부르기도 하였다.

그 뒤 아이가 점점 장대함에 이르러 서로가 거듭 권하여 다시 큰 바다에 들어가 종전처럼 그 값진 보물을 얻어서 돌아오는 도중 큰 회오리바람을 만나, 배가 나찰귀(鬼羅刹)의 나라에 떨어졌다. 또 회오리바람이 몰아치자, 이때 장사치들이 각각 꿇어앉아 천신에게 기도를 올리기도 했으나 아무런 감응이 없어 그 액난을 피할 길이 없었다.

그중에 우바새(優婆塞) 한 사람이 여러 장사치들을 보고 이렇게 말하였다.

"듣건대 부처님 세존께서 항상 대비하신 마음으로 밤낮 중생들을 관찰하시어 고액을 받는 자가 있을 때엔 곧 친히 가서 제도하신다고 하니, 그대들도 이제 저 부처님의 명호를 함께 부른다면 혹시 여기에 오셔서 우리의 생명을 구제해 주시리라 생각하오."

이 말을 들은 장사치들이 다 한꺼번에 **'나무불타(南無佛陀)'**를 불렀는데, 그때 세존께서 멀리 이 액난에 허덕이는 장사치들을 바라보시고 즉시 광명을 놓아 회오리바람에 비추니 바람이 곧 사라져 모두 벗어날 수 있게 되어 모두들 이렇게 말하였다.

"우리들이 부처님의 위광(威光)을 입어 이 액난에서 벗어나게 되었으니, 이제 편안히 육지에 도착하는 날에는 부처님과 스님들을 위해 탑사(塔寺)를 세워서 부처님과 스님들을 거기에 모시어 온갖 음식을 베풀고 동시에 필요한 물자를 다 공급하여 모든 것을 모자람이 없게 해야 하리라."

이와 같이 말한 다음 모두가 그렇게 하기로 약속(約束)하고 곧 배를 이끌어 모두 편안히 고향땅에 도착했다. 그리고 앞서 말한 그대로 탑사를 세워 부처님과 스님들을 거기에 모셔 두고 온갖 맛난 음식을 베풀어 공양한 다음 한쪽에 물러나 앉아 있었다.

그들은 다시 부처님의 설법을 듣고 마음이 열리고 뜻을 이해하게 되어 도의 자취도취(道跡)를 얻어서 곧 부처님 앞에 나아가 출가하기를 원했으며, 부처님께서도 이렇게 말씀하셨다.

"잘 왔도다, 비구들이여."

그러자 수염과 머리털이 다 저절로 떨어지고 법복이 몸에 입혀져 곧 사문의 모습을 이루었으며, 부지런히 닦고 익혀 아라한과를 얻고 삼명(三明)·육통(六通)·팔해탈(八解脫)을 구족하여 온 천상과 세간 사람들에게 존경을 받았다.

이때 여러 비구들이 이 사실을 보고 나서 부처님께 아뢰었다.

"세존이시여, 저 장사치였던 5백 비구는 전생에 무슨 업을 지었기에 그러한 갖가지 액난을 당해서도 부처님의 위광(威光)을 입어 액난에서 벗어났으며, 또 무슨 인연으로 세존을 만나 출가 득도하게 되었나이까?"

부처님께서 비구들에게 말씀하셨다.

"비단 오늘만 그들을 구제한 것이 아니라, 과거세에도 내가 그러한 액난에서 구제한 일이 있었노라."

이에 비구들이 거듭 부처님께 아뢰었다.

"세존이시여, 과거세에 어떤 일이 있었는지를 저희들은 알지 못하오니, 원컨대 자세히 말씀해 주옵소서."

이때 세존께서 여러 비구들에게 말씀하셨다.

"너희들은 자세히 들으라. 내가 이제 너희들을 위해 분별 해설하리라.

한량없는 과거세 때 이 바라내국(波羅奈國)에 다섯 가지 신통을 갖춘 선인(仙人)이 강 언덕 주변에 머물고 있었다. 그때 5백 명의 장사치가 큰 바다에 나아가려고 강 언덕을 지나다가 저 선인을 보고 모두들 인사를 드리는 동시에 같이 바다에 나아갈 것을 권유하자 저 선인은 대답했다.

'그대들끼리 잘 다녀 오라. 설사 중간에 어떤 환난이 있더라도 나의 명호(名號)만을 일컬으면 그대들을 구호해 주겠노라.'

장사치들이 이 말을 듣고서 곧 배를 이끌어 바다에 나아가 값진 보물을 많이 얻어서 돌아오는 도중 사나운 나찰과 회오리바람[黑風]을 만났는데, 장사치들이 함께 지극한 마음으로 저 선인의 명호를 일컫자 과연 선인의 구호를 받아 그 모든 액난에서 벗어나게 되었느니라."

부처님께서 여러 비구들에게 말씀하셨다.

"알아 두라. 그 당시의 선인(仙人)은 바로 나의 전신(前身)이었고, 5백 명의 장사치는 바로 지금의 5백 비구들의 전신(前身)이었다. 그때 번뇌를 다 끊지 못했으면서도 그들의 액난을 구제해 주었는데, 하물며 이제 삼계(三界)에서 벗어난 내가 그들을 교화하여 제도하지 못하겠느냐?"

여러 비구들은 부처님의 이 말씀을 듣고 환희심을 내어서 받들어 행하였다.

82) 수만꽃 옷수만화의(須曼花衣)을 입은 채 출생한 인연

✿**부처님께서는 사위국 기수급고독원에 계시었다.**

당시 성중(城中)에 한량없고 헤아릴 수 없는 재보를 지닌 장자가 있었다. 그가 어떤 문벌 좋은 집의 딸을 골라 부인으로 맞이하여 온갖 기악(伎樂)을 즐겨 오다가, 그 부인이 임신하여 열 달 만에 아들아이를 낳으니, 그 용모가 단정하고 뛰어나며 미묘한 동시에 수만꽃 옷을 입은 채 출생하였다. 이에 상사(相師)를 불러 아이의 상을 보게 하였더니, 상사가 상을 보고 나서 부모에게 물었다.

"이 아이가 출생할 때 어떤 상서로운 모습이 있었습니까?"

그 부모가 이렇게 대답하였다.

"아이의 온몸이 수만꽃 옷에 싸여 출생하였으므로 이름을 수만나(須曼那)라 하였소."

그 뒤 아이의 성품이 더욱 어질고 부드러우며 인자하고 효성스러웠으며, 아이가 점점 장대함에 따라 꽃 옷도 몸에 알맞게 커졌다. 부모가 아이를 사랑스럽게 생각하여 아나율(阿那律)에게 데리고 가서 사미(沙彌)를 만들어 좌선(坐禪)을 가르치게 했더니, 오래지 않아 아라한과를 얻고 삼명(三明)·육통(六通)·팔해탈(八解脫)을 구족하여 온 천상과 세간 사람들에게 존경을 받게 되었다.

그때 아나율이 아이 사미에게 이렇게 말하였다.

"너는 지금 저 발제강발제하(拔提河) 가에 가서 깨끗한 물을 가지고 오너라."

사미가 명령을 받은 즉시 강가에 가서 병(瓶)에 물을 가득 넣어 허공으로 던진 다음 곧 뒤를 따라 날아올랐다.

이때 여러 비구들이 이 사미를 보고 나서 전에 없었던 일이라고 감탄한 끝에 부처님께 나아가 아뢰었다.

"세존이시여, 저 수만나 사미는 전생에 어떤 복을 심었기에 수만꽃 옷을 입은 채 큰 부호의 집에 태어났으며, 또 무슨 인연으로 출가한 지 오래지 않아 곧 아라한과를 얻었나이까?"

세존께서 여러 비구들에게 말씀하셨다.

"너희들은 자세히 들으라. 내가 이제 너희들을 위해 분별 해설하리라.

과거세 91겁 때 이 바라내국에 비바시(毘婆尸)부처님이 출현하시어 두루 교화를 마치고 열반(涅槃)에 드시자, 그때 범마달다(梵摩達多)라는 국왕이 저 부처님의 사리를 거둬서 4보탑(寶塔)을 만들어 공양하였다.

때마침 어떤 동자가 그 탑을 보고 환희심을 내어서 곧 출가했으나 나이가 늙어지자 아무런 얻은 것이 없음을 깊이 자책하여 수만꽃을 사서 실에 꿰어서 탑 위를 두루 덮은 뒤 발원(發願)하고 떠났다.

이 공덕으로 말미암아 91겁 동안 지옥·아귀·축생에 떨어지지 않고 항상 수만꽃 옷을 입은 채 천상과 인간으로 태어나 하늘의 쾌락을 받아 왔으며, 이제 또 나를 만나 출가 득도하게 된 것이니라."

여러 비구들은 부처님의 이 말씀을 듣고 환희심을
내어서 받들어 행하였다.

83) 보수(寶手) 비구의 인연[69]

❀**부처님께서는 사위국 기수급고독원에 계시었
다.**

당시 성중에 한량없고 헤아릴 수 없는 재보를 지닌
장자가 있었다. 그가 어떤 문벌 좋은 집의 딸을 골라 부
인으로 맞이하여 온갖 기악(伎樂)을 즐겨 오다가, 그 부
인이 임신하여 열 달 만에 아들아이를 낳으니, 이 세간
에서 보기 드물 만큼 단정하고도 수승 미묘하며, 그 두
손안에서 금전(金錢)이 나오는가 하면 꺼내는 대로 금전
이 끊임없이 다시 나왔다.

부모가 이상하게 여겨 상사(相師)를 불러와서 아이
의 상을 보게 하였더니, 상사가 상을 보고 나서 그 부모
에게 물었다.

"이 아이가 출생할 때 어떤 상서로운 일이 있었습
니까?"

그 부모가 이렇게 대답하였다.

"이 아이가 출생할 때부터 두 손안에 금전(金錢)이

---

69) 이와 유사한 이야기가 〈현우경〉제9품 "금재인연품(金財因緣品)"에
도 실려 있다.

있어 꺼내면 도로 금전이 나오게 되므로 이름을 보수(寶
手)라 하였소."

그 뒤 아이가 점점 장대하여, 성품이 더욱 어질고
부드러우며 인자하고 효성스러웠다. 또 보시하기를 좋아
하여 누구라도 구걸하는 이가 있을 때엔 두 손을 펴서
그 안에 있는 좋은 금전을 꺼내어 주었다. 그러던 차에
여러 친구들과 함께 성문을 나가서 차례로 돌아다니다가
기원정사에 이르러 부처님 세존의 그 32상(相) 80종호
(種好)로부터 마치 백천의 해와 같은 광명이 비춤을 보
고 곧 환희심을 내어 자리에서 엎드려 예배한 다음 부
처님과 비구 스님들에게 청하였다.

**"자비하신 마음으로 저의 공양을 받아 주옵소
서."**

이때 아난이 부처님 옆에 있다가 아이에게 물었다.

"네가 공양하려면 반드시 재보(財寶)가 있어야 하지
않겠느냐?"

아이가 아난이 하는 말을 듣고 곧 두 손을 펴자,
금전이 쏟아지기 시작하여 잠깐 사이에 쌓였는데, 이때
부처님께서 아난에게 분부하셨다.

"네가 이 금전 보물을 잘 처리하여 풍성한 음식을
만들어 나와 이 비구들을 청하라."

이에 아난이 분부를 받고 곧 음식을 마련해 공양을
마친 다음, 부처님께서 그를 위해 묘법을 설하시니 마음
이 열리고 뜻을 이해하게 되어 수다원과를 얻었다. 집에
돌아와 부모에게 출가 수도할 것을 구하니 그 부모가

아이를 사랑하는 마음에서 굳이 반대할 수 없게 되자, 아이는 곧 부처님 처소에 가서 출가할 것을 원하였으며, 부처님께서는 말씀하셨다.

"잘 왔도다, 비구들이여."

그러자 수염과 머리털이 다 저절로 떨어지고 법복이 몸에 입혀져 곧 사문의 모습을 이루었으며, 부지런히 닦고 익혀 아라한과를 얻고 삼명(三明)·육통(六通)·팔해탈(八解脫)을 구족하여 온 천상과 세간 사람들에게 존경을 받았다.

아난이 이 사실을 보고 나서 부처님께 아뢰었다.

"저 보수 비구는 전생에 무슨 복을 심었기에 호족(豪族)의 큰 장자 집에 태어남과 동시에 두 손에 금전이 있어 그 금전이 꺼내는 대로 다시 나오게 되며, 이제 또 무슨 인연으로 부처님을 만나 도과(道果)를 얻었나이까?"

그러자 세존께서 아난에게 말씀하셨다.

"너희들은 자세히 들어라. 내가 이제 너희들을 위해 분별 해설하리라.

이 현겁(賢劫)에 가섭(迦葉)부처님이 바라내국에 출현하시어 두루 교화를 마치고 열반에 드시자, 그때 가시(迦翅)라는 국왕이 저 부처님의 사리를 거둬서 4보탑(寶塔)을 세워 공양하였다.

때마침 어떤 장자가 세워 놓은 탑을 보고 마음에 환희심을 내어 곧 금전 한 닢을 기둥 밑에 놓아 둔 다음 발원하고 떠났는데, 저 장자가 이러한 공덕으로 말미

암아 나쁜 갈래에 떨어지지 않고 항상 하늘·사람으로
태어나 손만 펴면 금전이 나오며, 또 이제 나를 만났기
에 역시 꺼내는 대로 금전이 나오고 출가 득도하게 된
것이니라.”

여러 비구들은 부처님의 이 말씀을 듣고 환희심을
내어서 받들어 행하였다.

84) 삼장(三藏) 비구의 인연

❀**부처님께서는 사위국 기수급고독원에 계시었
다.**

바사닉왕(波斯匿王)의 부인이 임신하여 열 달 만에
아들아이를 낳으니, 그 용모가 이 세간에서 보기 드물
만큼 단정하고 뛰어나며 미묘할 뿐만 아니라, 출생할 때
부터 몸에 가사를 입고 말을 할 수 있어 그 부왕에게
물었다.

“여래 세존께서 지금 세간에 계십니까? 그리고 대
덕 가섭(迦葉)과 사리불(舍利弗)과 대목건련(大目揵連) 등
여러 큰 제자들도 현재 다 계십니까?”

부왕이 대답하였다.

“그분들은 현재 다 계시느니라.”

“그러시다면, 대왕께서 저를 위해 공양을 베풀어 부
처님과 스님들을 초청하옵소서.”

이에 왕은 곧 명령을 내려, 공양을 베풀어 두고 부

처님과 스님들을 초청하였는데, 부처님께서 궁에 드시어 그 태자를 보고 이렇게 물으셨다.

"네가 과거 가섭(迦葉) 부처님[70] 때 삼장(三藏) 비구였던 것을 기억하느냐?"

태자가 대답했다.

"예, 그러하나이다."

"모태(母胎)에 들어 있는 동안 안온하였던가?"

"부처님의 은혜를 입어 성명(性命)을 보존하며 낮밤을 지냈습니다."

왕과 그 부인은 태자가 부처님과 서로 문답하는 것을 보고 기쁨을 이기지 못해 부처님께 아뢰었다.

"이 태자가 전생에 무슨 복을 심었기에 출생하자마자 곧 말을 하게 되고 이제 또 감히 부처님과 문답을 하게 되나이까? 원컨대 세존께서 자세히 말씀해 주옵소서."

그때 세존께서 곧 왕에게 게송(偈頌)을 읊어 대답하셨다.

전생에 지은 모든 선업은
백 겁을 지나도 그대로 있나니
그 선업의 인연 때문에
이제 이러한 과보를 받는 것이네.

---

70) 가섭부처님[迦葉佛]은 과거칠불(過去七佛) 가운데 여섯 번째 부처님, 즉 석가모니 부처님 직전에 출세(出世)하신 부처님이다.

바사닉왕과 그 부인은 부처님 세존께서 설하신 이 게송(偈頌)을 듣고 나서 다시 부처님께 아뢰었다.

"세존이시여, 과거세에 어떠한 일이 있었는지를 저희들은 알지 못하오니, 원컨대 세존께서 다시 자세히 말씀해 주옵소서."

이때 세존께서 대왕에게 말씀하셨다.

"왕은 자세히 들으시오. 내가 이제 대왕을 위해 분별 해설하겠소.

이 현겁(賢劫)에 가섭(迦葉)부처님이 바라날국에 출현하시어 비구들과 함께 여러 곳을 유행하면서 교화하시던 차에 가시왕(迦翅王)의 나라에 도착하셨는데, 때마침 왕태자 선생(善生)이 부처님을 뵙고 깊이 신심과 공경심을 내어 그 부왕에게 출가할 뜻을 밝히자, 부왕이 태자에게 타이르기를 '네가 외아들로서 마땅히 왕위를 이어받아 민중들을 양육해야 하지 않겠느냐' 하고 끝내 허락하지 않았소.

왕태자는 이 말을 듣고 나자 근심과 괴로움에 싸여 땅에 쓰러졌으며, 하루, 이틀 내지 엿새에 걸쳐 음식을 끊으므로, 여러 대신들이 왕에게 '태자가 음식을 끊은 지 이미 엿새를 경과했으니 생명을 보전하지 못할까 염려됩니다. 원컨대 대왕께서 태자를 만나 보시고 출가(出家)할 것을 허락하옵소서.'라고 말했소.

저 대왕도 그 말을 듣고는, 마침내 허락하지 않을 수 없어서 태자와 함께 '네가 이제부터 삼장(三藏)의 경서를 다 독송하여 통달할 수 있다면 너에게 출가할 것을 허락하겠고 또 그러한 연후에라야 네가 나를 볼 수 있으리라'고 서약하였소.

이에 태자는 왕이 허락함을 듣고 마음 속으로 기뻐하면서 곧 출가하여 약속한 그대로 부지런히 삼장의 경서를 독송하고 익혀 다 통달한 뒤에 돌아와서 부왕을 뵙자, 부왕이 아들 비구에게 물었소.

'네가 앞서 약속한 그대로 과연 삼장의 경서(經書)를 읽고 외워 다 통달하고서 이제 나를 보는 것이냐?'

태자 비구는 이렇게 대답하였소.

'분부하신 대로 삼장의 경서를 이제 다 통달하였습니다.'

왕이 이 말을 듣자 매우 기뻐하여 곧 태자 비구에게 명령하였소.

'이제부터 창고에 있는 모든 재물을 다 너에게 허락하니 조금도 아낌없이 마음대로 사용하여라.'

태자 비구는 왕의 명령을 받들어 온 창고의 재물을 꺼내어 갖가지 맛난 음식을 준비해 두고 가섭부처님을 비롯한 2만 비구들을 초청하여 공양을 마친 다음 그 날 낱 비구들에게 또 삼의(三衣)71)와 육물(六物)72)을 각각 보시하였으며, 태자 비구는 이 공덕으로 말미암아 나쁜

---

71) 삼의(三衣)는 스님들이 입는 세 가지 옷, 즉 가사(袈裟)를 말한다. 외출 시에 입는 대의(大依), 평상시에 입는 상의(上衣), 속에 받쳐 입는 내의(內衣)가 있다.

72) 육물(六物)은 스님들이 지니는 여섯 가지 생활도구를 말한다. 앞서 말한 삼의(三衣)에 더해 식기인 발우(鉢盂), 앉거나 누울 때 까는 좌구(坐具), 물을 거르는 녹수낭(漉水囊)이 포함된다.

갈래에 떨어지지 않고 항상 가사를 몸에 입은 채 천상과 인간으로 태어났으며, 또 오늘날 나를 만나서 역시 가사를 입은 그대로 출가 득도하게 되는 것이오."

여러 비구들은 부처님의 이 말씀을 듣고 환희심을 내어서 받들어 행하였다.

85) 야사밀다(耶舍蜜多)의 인연

❀**부처님께서는 사위국 기수급고독원에 계시었다.**

당시 성중에 한량없고 헤아릴 수 없는 재보를 지닌 장자가 있었다. 그가 어떤 문벌 좋은 집의 딸을 골라 부인으로 맞이하여 온갖 기악(伎樂)을 즐겨 오다가, 그 부인이 임신을 하여 열 달 만에 아들을 낳으니, 아이의 용모가 이 세간에서 보기 드물 만큼 단정하고 뛰어나며 미묘하였다. 출생하던 날 하늘에서 큰 비가 내리므로 그 부모가 매우 기뻐하여 상사(相師)를 불러 아이의 상을 보게 하였더니, 상사가 상을 보고 나서 이렇게 말하였다.

"이 아이에게 복덕이 있어서 출생함과 동시에 비가 내렸을 것이오."

이 소문이 퍼져 온 나라가 듣고 알게 되었으므로 아이의 이름을 야사밀다(耶舍蜜多)라 하였다. 젖을 먹지 않는 반면, 그 어금니 사이에 자연히 팔공덕수(八功德

水)73)가 솟아나 그것으로 충족하였다. 그러던 차 아이가
점점 장대하여 여러 친구들과 함께 성문을 나와 돌아다
니다가 기원정사(祇園精舍)에 이르러 부처님 세존의 그
32상(相) 80종호(種好)로부터 마치 백천의 해와 같은 광
명이 널리 비춤을 보고 곧 환희심을 내어 부처님 앞에
엎드려 예배한 다음 출가하기를 원함으로 부처님께서 허
락하시면서 이렇게 말씀하셨다.

"잘 왔도다, 비구여."

그러자 수염과 머리털이 다 저절로 떨어지고 법복
이 몸에 입혀져 곧 사문의 모습을 이루었으며, 부지런히
닦고 익혀 아라한과를 얻고 삼명(三明)·육통(六通)·팔
해탈(八解脫)을 구족하여 온 천상과 인간 사람들에게 존
경을 받았다.

이때 여러 비구들이 이 사실을 보고 나서 부처님께
아뢰었다.

"세존이시여, 저 야사밀다 비구가 전생에 무슨 복을
심었기에 출생하던 날 하늘에서 단비감우(甘雨)가 내리고
젖을 먹지 않아도 어금니 사이에서 자연히 **팔공덕수(八
功德水)**가 솟아나 그것으로 충족하였으며, 또 무슨 인연
으로 이제 부처님을 만나 출가 득도하게 되었나이까?"

이때 세존께서 여러 비구들에게 말씀하셨다.

"너희들은 자세히 들으라. 내가 이제 너희들을

---

73) 팔공덕수(八功德水)는 극락정토에 있다는 여덟 가지 공덕이 있는
물을 말한다. 극락 정토에 있는 연못의 물은 맑고, 시원하고, 감미롭
고, 부드럽고, 윤택하고, 온화하고, 갈증을 없애 주고, 신체의 여러
부분을 성장시킨다고 한다.

위해 분별 해설하리라.

이 현겁(賢劫)에 가섭(迦葉) 부처님께서 바라날국에 출현하셨을 때 어떤 나이 많은 장자가 저 부처님 법을 따라 출가 입도하기는 했으나 게으르고 교만하여 정근하지 않을 뿐만 아니라 또 중병에 걸렸다. 어떤 의사가 진찰한 결과 '소(酥)를 먹어야만 그 병이 나으리라' 하여, 의사의 지시에 따라 소를 먹었는데, 밤중에 약을 먹고 열이 나며 갈증이 일어나 사방을 헤매면서 물을 구해도 물그릇이 다 비었다. 또 샘이나 못, 강 어느 곳을 가도 다 물이 고갈되어 물 한 그릇을 얻어 마실 수 없어서 스스로 깊이 뉘우치고 자책한 끝에 그 강 언덕에서 옷을 벗어 나무에 걸어둔 채 그것을 버리고 돌아와 그 이튿날 아침에 이 사실을 스승에게 알렸다. 그러자 스승이 곧 이렇게 대답했다.

'그대가 이러한 고통을 만난 모양이 마치 아귀(餓鬼)와 같구나. 내가 이제 병(瓶) 속에 넣어둔 물을 주겠으니 그대가 이것을 가지고 스님들에게로 가라.'

그는 이 말을 들은 즉시 병(瓶) 속의 물을 받았으나 그 물 역시 다 말라버리므로, 더욱 근심되고 두려워 '내가 목숨이 끝나면 아귀에 떨어지지 않을까' 하고는, 곧 저 부처님께 나아가서 전후 사실을 갖춰 아뢰었다.

'제가 이 고액을 만나 혹시 아귀에 떨어질까 매우 근심되고 두려우니, 원컨대 대자대비하신 세존께서 저를 위해 법을 설해 주소서.'

저 부처님께서 비구에게 말씀하셨다.

'네가 이제 저 비구 대중들 사이에 가서 그 깨끗한 물을 대중들에게 돌리면 아귀의 몸을 벗어나리라.'

그는 부처님의 분부를 듣고 마음 속으로 기뻐하며 곧 스님들 사이에 가서 항상 깨끗한 물을 돌리기를 2만 년을 지난 뒤에 목숨이 끝났다가, 그 다음부터 태어나는 곳마다 어금니 사이에 언제나 청정한 팔공덕수가 솟아나 젖을 먹지 않아도 그것으로 충족하였으며, 그리고 오늘 날 나를 만나 출가 득도하게 된 것이니라."

부처님께서 여러 비구들에게 말씀하셨다.

"알아 두라. 그 당시의 나이 많은 비구가 바로 지 금의 이 **야사밀다 비구**니라."

여러 비구들은 부처님의 이 말씀을 듣고 다 환희심 을 내어서 받들어 행하였다.

86) 화생(化生) 비구의 인연

✤**어느 때 세존께서 도리천상의 파리질다라(波利 質多羅) 나무 밑 보석전(寶石殿)에서 석 달 동안 안 거하시면서, 어머니 마야(摩耶)74) 부인을 위해 설법**

---

74) 마야(摩耶) 부인은 석가모니 부처님의 생모(生母)이시다. 마야부인 은 흰코끼리가 도솔천에서 내려와 오른쪽 옆구리로 들어오는 꿈을 꾸고 석가모니 부처님을 잉태하였다 한다. 출산하기 위하여 친정으 로 가던 중, 룸비니 동산에서 무우수(無憂樹) 나무에 오른팔을 뻗어 나뭇가지를 잡는 순간, 석가모니 태자가 오른쪽 겨드랑이로 탄생하 였다고 한다. 마야부인은 석가모니 태자를 출산하고 7일 만에 타계 하고 도리천에 태어났다고 한다.

을 마치고 천상으로부터 염부제에 내려오시려고 하였다.

그때 석제환인(釋提桓因)75)이 부처님께서 내려오시는 것을 알고 여러 하늘·용·야차·건달바와 아수라·가루라·긴나라·마후라가·구반다들에게 명령하여 부처님을 위해 세 갈래 보배 사다리를 만들어 두었다. 부처님께서 그 보배 사다리를 따라 하늘로부터 내려오시자, 한량없는 백천억 하늘·용·야차와 내지 사람인 듯 사람 아닌 듯한 무리들이 천상에서 내려오다 부처님을 보고 모두가 환희심을 내어 간절히 설법 듣기를 원하였다.

그때 세존께서 대중들의 선근이 이미 성숙됨을 아시고 곧 설법해 주셨는데, 이들 중에는 이 설법을 듣고 마음이 열리고 뜻을 이해하게 되어 혹은 수다원과(須陀洹果)를, 혹은 사다함과(斯陀含果)를, 혹은 아나함과(阿那含果)를, 혹은 아라한과(阿羅漢果)를 얻은 자도 있었으며, 혹은 벽지불의 마음을, 혹은 위없는 보리의 마음을 낸 자도 있었다.

마침 그 모임 가운데서 갑자기 화생(化生) 비구 한 사람이 대중들에게 이렇게 말하였다.

"그대들은 각각 나의 청을 받으시오. 내가 이제 그대들에게 갖가지 맛난 음식과 그 밖의 필요한 것을 다 공급하리다."

---

75) 석제환인(釋提桓因)은 도리천, 즉 욕계삼십삼천(欲界三十三天)의 왕으로, 제석천(帝釋天)이라고도 한다.

이 말을 들은 대중들이 제각기 '천상의 보배 그릇과 갖가지 맛난 음식을 다 얻게 되리라'고 생각했는데, 과연 그대로 만족한 대접을 받았다.

그러자 이때 아난이 이 사실을 보고 나서 부처님 앞에 나아가 아뢰었다.

"저 화생 비구는 전생에 무슨 복을 심었기에 이제 이 대중들로 하여금 다 배가 부르게 하나이까? 세존이시여, 그 어떠한 일이 있었는지를 저희들은 알 수 없나이다."

이때 세존께서 아난에게 말씀하셨다.

"너는 자세히 들으라. 내가 이제 너를 위해 분별 해설하리라.

과거 91겁 때 비바시(毘婆尸)부처님이 이 바라날국(波羅奈國)에 출현하시자, 저 부처님의 법을 배우는 여러 비구들이 여름 석 달 동안 산림 속에 앉아 좌선하여 도를 닦는데 걸식하는 곳이 너무 멀어서 도를 수행함에 지장이 많아 매우 피로하던 차에, 어떤 비구 한 사람이 나와 여러 스님들께 말하였다.

'오늘부터 내가 그대들을 위해 시주(施主)들에게 권하여 모든 것을 모자람 없이 공급하겠으니, 그대들은 안심하고 도를 수행함에만 힘쓸 뿐 다른 일을 걱정하지 마시오.'

이 말을 듣고 그들은 각기 마음껏 도를 수행하여 석 달만에 다 도과(道果)를 얻었으며, 이 공덕으로 말미암아 그 뒤 태어나는 곳마다 갖가지 맛난 음식을 생각하는 대로 얻을 수 있었고, 지금 또 나를 만났기 때문에 그가 생각만 한다면 대중을 공양함에 있어서 모자람 없게 할 수 있느니라.”

이때 아난이 다시 부처님께 아뢰었다.

“세존이시여, 그는 또 무슨 인연으로 이제 화생을 하였나이까?”

부처님께서 아난에게 말씀하셨다.

“이 현겁에 가섭(迦葉)부처님 때에 어느 장사 우두머리[商主]가 여러 장사치들을 데리고 다른 나라를 거치면서 장사의 이익을 구하던 차에, 그 부인이 임신이 되어 여행 도중 매우 어려운 산고에 부딪쳤는데, 결국 부인의 생명을 구하지 못했다.

그때 저 장사 우두머리가 생사를 싫어하게 되어 이 세간을 버리고 출가 입도하면서 이러한 큰 서원(誓願)을 세웠다.

‘원컨대 이 출가한 선근 공덕으로 말미암아 저로 하여금 미래세에 태어나는 곳마다 모태(母胎)에 들지 않고 항상 화생하게 해 주옵소서.’

이러한 까닭으로 지금 이러한 과보를 받을 뿐이니라.”

부처님께서 아난에게 말씀하셨다.

“알아 두라. 그 당시의 장사 우두머리가 바로 지금의 **화생 비구**이니라.”

그때 여러 비구들이 부처님의 이 말씀을 듣고 다 환희심을 내어서 받들어 행하였다.

87) 중보장엄(衆寶莊嚴)에 대한 인연

✦ **부처님께서는 가비라위국(迦毘羅衛國)의 니구타(尼狗陀)나무 아래 계시었다.**

당시 성중(城中)에 어떤 장자가 한량없고 헤아릴 수 없는 재보를 지니고 있었으나 자식이 없어서 자식(子息)을 얻기 위해 하늘과 땅의 귀신에게 기도(祈禱)를 올렸다.

그러자 그 정성이 감응되어 열 달 만에 아들아이를 낳으니, 그 용모가 이 세간에서 보기 드물 만큼 단정하고 뛰어나며 미묘할 뿐만 아니라, 아이가 출생하면서 그 집안에 자연히 샘물이 땅에서 솟아나는 동시에 온갖 값진 보물이 그 속에 가득 차 있었다.

한편 꽃 나무에 가장 미묘한 하늘 옷천의(天衣)이 가지마다 달려 있으므로, 저 장자가 이러한 것을 보고 기쁨을 이기지 못하고 곧 상사(相師)를 불러 아이의 상을 보게 하였더니, 상사가 상을 다 보고 나서 그 부모에게 물었다.

"이 아이가 출생할 때 어떤 상서로운 일이 있었습니까?"

부모가 이렇게 대답하였다.

"이 아이가 출생할 때 집안에 자연 샘물이 땅에서 솟아나는 동시에 온갖 값진 보물이 그곳에 가득 차 있고, 한편 또 꽃 나무 위에 좋은 하늘 옷이 달려 있으므로 아이의 이름을 중보장엄(衆寶莊嚴)이라 하였소."

그 뒤 아이가 점점 장대하여, 성품이 더욱 어질고 부드러우며 자비롭고 효성스러웠다. 어느 때 친구들과 함께 성 바깥을 나가서 차례로 유행하다가 니구타나무 아래에 이르러 부처님 세존의 그 32상(相) 80종호(種好)로부터 마치 백천의 해와 같은 광명이 널리 비춤을 보고 곧 환희심을 내어 부처님 앞에 나아가 엎드려 예배한 다음 한쪽에 물러나 앉았다.

그리고 부처님의 설법을 들은 즉시 마음이 열리고 뜻을 이해하게 되어 수다원과(須陀洹果)를 얻고서 집에 돌아가 부모에게 출가할 뜻을 말씀드렸다. 그 부모가 아이를 사랑하는 마음에서 굳이 허락하지 않을 수 없게 되자 아이는 곧 부처님 처소에 나아가 출가하기를 원하였으므로 부처님께서 이렇게 말씀하셨다.

"잘 왔도다, 비구여."

그러자 수염과 머리털이 저절로 떨어지고 법복이 몸에 입혀져 곧 사문의 모습을 이루었으며, 부지런히 닦고 익혀 아라한과를 얻고 삼명(三明)·육통(六通)·팔해탈(八解脫)을 구족하여 온 천상과 인간 사람들에게 존경을 받았다.

여러 비구들이 이 일을 보고 나서 부처님께 아뢰었다.

"세존이시여, 저 중보장엄 비구는 전생에 무슨 복을

심었기에 출생함과 동시에 그런 기특한 일이 있었으며, 또 출가한 지 오래지 않아, 다시 도과(道果)를 얻었나이까?"

이때 세존께서 여러 비구들에게 말씀하셨다.

"너희들은 자세히 들으라. 내가 이제 너희들을 위해 분별 해설하리라.

한량없는 과거세 때 가손타(迦孫陀)부처님께서 이 바라날국에 출현하시어 두루 교화를 마치고 열반에 드시자, 그때 범마달다(梵摩達多)라는 국왕이 저 부처님의 사리를 거둬서 높이 1유순의 4보탑(寶塔)을 만들어 공양하였다.

때마침 어떤 장자가 꽃 나무를 가져와서 거기에 온갖 값진 보배와 갖가지 의복(衣服)을 걸어 두고, 한편 병수(瓶水)를 탑 앞에 놓고 발원하고 공양하였는데, 이 공덕으로 말미암아 지옥·축생·아귀에 떨어지지 않고 천상과 인간으로 태어날 때마다 샘물과 꽃 나무가 함께 따랐으며, 내지 오늘날 또 나를 만나 출가 득도하게 된 것이니라."

부처님께서 여러 비구들에게 말씀하셨다.

"알아 두라. 그 당시 꽃 나무를 받들어 탑에 공양한 이가 바로 지금의 **중보장엄 비구**니라."

여러 비구들은 부처님의 이 말씀을 듣고 다 환희심을 내어서 받들어 행하였다.

88) 계빈녕[罽賓寧] 왕의 인연76)

✤부처님께서 사위국 기수급고독원에 계시었다.

당시 남방(南方)에 금지국(金地國)의 계빈녕왕(罽賓寧王)이 부인과 함께 오락을 계속하다가, 열 달 만에 아들을 낳으니, 아이의 뼈마디가 굵고 큰 힘이 있었는가 하면, 그가 출생하던 날 1만 8천에 달하는 대신의 아들이 역시 함께 출생함과 동시에 그들도 다 큰 힘이 있었다.

그 뒤 왕자가 점점 장대하여 죽은 부왕의 뒤를 이어 왕위에 오르자 같은 날 출생한 대신의 아들 1만 8천 명을 불러 그들에게 다 대신의 지위를 주어 같이 국사를 다스리기 시작했다.

어느 때 계빈녕왕이 그 여러 신하들과 함께 사냥을 나아가 유희하던 끝에 신하들에게 물었다.

"지금 이 세간에 나처럼 큰 힘을 가진 이가 또 어디 있느냐?"

그러자 왕의 시종 가운데 어떤 상객(商客) 한 사람이 이 말을 듣고 곧 대답하였다.

"들건대 도하(都下)에 어떤 국왕이 있으니 그가 바로 바사닉왕(波斯匿王)인데, 그 국왕이 지닌 큰 힘이 지금 대왕보다도 백천만 배나 더 뛰어날 것이라 합니다."

이때 계빈녕왕이 상객의 말을 듣고는, 곧 진심이

---

76) 이 이야기는 〈현우경〉제37품 "대겁빈녕품(大劫賓寧品)"에도 실려 있다.

성해져 바사닉왕에게 사신을 보내 통고하였다.

'앞으로 7일 이내에 그대가 시종들을 거느리고 나의 국토에 와서 배알하고 문안 인사를 드려야 하오. 그렇지 않을 경우엔 내가 직접 가서 그대의 오족(五族)을 남김없이 베어버리고 말겠소.'

이때 바사닉왕은 사신의 말을 듣고 매우 당황하고 두려워할 뿐, 아무런 계책이 없어서 곧 부처님께 나아가 아뢰었다.

"저 계빈녕왕이 사신을 보내 저를 협박하되, '앞으로 7일 이내에 시종들을 거느리고 와서 왕에게 배알하고 문안 인사를 드려야 하지, 그렇지 않을 경우엔 죽이고 말겠노라' 하니, 세존이시여, 이 사정을 어떻게 하면 좋으리까?"

이때 부처님께서 바사닉왕에게 말씀하셨다.

"왕은 조금도 겁내지 말고 다만 그 사신에게 '잘못 왔습니다. 나는 소왕(小王)이고 진짜 대왕은 가까운 기원정사(祇園精舍)에 계시니, 그대가 이제 거기에 가서 그대의 왕명을 전달하시오'라고 말해 보내십시오."

이때에 바사닉왕은 부처님이 지시한 그대로 사신(使臣)에게 전달하고, 한편 부처님께선 전륜성왕(轉輪聖王)의 몸으로 화작(化作)하여, 대목건련(大目揵連)으로 하여금 전병신(典兵臣: 군사를 맡은 대신)을 삼아 군중을 거느리고 온 기원정사을 둘러싸게 하였다.

사방 주변엔 일곱 겹의 구덩이를 만들고 칠보(七寶)의 나무를 마주 줄지어 두는 동시에 그 구덩이 속마다 갖가지 한량없는 연꽃을 심어 찬란한 광명을 온 성내에 비추게 하고는 대왕의 위의를 갖춰 전상(殿上)에 앉아 계시니 그 모습이 존엄하되 두려웠다.

　　이때 바로 저 사신이 와서 이 왕을 보고 놀라고 두려워하며, 스스로 생각하기를 '우리 임금께서 부질없이 화(禍)를 불러일으켰구나. 그렇지만 할 수 없다' 하고서 곧 왕의 친서를 받들어 올렸다. 이때 변화한 왕이 그 친서를 받아 다리 밑으로 떨어뜨리고 사신에게 타이르셨다.

　　"나는 4역(域)을 다 통치하는 대왕이다. 너는 이제 돌아가서 내 명령을 이렇게 전달하라. '나의 이 친서를 받는 그날부터 빨리 와서 문안을 드릴지니, 누워서 나의 음성을 들으면 곧 일어나 앉아야 하고, 앉아서 나의 음성을 들으면 곧 일어서야 하고, 일어서서 나의 음성을 들으면 곧 길을 건너야 되리라. 그래서 7일 이내에 시종들을 거느리고 나에게 와서 배알해야지, 만약 이 명령을 어길 때엔 그 죄를 용서하지 않겠노라'고."

　　이에 사신이 본국(本國)으로 돌아가 위의 사실을 갖추어 저 왕에게 보고하자, 왕은 이 말을 듣고 자신의 허물을 매우 꾸짖고는 곧 3만 6천 신하를 불러 모아 수레를 장엄하고 대왕에게 배알하러 오면서도 한편 의심이 들어서 바로 접견하지 않고 먼저 한 사신을 보내 대왕에 아뢰었다.

　　"제가 영도하는 3만 6천 소왕(小王)을 다 인솔하기가 곤란하오니 그 반수만을 거느리고 와도 좋습니까?"

이때 화왕은 사신에게 이렇게 대답하였다.

"그렇다면, 반수만이라도 빨리 거느리고 오라."

이때에 계빈녕왕은 대왕의 허락을 얻어 그 반수를 남긴 채 1만 8천 소왕들을 거느리고 빨리 와서 대왕에게 배알을 드린 다음 곧 생각하기를, '대왕의 용모가 비록 뛰어나기는 했으나 힘은 나보다 못하리라' 하였다.

이때 화왕이 계빈녕왕이 생각하는 뜻을 짐작하고 곧 전장신(典藏臣)으로 하여금 선조 때부터 전해 온 큰 활궁(弓)을 가져오게 해서 저 왕에게 주어 한번 시험삼아 활을 당겨 보게 했으나 왕이 활을 이겨내지 못하므로 화왕이 도로 활을 잡고서 한 손가락으로 활 줄을 튀겨 온 삼천대천세계를 다 진동하게 했다.

다음엔 또 화왕이 화살을 쏘되 화살을 다섯 화살로 만드는 동시에 그 화살 끝마다 연꽃 한 송이씩이 있고, 연꽃 한 송이마다 화불(化佛)이 계셔서 큰 광명을 놓아 온 삼천대천세계를 비추시니, 다섯 갈래 중생이 다 은혜를 입고 모든 하늘과 사람들이 도과(道果)를 얻었다.

지옥엔 이글거리는 불이 사라지고 아귀들은 만족한 음식을 받고 축생들은 무거운 짐을 벗어날 뿐만 아니라, 그 밖의 모든 탐욕·진심·우치와 번뇌에 허덕이는 자들도 모두 이 광명을 만나 스스로 조복되어 불법에 신심과 공경심을 내게 했다.

마침내 계빈녕왕이 이러한 신통 변화를 보고 화왕을 향해 온몸을 땅에 엎드려 예배함과 함께 마음이 곧 조복되었다. 그때 화왕도 저 왕이 이미 조복(調伏)됨을 알고 본래의 모습으로 되돌아가 대중에 둘러싸인 채 1만 8천 소왕들에게 갖가지 법을 설하자 마음이 열리고 뜻을 이해하게 되어 제각기 도의 자취도취(道跡)를 얻는 동시에, 수다원과를 얻고 곧 부처님 앞에서 출가하기를 원하므로 부처님께서 말씀하셨다.

"잘 왔도다, 비구들이여."

그러자 수염과 머리털이 저절로 떨어지고 법복이 몸에 입혀져 곧 사문의 모습을 이루었으며, 부지런히 닦고 익혀 오래지 않아 아라한과를 얻고 삼명(三明)·육통(六通)·팔해탈(八解脫)을 구족하여 온 천상과 세간 사람들에게 존경을 받았다.

그때에 아난이 부처님께 나아가 아뢰었다.

"세존이시여, 저 계빈녕왕을 비롯한 비구들은 전생에 무슨 복을 심었기에 다 호족(豪族)에 태어나 큰 힘을 지니게 되었고, 또 무슨 인연으로 부처님을 만나서 각각 도과(道果)를 얻었나이까?"

이때 세존께서 아난에게 말씀하셨다.

"너희들은 자세히 들어라. 내가 이제 너희들을 위해 분별 해설하리라.

과거세 비바시(毗婆尸)부처님께서 이 바라날국에 출현하시어 여러 비구들을 거느리고 보전국(寶殿國)에 도착하셨는데, 그때 반두발제(槃頭末帝)란 국왕이 부처님 오신다는 소문을 듣고 마음에 기뻐하여, 1만 8천 신하들과 함께 성문에 나와 맞이하며 엎드려 예배한 다음 무릎을 꿇고 앉아 부처님들을 비롯한 여러 비구들에게 이렇게 청하였다.

'원컨대 자비하신 마음으로 석 달 동안 저희들의 네 가지 공양을 받아 주옵소서.'

이때 부처님과 스님들이 왕의 공양을 받고, 부처님께서 곧 갖가지 묘법을 설해 주시자 왕과 그 신하들은 각각 환희심을 내어서 다음과 같이 원을 세웠다.

'원컨대 이 공양의 선근 공덕으로 말미암아 저희들로 하여금 미래세에 태어나는 곳마다 모두들 같은 날 함께 출생케 하여 주소서.'

이렇게 발원하고서 각자의 처소로 돌아갔는데, 과연 그들은 이 공덕으로 인하여 한량없는 세간에 걸쳐 나쁜 갈래에 떨어지지 않고 항상 같은 날 천상과 인간으로 태어나 하늘의 온갖 쾌락을 받아 왔으며 이제 또 나를 만나 출가 득도하게 된 것이니라."

부처님께서 아난에게 말씀하셨다.

"알아 두라. 그 당시의 반두말제왕은 바로 지금의 **계빈녕 비구**이고 그 당시의 뭇 신하들은 바로 지금의 1만 8천 비구들이었느니라."

여러 비구들은 부처님 말씀을 듣고 다 환희심을 내어서 받들어 행하였다.

89) 석왕(釋王) 발제(跋提)가 비구가 된 인연

※부처님께서는 사위국 기수급고독원에 계시었

다.

그 때는 여래가 바로 6년 동안의 고행을 마치고 비로소 정각(正覺)을 이룩하신 지 만 20년째였는데, 천 2백 50명의 비구들을 거느리고 가비라위국(迦毘羅衛國)에 돌아가려 하시면서 생각하기를, '내가 이제 저 본국에 돌아가되 이 여러 비구들로 하여금 각각 신통 변화를 나타내어 함께 가게 하리라. 왜냐 하면 거기에 있는 석왕들은 **교만심**이 많아서 항상 공동생활을 할 수 없기 때문이라' 하시고는, 곧 1천 2백 50인 비구들에게 분부하셨다.

"내가 이제 본국으로 돌아가려 하니, 너희들도 각각 신통 변화를 나타내 나와 함께 가서 거기에 있는 여러 석왕들로 하여금 정성껏 믿고 받아들이게 해야 하리라."

이렇게 말씀하신 다음 세존께서 큰 광명을 놓아 여러 비구들과 함께 허공을 타고 저 가비라위국에 도착하시었다.

그때 정반왕(淨飯王)이 부처님이 오신다는 소문을 듣고 여러 석왕들에게 명령하여 길을 닦아 부정한 것을 제거하는 한편, 당기·번기를 세워 보배 방울을 달고 향수를 땅에 뿌리고 뭇 미묘한 꽃을 흩으며 온갖 기악을 베풀어 세존을 맞이하여 부처님께 예배하고 궁에 들어와서 왕의 공양을 받게 하였다.

이때 정반왕이 부처님을 시종하는 사람들을 보자 '그들이 비록 신통력은 있지만 용모가 너무 누추하여 마음에 마땅치 않으니 이제 내가 발제석(跋提釋) 등 용모

단정한 5백 사람을 골라 세존께 시종하도록 하리라'고 생각하고, 곧 5백 사람을 골라 부처님 처소에 보내는 동시에 우바리(優波離)로 하여금 그들의 수염과 머리털을 깎게 하였다.

그런데 우바리가 눈물을 흘려 석왕의 머리 위에 떨어뜨리자 석왕이 곧 그 이유를 물었다.

"그대는 무엇 때문에 그렇게 눈물을 흘리는가?"

우바리가 대답하였다.

"이제 석왕은 모든 석가족 중에서도 존귀한 몸이거늘, 뜻밖에 하루아침에 이같이 모습을 바꾸고 거친 음식을 먹고 더러운 옷을 입어야 하는 것을 보니 제가 자연 눈물을 흘리게 되었습니다."

발제석왕이 이 말을 듣고 나서 마음 속으로 서글퍼하기는 했으나 아직도 교만이 남아서 수염과 머리털을 깎은 뒤 옷과 발우를 갖춰 구족계(具足戒)를 받기 위해 스님들 사이에 들어가서 차례로 예배하다가 우바리 앞에 이르러서는 그대로 서서 예배하지 않으므로, 부처님께서 그 이유를 물으셨다.

"그대가 이제 우바리 앞에서만 예배하지 않는 것은 무슨 까닭인가?"

발제석왕이 대답하였다.

"그는 천한 사람이고 저는 귀한 몸이기에 예배하지 않는 것입니다."

부처님께서 말씀하셨다.

"우리의 법에는 귀(貴)하거나 천(賤)한 것이 없으니,

모든 것은 환화(幻化)와 같아서 편안함과 위험안위(安危)를 보장하기 어렵느니라.”

반제석왕이 또 말하였다.

“그렇다 할지라도 그는 우리의 노복(奴僕)이라 차마 예배할 수 없습니다.”

부처님께서 다시 말씀하셨다.

“일체 노복이거나 빈부·귀천이 다 은애(恩愛)로 분리될 것이거늘 무슨 차별이 있겠느냐?”

이때 발제석왕이 부처님 말씀을 듣고 나서 몸을 굽히고 예배하자 온 땅이 진동하고 공중에는 천신들이 전에 없던 일이라고 소리를 높여 찬탄하되, ‘발제석왕이 도를 구하기 위해 저 미천한 사람에게 진심으로 몸을 굽혀 꿇어앉아 예배하니 그 아만(我慢)의 깃발이 무너지겠구나’라고 하였다.

이때에 발제석이 구족계를 받은 다음 한쪽에 물러나 앉아 부처님 설법을 듣고 마음이 열리고 뜻을 이해하게 되어 아라한과(阿羅漢果)를 얻었다. 그리고 발우를 잡고 걸식하기 시작해 저 무덤 사이에 나아가 나무 아래 거처했으나 아무런 두려움이 없을 뿐만 아니라, 마음가짐이 태연하게 되어 곧 스스로 이렇게 말하였다.

“내가 옛날 왕궁에 있을 때엔 건장한 사나이들을 모집해 그들에게 무기와 몽둥이를 주어 좌우에 배치시켜도 항상 위태롭고 두려움을 느꼈는데, 이제 출가 입도하게 되자 이 무덤 사이에 있어도 전연 두려움이 없으니 참으로 상쾌하기 말할 수 없구나.”

그때 아난이 발제석왕이 하는 말을 듣고 부처님 앞에 나아가 아뢰었다.

"세존이시여, 저 발제석왕 비구는 전생에 무슨 복을 심었기에 호족(豪族)에 태어나서 출가한 지 오래지 않아 곧 아라한과를 얻었나이까?"

부처님께서 아난에게 말씀하셨다.

"너는 자세히 들으라. 내가 이제 너를 위해 분별 해설하리라.

한량없는 과거세 때 이 바라날국에 어떤 벽지불이 있어 그가 발우를 들고 걸식하러 다녔는데, 때마침 빈궁한 사람이 굶주린 몸으로 길을 가다가 떡을 조금 얻어 곧 자신이 먹으려던 차에 저 걸식하러 다니는 벽지불의 위의를 보고 환희심이 생겨서 그 떡을 보시하였다.

벽지불이 떡을 받자마자 몸을 솟아 허공에 몸을 솟구쳐 올라가서 열여덟 가지 변화를 나타내되 동쪽에서 솟아 서쪽으로 사라지기도 하고 남쪽에서 솟아 북쪽으로 사라지기도 하고 다시 그 몸에서 물과 불을 내는 등 이러한 갖가지 열여덟 가지 변화를 일으켰다.

떡을 보시한 그 사람이 이 변화를 보고 더욱 신심과 존경심을 내어 곧 발원하고 떠났는데, 그 사람이 이 공덕으로 말미암아 한량없는 세간을 겪는 동안 지옥·아귀·축생에 떨어지지 않고 항상 천상 사람으로 태어나 존경과 영화로움과 부귀와 쾌락을 받아왔으며, 지금 또 나를 만나서 출가 득도하게 되었느니라."

부처님께서 아난에게 말씀하셨다.

"알아 두라. 당시 떡을 보시한 사람이 바로 지금의 **발제석왕 비구**니라."

부처님께서 이 인연을 말씀하실 때 그 모임의 대중 가운데 혹은 수다원과(須陀洹果)를, 혹은 사다함과(斯陀含果)를, 혹은 아나함과(阿那含果)를, 혹은 아라한과(阿羅漢果)를 얻은 자도 있었으며, 혹은 벽지불의 마음을, 혹은 위없는 보리의 마음을 낸 자도 있었다.

다른 여러 비구들도 부처님의 이 말씀을 듣고 다 환희심을 내어서 받들어 행하였다.

90) 부처님께서 호국(護國) 왕자를 제도하여 출가(出家)하게 하신 인연

❀**부처님께서는 구비라국(狗毘羅國)의 토라수(吐羅樹) 아래에 계시면서 이렇게 생각하셨다.**

'내가 이제 저 왕자 호국(護國)에게 가서 그를 제도하여 출가하게 하리라.'

이와 같이 생각하신 끝에 여러 비구들을 거느리고 성문에 이르러 문지방을 밟으시자, 온 땅이 여섯 가지로 진동하고 천상으로부터 온갖 꽃들이 퍼부었다.

한편 부처님께서 큰 광명을 놓아 저 성중을 비추시자 맹인(盲人)이 눈을 뜨게 되고 귀머거리가 소리를 듣게 되고 벙어리가 말을 하게 되고 절름발이가 길을 다닐 수 있게 되었다.

그때 저 왕자가 이 광명을 보고 전에 없던 일이라고 찬탄하면서 곧 부처님 처소에 나아갔는데, 급기야 세존의 32상(相) 80종호(種好)로부터 마치 백천의 해처럼 널리 비추는 광명의 그 상서로운 위의를 보고는 더욱 환희심을 내어 곧 부처님 앞에 엎드려 예배하고 한쪽에 물러나 앉아 있었다.

부처님께서 그를 위해 사제법(四諦法)을 설해 주시자, 그는 마음이 열리고 뜻을 이해하게 되어 수다원과(須陀洹果)를 얻었다. 집에 돌아와 그 부왕(父王)에게 부처님 공덕을 찬탄하고, 한편 '재가(在家)한 자로서도 전륜성왕(轉輪聖王)이 되어 사천하를 맡아 다스리고 칠보(七寶)를 구족하여 자유로이 유행(流行)할 수 있거늘, 하물며 이제 내가 출가 입도한다면 칠보(七寶)의 구족쯤이야 말할 것이 있으랴. 곧 부처님께 출가를 구하리라' 이렇게 생각하고서 그 부왕에게 말했다.

"원컨대 대왕께서 가엾이 여기시어 저로 하여금 세존을 따르도록 출가(出家)를 허락해 주옵소서."

이때에 수제(須提)왕이 태자의 이 말을 듣고 막으면서 허락하지 않자, 태자는 마음이 답답하고 괴로워서 음식을 끊은 지 하루, 이틀 내지 엿새가 되므로, 뭇 신하들이 태자가 엿새 동안 먹지 않는 것을 보고 왕 앞에 꿇어앉아 이렇게 진언하였다.

"태자(太子)가 이제 음식을 끊은 채 엿새를 지냈으니 생명을 보전하지 못할까 염려되옵니다. 원컨대 대왕(大王)께서 불러보시어 출가를 허락하소서."

이에 수제왕도 신하들의 말을 듣고는 할 수 없이 출가 입도할 것을 허락하자, 태자는 곧 부처님께 나아가 출가하기를 원했으며, 부처님께서도 말씀하셨다.

"잘 왔도다, 비구여."

그러자 수염과 머리털이 저절로 떨어지고 법복(法服)이 몸에 입혀져 곧 사문의 모습을 이루었으며, 부지런히 닦고 익혀 아라한과(阿羅漢果)를 얻고 삼명(三明)·육통(六通)·팔해탈(八解脫)을 구족하여 온 천상과 세간 사람들에게 존경을 받았다.

이때 여러 비구들이 이 사실을 보고 나서 부처님께 나아가 아뢰었다.

"세존이시여, 저 왕태자 **호국 비구**는 전생에 무슨 복을 심었기에 왕가에 태어났으며, 또 무슨 인연으로 출가한 지 오래지 않아 곧 도과(道果)를 얻었나이까?"

부처님께서 여러 비구들에게 말씀하셨다.

"너희들은 자세히 들으라. 내가 이제 너희들을 위해 분별 해설하리라.

한량없는 과거세 때 바라날국에 비제(毘提)라는 국왕이 군사를 일으켜 이웃 나라와 교전하다가 그 이웃 나라 국왕에게 패배를 당해 도주하는 동안 어느 넓은 벌판에 이르렀는데, 마침 혹독한 더위를 만났으나 수초(水草)를 구할 수 없어서 기갈(飢渴)에 허덕여 죽을 지경이었다.

그때 어떤 벽지불 한 사람이 이 광경을 보고 수초가 있는 곳을 가르쳐 주니 비로소 기갈을 면해 그 길로 무사히 본국에 돌아와 기쁨을 이기지 못하고 이렇게 말하였다.

'우리들이 이제 기갈의 고통을 벗어난 것은 다 저 벽지불의 은덕을 입었기 때문이니 마땅히 공양을 베풀어 저 벽지불을 초청해야 하리라."

그리고 왕은 곧 명령을 내려 갖가지 맛난 음식을 준비해 두고 벽지불을 초청해 궁중으로 맞이하여 공양하였다. 저 벽지불이 이 공양을 받은 뒤 곧 열반에 들자, 왕을 비롯한 그 뭇 신하와 후비·채녀들이 눈물을 흘리며 슬퍼하고 괴로워한 끝에 벽지불의 사리를 거둬서 4보탑(寶塔)을 세워 공양했는데, 그들이 이 공덕으로 말미암아 한량없는 세간을 겪는 동안 지옥·축생·아귀에 떨어지지 않고 항상 천상과 인간으로 태어나 온갖 존영(尊榮)과 부귀를 누리는 동시 천상의 쾌락을 받아 왔으며, 내지 지금에 와서 또 나를 만나 출가 득도하게 된 것이니라."

부처님께서 여러 비구들에게 말씀하셨다.

"알아 두라. 그 당시 벽지불을 공양한 국왕이 바로 지금의 이 **호국비구**니라."

여러 비구들은 부처님의 이 말씀을 듣고 다 환희심을 내어서 받들어 행하였다.

성내는 마음 가라앉히면 편안히 잘 수 있고
성내는 마음 가라앉히면 근심과 걱정이 없어지느니라.
성냄은 깨달음의 씨앗을 해치는 독의 근본이 되나니라.
그래서 성냄을 없애고 인욕을 실천하는 사람을
모든 성인은 칭찬한다.
- 잡아함경

찬집백연경 제10권

오 월지 우바새 지겸 한역

10. 제연품(諸緣品)

91) 수보리(須菩提)의 성품이 포악한 인연

세존께서는 처음 성불하시던 때 여러 용왕(龍王)을 교화하기 위해 수미산(須彌山)에 가셔서 비구의 모습을 나타내 단정히 앉아 사유하고 계셨다.

때마침 금시조왕(金翅鳥王)이 큰 바다에 들어가 작은 용(龍)을 잡아 수미산 꼭대기에 돌아와서 막 잡아먹으려고 하였다.

그때 저 작은 용이 아직 목숨이 끊어지지 않았으므로, 멀리 단정히 앉아 생각에 잠겨 있는 비구(比丘)의 모습을 바라보고 지극한 마음으로 애걸하였는데, 그는 곧 목숨이 끝나는 대로 사위국의 부리(負梨)라는 바라문 집에 태어났으니, 이 세간에서 보기 드물 만큼 그 용모가 단정하고 뛰어나며 미묘하므로 이름을 수보리(須菩提)라 하였다.

그 뒤 아이가 점점 장대하여 누구도 따를 수 없을 정도로 지혜롭고 총명한 반면 그 성품이 포악하여 사람이나 축생을 보는 대로 모조리 성내고 꾸짖기를 그치지 않자 부모와 친척들이 다 보기를 싫어하였다.

아이도 곧 집을 떠나 산림(山林)속에 들어갔는데, 날짐승·길짐승과 내지 바람에 흔들리는 초목을 보고서도 역시 포악한 성품 그대로 진심[진(瞋)]을 내며 기뻐하지 않았다.

이때 산신(山神)이 수보리에게 말하였다.

"그대는 이제 무엇 때문에 집을 버리고 이 산림 속에 왔는가. 선한 업을 닦지 않으면 아무런 이익 없이 헛되이 고생만 하게 되리라. 세존께서 이제 기원정사(祇園精舍)에 계신데, 그는 큰 복덕이 있어서 중생들로 하여금 선한 업을 닦고 악한 업을 끊게 교화하시는 분이니, 그대도 이제 거기에 간다면 반드시 그대의 그 진심과 포악한 성품을 제거할 수 있으리라."

이때 수보리도 산신(山神)의 이 말을 듣고는, 곧 환희심을 내어 산신에게 물었다.

"그렇다면 세존께서는 지금 어느 곳에 계십니까?"

산신이 이렇게 대답하였다.

"좋다. 그대가 눈만 감고 있으면 내가 그대를 데리고 세존의 처소까지 가리라."

수보리가 산신의 말에 따라 눈을 감고 있는 동안 과연 자신도 모르게 문득 기원정사(祇園精舍)에 가서 있게 되어, 부처님 세존의 그 32상(相) 80종호(種好)로부터 마치 백천의 해와 같은 광명이 비춤을 보고 곧 환희심을 내어서 부처님 앞에 나아가 엎드려 예배한 다음 한쪽에 물러앉아 있었다.

부처님께서 그를 위해 법을 선설하시되, 진에(瞋恚)[77]로 인하여 악행을 저지르고 우치(愚癡)[78]로 인하여 번뇌가 쌓이니, 이로 말미암아 선근(善根)이 소멸하고 온 갖 악업이 증장하며, 뒷날 그 과보(果報)를 받게 될지니, 곧 지옥에 떨어져 말할 수 없는 고통을 받게 되고, 설사 그 고통에서 벗어나더라도 다시 용・뱀・나찰・귀신 따 위에 태어나 항상 악독한 마음을 품고서 서로 살해(殺害)하게 된다고 하셨다.

이러한 경위를 깨우쳐 주시자, 이때에 수보리는 부 처님의 이 말씀을 듣고 놀라서 모골이 송연해졌다. 그리 하여 스스로 후회하고 자책하며 부처님 앞에 나아가 깊 이 참회(懺悔)한 나머지 이내 수다원과(須陀洹果)를 얻었 으며, 기쁨에 넘친 마음으로 출가 입도하기를 원하자, 부처님께서도 허락하시며 이렇게 말씀하셨다.

"잘 왔도다, 비구여."

그러자 수염과 머리털이 저절로 떨어지고 법복이 몸에 입혀져 곧 사문의 모습을 이루었으며, 부지런히 닦 고 익혀 아라한과(阿羅漢果)를 얻고 삼명(三明)・육통(六 通)・팔해탈(八解脫)을 구족하여 온 천상과 세간 사람들 에게 존경을 받았다.

이때 여러 비구들이 이 사실을 보고 나서 부처님께

---

77) 번뇌를 일으키는 삼독(三毒) 가운데 하나. 자신의 뜻에 어그러짐에 대하여 성내고 노여워하는 마음.

78) 번뇌를 일으키는 삼독(三毒) 가운데 하나. 어리석어 진리를 분별하 지 못하고 미혹되는 마음.

나아가 아뢰었다.

"세존이시여, 저 수보리 비구는 전생에 무슨 업을 지었기에 사람으로 태어나서 항상 끊임없이 그러한 진심을 품어 오다가 또 무슨 인연으로 이제 부처님을 만나 즉시 출가 득도하게 되었나이까?"

이때 세존께서 여러 비구들에게 말씀하셨다.

"너희들은 자세히 들으라. 내가 이제 너희들을 위해 분별 해설하리라.

이 현겁(賢劫)에 가섭(迦葉)부처님께서 바라날국에 출현하실 때에 어떤 비구 한 사람이 항상 권화(勸化)하여 1만 세 동안 여러 동료 비구들을 거느리고 곳곳에서 공양을 시켰다. 그 뒤 어느 날 조그마한 사정으로 인하여 그 동료 중의 한 비구가 따라오지 않자 그 비구가 곧 악설(惡說)을 퍼붓되 **'그대야말로 독룡(毒龍)처럼 거칠고 사납구나' 하고서,** 곧 바깥으로 나가 버렸다.

저 비구가 이 업연(業緣)으로 말미암아 5백 세 동안 항상 독룡(毒龍)의 몸을 받아 그 악독한 마음으로 중생을 괴롭혔고 지금 역시 사람의 몸을 얻기는 했으나 그 전생의 습성(習性)을 제거하지 못했기 때문에 다시 그러한 진심을 내는 것이니라."

부처님께서 여러 비구들에게 말씀하셨다.

"알아 두라. 그 당시 욕설을 퍼부었던 권화하던 비구가 바로 지금 이 **수보리 비구**이니, 그 당시 스님들을 공양했기 때문에 이제 나를 만나서 출가 득도하게 된 것이니라."

그때 여러 비구들이 부처님의 이 말씀을 듣고 다 환희심을 내어서 받들어 행하였다.

92) 장로 비구가 어머니 태 안에서 60년 동안 있었던 인연

❀**부처님께서는 왕사성 가란타 죽림에 계시었다.**

당시 성중에 한량없고 헤아릴 수 없는 재보를 지닌 장자가 있었다. 그가 어떤 문벌 좋은 집의 딸을 골라 부인으로 맞이하여 갖가지 음악을 즐겨 오다가, 그 부인이 임신을 하여 열 달 만에 아이를 낳으려 했으나, 아이가 모태(母胎)에서 나오지 않은 채 거기에 또 거듭 임신이 되었다.

열 달 만에 한 아들을 낳을 때까지 먼저 임신된 아이가 오른쪽 옆구리에 그대로 있었는데, 이와 같이 차례로 아홉 아들을 각기 열 달씩이 차서 낳았음에도 맨 먼저 임신된 그 아이는 여전히 모태(母胎) 속에서 나오지 않았다.

그 어머니가 매우 근심하여 곧 병이 되어 온갖 약으로 치료해 보았으나, 아무런 효과를 얻지 못하자, 어머니는 할 수 없이 가족들에게 '뱃속의 아이가 아직 죽지 않았으니 내가 이제 만약 죽게 되면 나의 배를 열어서 아이를 꺼내어 잘 기르라'고 부탁하고 마침내 그 병으로 말미암아 목숨이 끝났다.

　　이때 그 권속들이 시체를 무덤 사이에 운반해 두고 당시의 큰 의사 기바(耆婆)79)를 청하여 배를 해부해 보았더니 과연 조그마한 아이가 그대로 있었는데, 얼굴은 이미 늙었고 수염과 머리털은 하얗게 희어 있었다. 아이는 구부러진 몸으로 걸음을 걸으면서 사방 친척들을 향해 이렇게 말하였다.

　　"당신들은 아시오. 제가 전생(前生)에 여러 스님들께 악설(惡說)을 퍼부은 그 구업(口業)으로 말미암아 모태(母胎) 속에서 60년 동안 말할 수 없는 고뇌를 받아 왔습니다."

　　아이의 이러한 말을 들은 그 친척들은 슬피 울기만 할 뿐 무어라 대답할 수가 없었는데, 그때 세존께서 멀리 이 아이의 선근이 이미 성숙됨을 아시고 대중들과 함께 저 시체(屍體) 있는 곳에 가셔서 조그마한 아이에게 물으셨다.

　　"네가 바로 **장로(長老) 비구**가 아닌가?"

　　아이는 대답하였다.

　　"사실 그러하옵니다."

　　이와 같이 두세 번 거듭 물음에 따라 역시 똑같은 대답을 하였다.

---

79) 기바(耆婆, Jivaka)는 부처님 당시에 인도 사위성에서 활동하던 의사로 신의(神醫)로 추앙받았다. 간다라의 덕차시라국에서 7년간 의술을 배운 뒤 귀국하여, 여러 사람들에게 약을 나누어 주고 의술을 펼쳤다. 불교에 귀의하여 부처님의 풍병을 치료하고, 제자들의 병들을 고쳐주어 의왕(醫王)으로 존경받았다. 부왕인 빈비사라왕을 죽게하고 뉘우치는 아사세를 불교에 귀의하도록 인도한 것으로도 유명하다.

그때 대중들이 이 조그마한 아이와 부처님께서 문답하는 것을 보고 각각 이상하게 여겨 부처님 앞에 나아가 아뢰었다.

"저 늙은 아이는 전생에 무슨 업을 지었기에 모태속에 있으면서 머리털이 하얗게 희고 구부러진 몸으로 걸었으며 이제 또 무슨 인연으로 부처님을 만나 서로 문답할 수 있게 되었나이까?"

세존께서 여러 비구들에게 말씀하셨다.

"너희들은 자세히 들으라. 내가 이제 너희들을 위해 분별 해설하리라.

이 현겁(賢劫)에 가섭(迦葉)부처님께서 바라날국에 출현하시어 여러 비구들과 함께 여름 안거(安居)에 들어가셨을 때였다. 그 화합한 대중 가운데 가장 나이 많은 유나(維那)80) 스님이 있었는데, 대중들과 함께 규약을 정하기를 **'이 여름 안거 동안 도(道)를 얻은 이에겐 자자(自恣)81)의 모임에 참예할 것을 허락하거니와 얻지 못한 이에겐 자자를 허락할 수 없다'**고 하였다.

그런데 유독 나이 많은 이 유나 비구가 도를 얻지 못함으로써 대중들이 그 규약에 따라 포살(布薩)82)과 자

---

80) 사찰에서 규율과 질서를 관리하는 직책, 혹은 그 일을 맡은 스님을 유나(維那)라고 한다.

81) 하안거를 끝낸 스님들이 자신의 잘못을 돌아보고 참회하는 토론의 장을 자자(自恣)라고 한다.

82) 포살(布薩)은 공주(共住)·선숙(善宿)·근주(近住)·장양(長養)·정주(淨住)라 번역한다. 스님들이 매월 1일과 15일에 모여 계경(戒經)을 설하고 들으면서, 보름 동안 지은 죄가 있으면 참회하여 선을 기르고 악을 없애는 수행법이다. 재가(在家) 신도의 경우, 육재일(六齋

자의 모임에 참예할 것을 허락하지 않자, 유나 비구는 곧 마음이 괴로워서 이러한 말을 하였다.

'내가 홀로 모든 승방(僧房) 일을 보살펴서 그들로 하여금 다 편안히 도를 행하게 하였거늘 이제 도리어 나를 자자의 모임과 포살·갈마(羯磨)83)에 참예하지 못하게 하는가.'

그리고서 곧 진에(瞋恚)를 내어 대중들에게 마구 욕설을 퍼부었으며, 다시 방안에 들어가 문을 굳게 닫고 큰 소리로 외치었다.

'이제 내가 어두운 방에 있는 것처럼 너희들도 언제나 캄캄한 곳에 갇혀 있어서 광명을 보지 못하리라.'

이와 같이 말한 끝에 곧 목숨이 끝나는 대로 지옥에 떨어져 큰 고뇌를 받았고, 그 뒤 지옥을 벗어나기는 했어도 역시 모태 속에서 그러한 고뇌를 겪게 된 것이니라."

이때 그 모임의 대중들이 부처님 말씀을 듣고 각자가 몸·입·뜻의 업을 닦아 생사를 싫어함으로써 그 중에 혹은 수다원과를, 혹은 사다함과를, 혹은 아나함과를, 혹은 아라한과를 얻은 자도 있었으며, 혹은 벽지불의 마음을, 혹은 위없는 보리의 마음을 낸 자도 있었다.

日), 곧 음력 매월 8·14·15·23·29·30일에 하루낮 하룻밤 동안 팔재계(八齋戒)를 지키는 행사에 참여하기도 한다.

83) 갈마(羯磨)는 수계(受戒)·참회(懺悔)·결계(結界) 등의 계율에 관한 행사에서, 멸죄생선(滅罪生善)의 힘을 얻기 위한 작법(作法) 의식을 말한다.

한편으론 그 여러 친척들이 늙은 아이를 데리고 집에 돌아가 잘 길렀으며, 아이가 점점 장대하여 출가함과 동시에 부지런히 도를 닦아 아라한과를 얻었는데, 그때 여러 비구들이 이 사실을 보고 부처님께 아뢰었다.

"세존이시여, 이 늙은 아이 비구는 전생에 무슨 복을 심었기에 출가한 지 오래지 않아 아라한과를 얻었나이까?"

부처님께서 여러 비구들에게 말씀하셨다.

"그 늙은 비구가 과거세에 많은 스님들을 공양하였고 또 유나가 되어 모든 승방 일을 힘써 보살폈기 때문에 이제 나를 만나서 출가 득도하게 된 것이니라."

이때 여러 비구들이 부처님의 이 말씀을 듣고 더욱 환희심을 내어서 다 받들어 행하였다.

93) 올수(兀手) 비구의 인연

❀**부처님께서는 사위국 기수급고독원에 계시었다.**

당시 성중에 한량없고 헤아릴 수 없는 재보(財寶)를 지닌 장자가 있었다. 그가 어떤 문벌 좋은 집의 딸을 골라 부인으로 맞이하여 온갖 기악(伎樂)을 즐겨 오다가, 그 부인이 임신을 하여 열 달 만에 아들아이를 낳으니, 아이의 손이 뭉툭하여 없었다.

그런데 아이가 나자마자 곧 말을 하되 '이 손이란

매우 얻기 어려운 것입니다' 하고 깊이 애석해 여기는 기색을 나타내므로, 그 부모가 이상하게 생각한 끝에 상사(相師)를 불러 아이의 상을 보게 하였더니, 상사가 상을 다 보고 나서 그 부모에게 물었다.

"이 아이가 출생할 때 무슨 상서로운 일이 있었습니까?"

부모가 이렇게 대답하였다.

"이 아이가 출생하자마자 곧 말을 하되 **'이 손이란 매우 얻기 어려운 것입니다' 하고 외쳐서, 아이의 이름을 올수라고 하였소.**"

그 뒤 아이가 점점 장대하여 성품이 더욱 유순하고 총명하며 지혜로웠다. 어느 날 친구들과 함께 바깥에 나가 유행하다가 기원정사(祇園精舍)에 이르러서 부처님 세존의 그 32상(相) 80종호(種好)로부터 마치 백천의 해와 같은 광명이 비춤을 보고는 곧 환희심을 내어 부처님 앞에 나아가 엎드려 예배한 다음 한쪽에 물러앉아 있었다.

부처님께서 갖가지 묘법을 설해 주시자 아이는 이내 마음이 열리고 뜻을 이해하게 되어 수다원과를 얻는 즉시 집에 돌아가 그 부모에게 출가 입도(入道)할 뜻을 밝혔는데, 그 부모 역시 아이를 사랑하는 마음에서 허락하지 않을 수 없게 되자, 이때 아이는 곧 부처님 처소에 나아가 출가하기를 원하므로 부처님께서는 말씀하셨다.

"잘 왔도다, 비구여."

그러자 수염과 머리털이 다 저절로 떨어지고 법복

이 몸에 입혀져 곧 사문의 모습을 이루었으며, 부지런히 닦고 익혀 아라한과(阿羅漢果)를 얻고 삼명(三明)·육통(六通)·팔해탈(八解脫)을 구족하여 온 천상과 세간 사람들에게 존경을 받았다.

이때 여러 비구들이 이 사실을 보고 나서 부처님께 아뢰었다.

"저 올수 비구는 전생에 무슨 업을 지었기에 출생하자마자 말을 할 수 있는 반면 뭉툭하여 손이 없었으며, 또 무슨 인연으로 이제 세존을 만나 도의 자취도취(道跡)를 얻게 되었나이까?"

이때 세존께서 여러 비구들에게 말씀하셨다.

"너희들은 자세히 들으라. 내가 이제 너희들을 위해 분별 해설하리라.

이 현겁(賢劫)에 가섭(迦葉)부처님께서 바라날국에 출현하셨을 때 두 비구가 있었으니, 한 사람은 나한(羅漢)이고 또 한 사람은 범부(凡夫)로서 설법하는 법사(法師)였다.

그때 민중들이 서로 앞을 다퉈 초청하자 항상 법사를 모시고 시주들의 초청을 받아 왔는데, 어느 날 법사의 곁에 있지 못했더니 법사가 다른 이를 데리고 갔으므로 진심을 내어 악설을 퍼부었다.

'내가 항상 당신의 발우를 씻고 물을 공급해 주었는데 이제 다른 이를 데리고 갔으니, 이제부터 다시 그대의 심부름을 하게 된다면 내 손을 없애 버리겠노라.'

이같이 말한 다음 각자가 이별하고 동행하지 않았는데, 이 업연(業緣)으로 말미암아 그 뒤 5백 세(世) 동안 과보를 받아 왔으니, 이 때문에 **올수 비구**가 출생하자마자 **'이 손이란 매우 얻기 어려운 것이라'** 고 외쳤느니라."

부처님께서 여러 비구들에게 말씀하셨다.

"알아 두라. 그 당시 법사 비구를 저주하고 손을 없앨 것을 맹세한 이가 바로 지금의 **올수 비구**이다. 그러나 그가 과거세에 있어서 성인(聖人)을 공양했기 때문에 이제 나를 만나 출가 득도하게 된 것이니라."

부처님께서 이 올수 비구의 인연을 말씀하실 적에 여러 비구들이 각자의 몸·입·뜻에 대한 업을 닦아 생사를 싫어함으로써 그 중에 혹은 수다원과를 얻은 자도 있었으며, 혹은 사다함과를, 혹은 아나함과를, 혹은 아라한과를, 혹은 벽지불의 마음을, 혹은 위없는 보리의 마음을 낸 자도 있었다.

여러 비구들은 부처님의 이 말씀을 듣고 다 환희심을 내어서 받들어 행하였다.

94) 리군지(梨軍支) 비구의 인연

❀**부처님께서는 사위국 기수급고독원에 계시었다.**

당시 성중(城中)에 어떤 바라문의 부인이 임신을 하

여 열 달 만에 아들아이를 낳으니, 아이의 용모가 추악하고 온몸에 더러운 냄새가 날 뿐만 아니라, 어머니의 젖을 헐게 하고 그 밖의 다른 젖을 먹여도 모두 헐게 하였다.

다만 소와 꿀소밀(蘇蜜)을 손가락에 발라 빨게 하면 그것을 핥아 넘기고 겨우 목숨을 유지하므로 그 부모들이 아이의 이름을 리군지(梨軍支)라 하였다. 아이가 점점 장대해 갈수록 다시 박복(薄福)하게 아무리 음식을 구해 먹어도 배부른 적이 없었다.

마침 걸식하는 사문들이 위의를 갖춰 발우를 들고 성중에 들어가서 발우에 가득 음식을 얻어 돌아오는 것을 보고는, 곧 환희심을 내어 **'내가 이제 부처님 세존께 가서 사문이 된다면 혹시 배부르게 음식을 얻어 먹을 수 있을까'** 하고 염언(念言)한 끝에 기원정사에 나아가서 부처님께 출가하기를 원하니, 부처님께서는 말씀하셨다.

"잘 왔도다, 비구여."

그러자 수염과 머리털이 다 저절로 떨어지고 법복이 몸에 입혀져 곧 사문의 모습을 이루었으며, 부지런히 닦고 익혀 아라한과를 얻었다.

그리고 걸식하러 다녔으나 역시 음식이 얻어지지 않아 스스로 참회하고 자책한 나머지 탑 속에 들어가 약간의 더러운 먼지를 발견하고 깨끗이 청소하였는데, 그 다음부터 걸식할 때마다 풍부한 음식을 얻게 되어 곧 기쁨에 넘쳐 대중 스님들께 요청하였다.

"이제부터 대중 스님들은 이 탑사(塔寺)에 대한 청소를 저에게 맡겨 주소서. 왜냐 하면 청소함으로 말미암아 음식을 배부르게 얻어 먹을 수 있기 때문입니다."

이에 대중 스님들도 그렇게 하기를 허락하자 그가 청소를 맡아 오던 중 어느 날 어리석은 탓으로 늦잠이 들어서 밝은 아침이 되도록 일어나지 못해 미처 청소를 하지 못했다.

그러던 차에 사리불(舍利弗)이 다른 나라로부터 오백 제자들을 거느리고 와서 세존께 문안한 뒤 그 불탑(佛塔) 속에 약간의 먼지가 있는 것을 발견하고 곧 청소를 해버렸다.

그때야 **리군지 비구**가 일어나서 사리불이 이미 청소를 마친 것을 보고 매우 원망스러운 마음으로 사리불에게 말하였다.

"제가 도맡은 불탑(佛塔)을 당신이 청소했기 때문에 저로 하여금 오늘 하루 또 굶주리게 하였습니다."

사리불이 곧 말하였다.

"그렇다면 내가 이제 그대를 데리고 함께 성중에 들어가서 시주들의 초청을 받아 배부르게 하겠으니, 그대는 근심하지 말라."

리군지도 이 말을 듣고는 마음이 좀 태연했으나 급기야 초청 받은 시간이 되어 사리불을 따라 성중에 들어가자 공교롭게도 시주집 부부(夫婦)끼리 싸움이 벌어져 결국 음식을 얻어먹지 못하고 굶주린 채 돌아왔다.

사리불이 그 이튿날 다시 말하였다.

"내가 오늘 아침에는 그대를 데리고 함께 장자의 초청을 받아 가서 그대로 하여금 포만하게 하리라."

마침내 시간이 되어 장자의 초청에 같이 가기는 했으나 그 상·중·하의 스님들이 다 음식을 얻어먹는데 이 한 사람만 음식을 얻지 못해서 소리를 높여 **'나는 아직 음식을 받지 못했노라'** 고 외쳐도 주인이 도무지 들은 체하지 않으므로 역시 굶주린 그대로 돌아오고 말았다.

그러던 차 **사흘째**에 아난이 이 사실을 듣고 매우 가엾이 여겨 리군지에게 말하였다.

"오늘은 내가 부처님을 따라 초청을 받게 되었으니, 그대를 위해 음식을 가져 와서 틀림없이 포만하게 해 주리라."

이같이 말한 뒤 아난은 여래의 8만 4천 법장문(法藏門)을 조금도 빠짐없이 다 받아 간직했으나 이제 모처럼 **리군지 비구**를 위해 음식을 가져 가는 것을 기억하지 못하고 빈 발우로 돌아오고 말았다.

나흘째인 그 이튿날 아난이 다시 그를 위해 음식을 얻어서 처소로 돌아오는 도중 뜻밖에 사나운 개구(狗)를 만나 얻은 음식물을 마구 더럽힘으로써 부득이 땅에 버리고 또 빈 발우로 돌아와 음식을 얻어 먹을 수 없었다.

그 다음 **닷새째** 되는 날에는 목건련(目揵連)이 역시 그를 위해 음식을 얻어 처소에 돌아오다가 도중에 금시조왕(金翅鳥王)을 만나 그 금시조왕이 발우까지 몽땅

집어 물고 큰 바닷속으로 들어가 버려 음식을 얻어먹을 수 없었다.

그 다음 또 **엿새째** 되는 날에는 사리불이 다시 음식을 구해 저 방문 앞에 이르렀으나 문(門)이 자연히 닫혀지므로 신통력을 부려 방 안으로 들어가 바로 그 앞에서 솟아나오려는데 발우가 홀연히 땅 밑으로 떨어져서 금강제(金剛際)까지 이르므로 다시 신통력을 부려 손을 뻗어서 발우를 잡았다. 그런데 뜻밖에도 저 비구의 입이 다물어져 음식을 먹지 못하다가 시간이 다 지난 뒤에야 비로소 입이 자연 열리게 되었다.

이레째 되던 날에도 음식을 얻어먹지 못했는데, 이에 극도로 부끄러움을 느낀 나머지 사부대중 앞에서 모래를 입에 넣고 물을 마신 다음 곧 열반에 들어갔다.

여러 비구들이 이 광경을 보고 나서 이상하게 여겨 부처님께 나아가 아뢰었다.

"세존이시여, 저 리군지 비구는 전생에 무슨 업을 지었기에 출생하면서부터 굶주리기 시작하여 풍족할 때가 없었으며, 또 무슨 인연으로 출가 득도하게 되었나이까?"

이때 세존께서 여러 비구들에게 말씀하셨다.

"너희들은 자세히 들으라. 내가 이제 너희들을 위해 분별 해설하리라.

한량없는 과거세에 제당(帝幢)이란 부처님이 이 바라날국에 출현하시어 비구들을 거느리고 여러 곳을 유행하면서 교화하실 때, 구미(瞿彌)라고 일컫는 어떤 장자가 있어 그가 부처님을 비롯한 스님들을 보자 깊이 신심과 존경심을 내어 날마다 초청하여 공양하기를 게을리하지 않았다.

그러다가 얼마 뒤에 그가 죽자 부인이 이어받아 여전히 보시해 왔는데, 한편 그와는 정반대로 아들이 매우 인색(吝嗇)하여 어머니가 보시하는 것을 막기 위해 어머니 몫의 음식을 별도 제한해 주었다. 그러나 어머니는 그 음식을 나누어 부처님과 스님들께 보시했는데, 아들이 이 사실을 듣고 화(禍)가 나서 어머니를 빈방에 가둬 문을 잠그고는 떠나가 버렸다.

그리고 이레가 지나자 어머니가 극도로 굶주리고 피곤하여 아들에게 연락을 취해 음식을 부탁하였더니, 아들은 이렇게 대답하였다.

'어머니께선 모래로 밥을 지어 먹고 물만 마셔도 충분히 살아갈 것인데, 왜 이제 저한테 음식을 말씀하십니까?'

이렇게 말하고는 그대로 떠나가 버리자, 어머니는 끝내 음식을 얻어먹지 못한 채 세상을 여의었는데, 그 뒤 아들이 이 과보로 말미암아 목숨이 끝나는 즉시 아비(阿鼻)지옥에 떨어져 온갖 고뇌를 다 받고서야 이제 도로 인간에 태어났으나 아직 그러한 굶주림과 고통을 겪게 된 것이니라."

부처님께서 여러 비구들에게 말씀하셨다.

"알아 두라. 그 당시 어머니께 음식을 끊게 한 자가 바로 지금의 이 **리군지 비구**이다.

그러나 그가 나를 만나 출가 득도하게 된 것은 그때에 그의 부모(父母)가 부처님과 스님들에게 공양했기 때문이니라."

여러 비구들은 부처님의 이 말씀을 듣고 다 환희심을 내어서 받들어 행하였다.

95) 생사는 아주 괴롭다고 부르짖은 인연

✿부처님께서는 사위국 기수급고독원에 계시었다.

당시 성중에 한량없고 헤아릴 수 없는 재보를 지닌 장자가 있었다. 그가 어진 부인을 맞이하여 기악(伎樂)을 즐겨 오다가, 그 부인이 임신을 하여 열 달 만에 아들을 낳으니, 아이 스스로가 전생(前生)의 일을 기억하고 있어 출생(出生)하자마자 **'생사란 아주 괴로운 것이다'** 라고 외쳐, 부모가 그 이름을 생사고(生死苦)라 하였다.

그 뒤 점점 장대하여서도 역시 사람을 볼 때마다 **'생사란 아주 괴로운 것이다'** 라고 부르짖었는데, 그 부모와 스승, 스님들과 나이 많고 덕 있는 이들을 대해서는 인자하고 효성스러울 뿐만 아니라 언제나 웃음을 띠고 끝내 거칠고 나쁜 언사를 쓰지 않았다.

그러던 차에 여러 친구들과 성문을 나와 유람하다가 마침 기원정사(祇園精舍)에 이르러서 부처님 세존의 32상(相) 80종호(種好)로부터 마치 백천의 해와 같은 광

명이 비춤을 보고 곧 환희심을 내어 부처님 앞에 나아
가 엎드려 예배한 다음 한쪽에 물러앉아 있었다.

부처님께서 곧 사제법(四諦法)을 설해 주시자, 그는
마음이 열리고 뜻을 이해하게 되어 수다원과를 얻었다.
그리고 집에 돌아가 부모에게 출가입도(出家入道)할 뜻을
밝히니, 그 부모가 아이를 사랑하는 마음에서 끝내 허락
하지 않을 수 없게 되자, 아이는 곧 부처님 처소에 나아
가 출가하기를 원했으며, 부처님께서는 말씀하셨다.

"잘 왔도다, 비구여."

그러자 수염과 머리털이 저절로 떨어지고 법복이
몸에 입혀져 곧 사문의 모습을 이루었으며, 부지런히 닦
고 익혀 아라한과(阿羅漢果)를 얻고 삼명(三明)·육통(六
通)·팔해탈(八解脫)을 구족하여 온 천상과 인간의 존경
을 받았다.

여러 비구들이 이 사실을 보고 나서 부처님께 아뢰
었다.

"세존이시여, 이제 생사고 비구는 전생에 무슨 복을
심었기에 출생하자마자 스스로 전생을 기억하여 말을 하
게 되고, 또 무슨 인연으로 여래를 만나서 출가 득도하
게 되었나이까?"

세존께서 여러 비구들에게 말씀하셨다.

**"너희들은 자세히 들으라. 내가 이제 너희들을
위해 분별 해설하리라.**

이 현겁에 사람의 수명(壽命)이 2만 세를 누릴 때
가섭(迦葉)부처님께서 바라날국에 출현하셨다. 그때 저

부처님 법을 배우는 사미(沙彌) 한 사람이 화상(和尙)을 받들어 섬겼는데, 때마침 그 성중에 큰 명절의 모임이 있다는 말을 듣고 그가 화상에게 말씀드렸다.

'오늘 성중에서 명절의 모임이 있다 하오니, 일찍 가서 걸식한다면 많은 음식을 얻을 것입니다'

화상이 곧 대답하였다.

'아직 시간이 있지 이르지 않느냐? 좀 더 좌선(坐禪)에 힘써라.'

사미가 두세 번 그 스승에게 거듭 얘기했으나 스승이 여전히 허락하지 않으므로, 사미는 마침내 진에(瞋恚)가 치밀어 문득 악설을 퍼부었다.

'이제 무엇 때문에 집 안에서 죽어버리지 않을까?'

이렇게 말하고 곧 성중에 들어가 걸식을 마치고 돌아와서 스승에게 참회하기는 했으나 그 뒤 이 업연(業緣)으로 말미암아 5백 세(世) 동안 늘 지옥에 떨어져 갖은 고통을 받다가 이제 겨우 벗어났기 때문에 **생사란 아주 괴로운 것이다'** 라고 외치는 것이다."

부처님께서 여러 비구들에게 말씀하셨다.

"알아 두라. 그 당시 스승에게 악설(惡說)을 퍼부은 사미가 바로 지금의 **생사고(生死苦) 비구**니라."

여러 비구들은 부처님의 이 말씀을 듣고 다 환희심을 내어서 받들어 행하였다.

96) 장자의 아들 몸에 악창(惡瘡)이 생겨난 인연

　　❀부처님께서는 사위국 기수급고독원에 계시었다.

　　당시 성중(城中)에 한량없고 헤아릴 수 없는 재보를 지닌 장자가 있었다. 그가 어떤 문벌(門閥) 좋은 집의 딸을 골라 부인으로 맞이하여 갖가지 기악(伎樂)을 즐겨 오다가, 그 부인이 임신이 되어 열 달 만에 한 아들을 낳으니, 아이의 온몸에 악창(惡瘡)이 있어 그 고통을 견디지 못해 쉴새 없이 앓으며 울부짖었다.

　　아이가 점점 장대함에 그 악창이 다 문드러져 피고름이 마구 흘러서 항상 환부가 아팠으므로 아이의 이름을 신호(呻號)라 하였다.

　　부모(父母)가 매우 가엾이 여겨 온갖 처방약을 구해 치료를 했으나 악창이 낫지 않던 차에 여러 사람을 통해 **'저 기원정사에 훌륭한 의사가 있어 뭇 병을 죄다 제거한다'** 는 말을 듣고서 곧 아이를 데리고 그곳으로 달려갔는데, 부처님 세존의 그 32상(相) 80종호(種好)로부터 마치 백천의 해와 같은 광명이 비춤을 보고 그 자리에서 환희심을 내어 부처님 앞에 나아가 엎드려 예배한 다음 한쪽에 물러 앉아 있었다.

　　부처님께서 곧 아이를 위해 설하시기를, 오음(五陰)이 치성하여 악창이 나는 것이니, 마치 독화살이 심장에 들어가 사람을 상해하는 것과 같아서 모든 병의 근본이 된다는 것을 깨우쳐 주셨다.

신호(呻號) 동자는 부처님의 이 말씀을 듣고 깊이 자신을 꾸짖는 동시에 부처님을 향해 그 모든 허물을 참회(懺悔)하자, 악창이 홀연히 다 사라지므로 마음껏 기쁨에 넘쳐 곧 출가하기를 원했는가 하면, 부처님께서는 말씀하셨다.

"잘 왔도다, 비구여."

그러자 수염과 머리털이 저절로 떨어지고 법복이 몸에 입혀져 곧 사문의 모습을 갖추게 되었으며, 부지런히 도를 닦아 아라한과를 얻었다.

이때 여러 비구들이 이 사실을 보고 나서 부처님께 아뢰었다.

"세존이시여, 이제 신호 비구는 전생에 무슨 업을 지었기에 처음 출생할 때부터 온몸에 악창이 있어 피고름이 마구 흘러서 보기 싫을 정도였으며, 또 무슨 인연으로 출가 득도하게 되었나이까?"

부처님께서 비구들에게 말씀하셨다.

"너희들은 자세히 들으라. 내가 이제 너희들을 위해 분별 해설하리라.

한량없는 과거세 때 바라내국에 많은 재보를 지닌 두 장자가 있었다. 그들은 서로가 싸움을 계속하던 나머지 그 중에 한 장자가 국왕에게 값진 보물을 실어 바치고서 상대의 장자를 참소하되 **'저 사람이 악심을 품고 항상 간사한 꾀를 부려 저를 해치려 하오니, 원컨대 대왕께서 저로 하여금 한번 마음대로 저 장자를 다스리게 허락해 주옵소서'** 라고 하였다. 국왕이 그렇게 해도 좋다고 허락하자, 그는 곧 저 장자 집에 가서 장자를 묶어 놓고 무수한 매를 때리자 고통이 한량없었으며, 온몸에 피가 마구 흐를 정도로 파상(破傷)을 입혀 말할 수 없는 고통을 주었다.

그러나 욕을 당한 저 장자는 겨우 죽을 고비를 면하고 나서 스스로 생각하되 '이 몸을 가짐이란 다 고통이라 뭇 악이 모여들고 많은 재앙과 화가 일어나니 매우 싫고 걱정이 되는구나. 내가 저 사람에게 큰 원수도 아니거늘 왜 이러한 파상을 당했을까' 하고는, 곧 세간을 버리고 저 산림(山林)으로 들어갔다.

그리고 모든 함이 있음유위(有爲)이란 다 덧없는 무상(無常)한 것임을 관찰한 끝에 깊이 '공(空)'의 이치를 깨달아 벽지불을 성취하여 원수건 친한 이건 다 평등한 마음으로 같이 보았다.

한편 또 생각하기를, '저 장자가 나에게 악행을 더했으므로 미래세에 반드시 지옥에 떨어져 큰 고통을 받으리니, 그렇다면 내가 이제 그에게 가서 신통 변화를 나타내어 그로 하여금 깨닫게 하리라' 하고, 곧 저 장자의 앞에 나아가 몸을 허공에 솟아서 열여덟 가지 변화84)를 보여 주었다.

이때 악행을 저지른 저 장자가 이 변화를 보자 깊이 존경하는 마음을 품고 몇 배로 신심과 존경심을 내어서 곧 자리에 맞이해 앉게 하고 갖가지 맛난 음식을

---

84) 십팔변(十八變)은 불·보살·나한이 보이는 18가지 신통한 변화를 말한다.

베풀어 공양함과 동시에 벽지불을 향해 과거의 죄과를 다 참회하였느니라.”

부처님께서 여러 비구들에게 말씀하셨다.

“알아 두라. 그 당시 국왕에게 참소하여 상대의 장자를 마구 매질한 이가 바로 지금의 **신호 비구**니라.”

여러 비구들은 부처님의 이 말씀을 듣고 다 환희심을 내어서 받들어 행하였다.

97) 추루(醜陋) 비구의 인연

❀**부처님께서는 사위국 기수급고독원에 계시었다.**

당시 성중에 어떤 장자가 문벌 좋은 집의 딸을 골라 부인으로 맞이하여 온갖 기악(伎樂)을 즐겨 오다가, 그 부인이 임신을 하여 열 달 만에 한 아들아이를 낳으니, 아이의 생김새가 마치 악귀(惡鬼)와 같이 너무 더러워 보는 이마다 내버리고 갔다.

나이가 장대해서는 그 부모까지도 보기가 싫어서 먼 곳으로 쫓아내 버렸다. 축생(畜生)들도 그 더러운 꼴을 보고는 다 놀라고 겁낼 정도였으니, 하물며 사람은 어떠했겠는가.

그러므로 아이는 한 때 나무숲에 가서 꽃이나 열매를 따먹고 겨우 생명을 유지하니, 날짐승·길짐승들이 보기만 하면 두려워하여 모두 다른 곳으로 옮겨 그 숲엔 발자취를 끊었다.

그때 세존께서 항상 자비하신 마음으로 밤낮 없이 중생을 관찰하시어, 그 누구라도 제도해야 할 자가 있으면 곧 직접 가서 제도하시던 차인지라, 저 아이가 비록 추하고 비루하지만 선근이 이미 성숙되어 있음을 아시고 그를 제도하기 위해 여러 비구들에게 분부하셨다.

"우리들이 이제 다 같이 저 숲속에 가서 추(醜)하고 비루한 아이를 교화(敎化)해야 하리라."

이와 같이 말씀하신 끝에 과연 비구들을 거느리고 숲속에 가셨는데, 저 추루(醜陋) 동자가 부처님 세존을 보고 곧 도주하려 하자 부처님께서 곧 신통력으로 동자를 가지 못하게 하시고 비구들로 하여금 각각 나무 밑에서 가부하고 앉아 좌선을 닦게 하는 한편, 세존께서 저 동자(童子)와 같은 추하고 비루한 사람의 얼굴로 변화하시어 발우에 가득 음식을 갖고 직접 저 추루를 향해 가까이 가셨다.

추루 동자는 자기와 다름없는 그 누추한 모양을 보고 마음 속으로 매우 기뻐하면서 **'이 사람이야말로 나의 참된 벗이구나'** 하고는, 곧 다가와서 같이 말을 하고 발우의 음식을 같이 먹었는데, 이때 이 음식의 맛이 감미로워 다 먹고 나자마자 화인(化人)의 얼굴이 홀연히 단정하게 되니 저 추루 동자가 이상하게 여겨 물었다.

"이제 무슨 까닭으로 그대의 얼굴이 홀연히 단정하게 되었는가?"

화인이 대답하였다.

"방금 내가 이 음식을 먹음과 동시 저 나무 아래 좌선하는 비구들을 선한 마음으로 보았기 때문에 나의 얼굴이 이 같이 단정하게 되었소."

추루 동자도 이 말을 듣고 그를 본받아 곧 선한 마음으로 저 좌선하는 비구들을 본 결과 역시 단정한 얼굴을 얻게 되자 마음껏 기뻐하면서 화인을 향해 깊은 신심과 이해심을 내었다.

이때 화인이 도로 본래의 모습을 회복하니, 추루 동자는 부처님 세존의 그 32상(相) 80종호(種好)로 부터 마치 백천의 해와 같은 광명이 비춤을 보고 곧 부처님 앞에 나아가 엎드려 예배한 다음 한쪽에 물러앉아 있었다.

부처님께서 곧 갖가지 묘법을 설해 주시자 마음이 열리고 뜻을 이해하게 되어 수다원과(須陀洹果)를 얻는 즉시 부처님께 출가시켜 줄 것을 원했으며, 부처님께서는 말씀하셨다.

"잘 왔도다, 비구여."

그러자 수염과 머리털이 저절로 떨어지고 법복이 몸에 입혀져 곧 사문의 모습을 이루었으며, 부지런히 도를 닦아 아라한과(阿羅漢果)를 얻었다.

이때 여러 비구들이 이 사실을 보고 나서 부처님께 아뢰었다.

"세존이시여, 이제 추루 비구는 전생에 무슨 업을 지었기에 사람의 모습으로 태어나면서 어찌 그렇게도 추하고 비루했으며, 또 무슨 인연으로 부처님을 만나서 출가 득도하게 되었나이까?"

부처님께서 비구들에게 말씀하셨다.

"너희들은 자세히 들으라. 내가 이제 너희들을 위해 분별 해설하리라.

한량없는 과거세에 비사(弗沙)부처님께서 바라날국에 출현하시어 어떤 나무 아래에서 가부하고 앉아 계실 때 내가 미륵(彌勒)과 함께 보살이 되어 저 부처님 처소에 가서 갖가지 공양을 마친 다음 한쪽 발을 들고서 이레 동안에 걸쳐 이러한 게송(偈頌)을 읊어 부처님을 찬탄하였노라.

천상 · 세간에 부처님 같은 이 없고
시방세계 역시 그러 하오매
그 세계의 모든 것 두루 보아도
부처님에 따를 이 없네.

그때 보살이 이 게송(偈頌)을 읊고 나자 그 산중으로부터 어떤 귀신이 아주 추하고 비루한 모습으로 나한테 와서 공포스럽게 하는 것을 내가 신통력으로써 저 귀신이 다니는 곳에 아주 좁고도 험한 언덕 길을 만들어 두고 그곳을 지나가지 못하게 하였는데, 산신(山神)이 곧 생각하기를 '내가 나쁜 마음으로 그들을 공포스럽게 했기 때문에 이제 이 험난한 길을 만들어 나를 지나가지 못하게 하는구나. 그렇다면 내가 마땅히 그들에게 가서 앞서 저지른 죄를 참회해야 하리라' 하고는, 과연 그 생각한 대로 나한테 와서 참회한 다음 발원하고 떠나갔 느니라."

부처님께서 여러 비구들에게 말씀하셨다.

"알아 두라. 그 당시 나를 공포(恐怖)스럽게 했던 산신(山神)이 바로 지금에 와서 아라한과를 얻은 이 **추 루 비구**이니, 나를 공포스럽게 했기 때문에 5백 세 동 안 그 추하고 비루한 얼굴로 태어나 보는 이를 다 놀라 달아나게 하였느니라.

그러나 그 당시 저지른 죄를 참회(懺悔)했기 때문에 또 나를 만나서 출가 득도하게 된 것이니라."

여러 비구들은 부처님의 이 말씀을 듣고 다 환희심 을 내어서 받들어 행하였다.

98) 긍가달(恒伽達)의 인연85)

❀**부처님께서는 바라날국의 녹야원(鹿野苑)에 계 시었다.**

그 나라의 재상 한 사람이 큰 부자로서 재산은 많 으나 아들이 없었다. 그때 긍가하(恒伽河)86) 강에 마니 발타(摩尼跋陀) 천신(天神)의 사당에 있어서 온 국토의

---

85) 이 이야기는 〈현우경〉제6품 "긍가달품(恒伽達品)"에도 실려 있다.

86) 긍가하(恒伽河)는 곧 인도의 간지스강(Ganga)을 음역한 것이며, 경전에서는 통상 항하(恒河)라고도 불린다.

인민들이 다 받들어 공경했는데, 이 재상 역시 그 사당 (祠堂)에 가서 신에게 빌었다.

'제가 자식이 없습니다. 듣건대 천신께서 큰 공덕이 있어 중생을 구호하시어 그 소원을 다 성취시켜 주신다 하기에 저도 이제 정성껏 귀의하오니, 천신께서 제 소원 대로 아들 하나를 낳게 해 주신다면 제가 금·은으로 천신의 몸을 장엄케 하는 동시에 이름난 향으로 사당을 장식할 것입니다. 그러나 영험이 없을 경우엔 사당을 헐 어버림은 물론 당신의 온몸에 똥칠을 하겠습니다.'

이렇게 빌며 말하는 것을 천신(天神)이 듣고서 생각 했다.

'이 사람은 부호이고 또 세력이 강한 만큼 범상한 아들을 원하지 않을 터이니, 나로선 그 소원을 성취시켜 줄 힘이 없는데, 성취시켜 주지 않을 경우엔 이 사당이 헐림과 함께 큰 모욕을 당하게 되리니 어쩌면 좋을까?'

그러던 차 재상이 다시 마니발타 천신의 사당에 가 서 빌자, 천신은 자신에게 능력이 없기 때문에 곧 비사 문왕(毘沙門王)에게 나아가 이 사실을 다 진술하니, 비사 문왕이 대답했다.

"이 일은 나의 힘으로써도 그의 소원대로 자식(子 息)을 두게 할 수 없노라."

이제는 비사문왕이 직접 제석천왕(帝釋天王)에게 가 서 이렇게 말하였다.

"제 신하의 한 사람인 마니발타가 와서 말하기를, '바라내국의 어떤 재상이 아들을 얻게 해 달라고 큰 서

원을 세워 빌되, 소원을 성취시켜 주면 모든 것을 갑절
더 공양하겠거니와 그렇지 않을 경우엔 사당(祠堂)을 파
괴함과 동시 온갖 모욕을 주겠다 하니, 그 사람이 부호
이고 흉악하기에 반드시 그러한 일을 할 것으로 생각되
옵니다' 하오니, 바라옵건대 천왕께서 저 재상으로 하여
금 아들을 얻게 해 주소서."

제석천왕은 이 말을 듣고 대답했다.

"이것은 매우 어려운 일이라, 마땅히 어떤 인연이
있는지를 보아야 하리라."

이같이 말하고 있던 차에 때마침 한 천자(天子)가
오덕(五德)이 몸을 떠나87) 곧 목숨이 끝나려 하자 제석
천왕이 이 천자에게 타일렀다.

"그대가 이제 목숨이 곧 끝나겠으니, 내세에서는 저
재상의 집에 태어나는 것이 어떠한가?"

천자는 이에 대답하였다.

"저는 출가하여 바른 행을 닦으려 하기 때문에 존
귀하고도 영화로운 집에 태어나면 욕심(慾心)을 여의기
어려울 것이라, 다만 중류의 가정에 태어나 저의 소원
(所願)을 이루려는 생각뿐이옵니다."

제석천왕은 다시 타일렀다.

"그대가 저 재상의 집에 왕생하더라도 도를 배우려
고 한다면 내가 직접 도와 주겠노라."

그 뒤 천자는 과연 목숨이 끝나는 대로 세간에 내

---

87) 오덕이 몸을 떠남[五德離身]은 〈법구비유경〉의 무상품(無常品)에 나
오는 말로, 천신이 내린 다섯 가지 덕이 소멸하고 천수가 다하려는
징조를 말한다.

려와 재상의 집에 태어났는데, 그 용모가 너무나 뛰어나
게 단정하므로 부모들이 상사(相師)를 불러 이름을 정하
게 하였더니, 상사가 상을 다 보고 나서 물었다.

"본래 어느 곳에 정성을 들여 이 아이를 얻었습니
까?"

이에 재상은 대답하였다.

"옛날 긍가하 강의 천신 사당에 가서 서원을 세우
고 이 아이를 얻어 곧 아이의 이름을 **긍가달(恒伽達)**이
라고 하였소."

이 아이가 점점 장대함에 이르러 그 부모에게 출가
할 것을 말씀드렸으나 부모는 아이에게 이렇게 타일렀
다.

"우리 집이 현재 부귀를 겸하고 사업이 넓으니, 너
는 외아들로서 마땅히 문호(門戶)를 이어받아야 하지 않
겠느냐? 내가 살아 있는 동안엔 결코 네가 출가 입도
(入道)하는 것을 허락하지 않으리라."

이 말을 들은 아이는 자기 뜻대로 되지 않는 것을
슬퍼한 끝에 곧 스스로 생각하되, **'내가 이 몸을 버리
고서 다시 범상한 다른 곳에 태어난다면 반드시 쉽게
출가할 수 있으리라'** 하고는, 아무도 몰래 집을 떠나
벼랑에서 몸을 던져 떨어졌으나 아무런 손상이 없었다.

다시 강가에 가서 물 속으로 몸을 던졌으나 곧 물
위로 떠오르게 되어 역시 고통이 없었고, 다시 독약(毒
藥)을 구해 먹었으나 그 독약도 효험이 없어 죽지 않으
므로 아이는 다시 생각하기를, **'이제는 국법을 범하여**

그 법에 따라 국왕에게 죽음을 당하리라' 하고서 때
를 기다렸다.

마침 그때 왕의 부인과 채녀(婇女)들이 궁성을 나와
원지(園池) 속에 가서 목욕하기 위해 옷을 벗어 나무숲
사이에 둔 것을 보고 몰래 그 나무숲 사이에 가서 옷과
패물을 취하려다가 일부러 문지기에게 들켰다.

문감(門監)이 곧 이 사실을 아사세왕(阿闍世王)에게
보고하자 왕이 과연 성을 내어 손수 활을 쏘아 죽이려
하였다.

그러나 그 화살이 도로 왕의 몸을 향해 돌아와 이
같이 세 번 되풀이 하여도 마침내 화살을 적중시킬 수
없으므로, 이에 국왕도 겁이 나서 활을 던지고 서로 문
답하기 시작했다.

"그대는 천신(天神)인가,

용(龍)인가,

혹은 귀신(鬼神)인가?"

긍가달이 말했다.

"대왕께서 저의 원을 들어 주신다면 감히 말씀드리
겠습니다."

왕이 말했다.

"좋아, 들어 주겠노라."

긍가달이 말했다.

"저는 천신도 아니고 용도 귀신도 아닙니다. 바로
이 사위국 재상의 아들로서 출가하려 했으나 부모께서
허락해 주지 않으시기에 자살하여 다른 곳에 다시 태어

날 목적으로 높은 바위에서 떨어지기도 하고 깊은 물 속에 뛰어들기도 하고 독약을 먹어 보기도 했지만, 결국 죽어지지 않기 때문에 일부러 국법을 범하여 이 생명을 버리기를 바랐던 것이온데, 이제 대왕께서 아무리 활을 쏘아도 그 화살마저 맞지 않으니, 이 딱한 사정을 어쩌면 좋겠습니까? 원컨대 대왕께서 가엾이 여기시어 출가의 길을 이끌어 주소서."라고 말했다.

"그렇다면 내가 그대에게 출가할 길을 인도해 주리라."

그리고서 국왕은 아이를 데리고 곧 부처님 처소에 나아가 이제까지의 사실을 모두 아뢰자, 여래께서 즉시 사문이 될 것을 허락하시니, 몸에 문득 법복이 입혀져 비구의 모습을 이루었다.

여래께서 다시 묘법을 설해 주시자 마음이 열리고 뜻을 이해하게 되어 아라한과를 얻고 삼명(三明)·육통(六通)·팔해탈(八解脫)을 구족하였다.

이때 아사세왕이 부처님께 아뢰었다.

"세존이시여, 긍가달은 전생에 어떤 선근을 심었기에 벼랑에서 떨어져도 죽지 않고, 물 속에 뛰어들어도 빠지지 않으며, 독약을 먹어도 고통이 없고 활을 쏘아도 화살에 맞지 않으며, 또 무슨 인연으로 부처님을 만나서 생사를 벗어나게 되었나이까?"

부처님께서 왕에게 말씀하셨다.

"한량없는 과거세 때 바라날국에 범마달다(梵摩達

多)란 국왕이 여러 궁인(宮人)을 데리고 숲속에서 유희를
베풀어 채녀들로 하여금 서로 소리를 높여 노래 부르게
할 무렵에 바깥에서 어떤 사람이 그 노래에 맞춰 역시
큰 소리로 화답하므로, 왕이 그 소리를 듣고 곧 성을 내
어 사람을 보내 잡아와서 죽이게 하였는데, 때마침 대신
이 외부에서 돌아와 이 잡혀 있는 사람을 보고 그 옆
사람에게 사실의 경위를 물어 알고는 죽이려는 것을 정
지시키는 한편 대신이 직접 국왕에게 나아가 이렇게 간
언하였소.

'저 사람의 죄가 그다지 중대하지 않거늘 무엇 때
문에 죽이려 하십니까? 비록 그 노랫소리에 맞춰 화답
하였지만, 채녀들의 얼굴을 보지 않았고 간음(姦淫)을 통
한 일도 없으니 그 생명을 가엾이 여겨 용서해 주옵소
서.'

왕이 마침내 대신의 말을 거역할 수 없어 용서하였
다.

그 사람이 죽음에서 벗어나 그 뒤로부터 대신을 정
성껏 받들어 오랫 동안 끊임없이 섬긴 끝에 곧 스스로
생각하기를 **'음욕(淫慾)이란 날카로운 칼보다도 더
사람을 해치는 것이니, 내가 곤액(困厄)을 받은 것이
다 음욕 때문이로다'** 하고서, 대신에게 말하였소.

'제가 이제부터는 출가하여 도업(道業)을 닦겠으니
허락해 주옵소서.'

대신은 이렇게 대답하였소.

'나의 허락이 문제가 아니니, 부디 도업을 성취해

돌아와서 서로 만나 봅시다.'

그러자 그는 곧 산택(山澤)에 들어가 오로지 묘한 이치에 전념하여 깨달아 벽지불을 성취한 즉시 성읍(城邑)에 돌아와 대신을 만나보았소. 대신이 매우 기뻐하여 그를 청해 공양하되 맛난 음식을 비롯한 네 가지 공양을 다 모자람 없게 하였으며, 이에 벽지불이 허공에 솟아올라 신통 변화를 나타내고 또 그 몸으로부터 물과 불을 내어 큰 광명을 놓자, 대신이 이것을 보고 더욱 한량없이 기뻐하여 곧 서원(誓願)을 세우기를, '나의 은혜로 말미암아 생명이 보전되었으니 원컨대 저로 하여금 대대로 부귀를 누리고 수명이 장구하며, 또 천만 배나 수승 기특한 지혜와 공덕을 항상 고루 갖출 수 있게 해 주소서.'라고 하였다오."

부처님께서 대왕에게 말씀하셨다.

"그 당시 대신으로서 한 사람의 생명을 구호해 죽음에서 벗어나게 한 이가 바로 지금의 **긍가달 비구**이니, 이 인연으로 말미암아 태어나는 곳마다 중간에 요절하지 않고 지금 또 나를 만나서 아라한이 된 것이오."

부처님께서 이 말을 하시고 나자, 모임에 있던 대중들이 믿고 존경하며 기뻐하면서 받들어 행하였다.

99) 장조(長爪) 범지(梵志)의 인연

❀**부처님께서는 왕사성 죽림에 계시었다.**

당시 성중에 질사(蛭駛)라는 범지(梵志)[88]가 있었다. 그가 아들 딸 두 남매(男妹)를 두었으니, 아들의 이름은 장조(長爪손톱조)이고 딸의 이름은 사리(舍利)였다.

그 아들인 장조가 총명하고도 박식하며 의론이 밝아서 그의 누이 사리(舍利)와 함께 무엇을 논란할 때면 언제나 누이보다 뛰어났는데, 그 누이가 임신하고부터는 같이 논란함에 있어서 아우가 또 누이보다 뒤떨어지게 되었다.

이때 아우 장조가 생각하기를, **'과거엔 모든 논란에 있어서 내가 항상 누님보다 뛰어났는데 이제 누님이 임신하자 도리어 내가 뒤떨어지게 되니, 이는 틀림없이 태중(胎中)에 있는 아이의 복덕의 힘 때문이리라. 그렇다면 아이가 출생해서는 그 의론이 나보다 뛰어날 것이니, 내가 이제부터 외방에 널리 유학하여 4위타(韋陀)의 경전을 비롯한 열여덟 종류의 술법을 다 배운 뒤에 돌아와서 조카와 함께 논란을 해 보리라'** 하고는, 곧 남방 천축(天竺)으로 가서 모든 이론을 배우되 '만약 통달하여 으뜸가는 스승이 못 된다면 그것을 통달할 때까지 맹세코 손톱을 깎지 않으리라' 하고 서원하였다.

그리고 그 누이는 열 달 만에 아들아이를 낳아서 이름을 사리불(舍利弗)이라 하였으니, 그 용모가 단정하

---

88) 범지(梵志)는 곧 바라문(婆羅門)이다. 범지는 청정(淸淨)을 강조하고 범천(梵天)에 태어나기를 지향한다. 그러나 범지, 즉 바라문 자체가 인도의 4종성의 계급제에 기반한 신분이므로 차별적인 견해에서 벗어날 수 없다는 점에서 불교의 비판을 받았다.

여 뛰어났으며, 총명하고 지혜로우며 모든 경론을 널리
통달하여 함께 수작할 상대가 없었다.

이때 왕사성 온 성중의 범지들이 큰 금고(金鼓)를
치면서 18억 군중을 논장(論場)에 불러 모으고는 네 군
데 높은 자리를 깔아 두었는데, 그때 사리불은 겨우 여
덟 살 동자로서 논장에 나타나 여러 사람들에게 물었다.

"저 네 군데의 높은 자리는 누구를 위해 깔아 둔
것입니까?"

사람들이 대답하였다.

"첫째는 국왕(國王)을 위해,

둘째는 태자(太子)를 위해,

셋째는 대신(大臣)을 위해,

넷째는 논사(論士)를 위해 깔아 둔 것이니라."

이 말을 들은 사리불이 논사의 높은 자리 위에 올
라 앉자, 그때 여러 덕망 있는 이와 나이 많은 범지를
비롯한 일체 무리 중생이 모두 놀라고 이상하게 여겨
서로 염언(念言)하되, **'우리 논사들이 저 조그마한 아
이와 함께 논란하여 이긴들 무슨 영광이 되리요마는,
만약 이기지 못한다면 그 얼마나 수치스러운 일이겠
는가'** 하고서, 곧 아랫자리에 있는 말단 바라문을 보
내 사리불과 같이 서로 문답하게 하였다.

그런데 말단 바라문은 물론 그 여러 바라문들이 다
이치에 꺾이고 말이 모자라서 차츰차츰 나아간 것이 상
좌(上坐)에 까지 이르렀으나 그도 몇 마디의 논란에 졌

- 386 -

으므로 그 누구도 따를 이가 없었다.

사리불이 논의에 이기자 그 훌륭한 명성이 멀리 저 열여섯 큰 나라에 떨치었고, 지혜와 학식이 홀로 뛰어나서 짝할 이가 없었다.

그 뒤 사리불이 왕사성의 높은 누각 위에 올라가서 사방을 두루 살핀 끝에 마침 온 성중의 백성들이 어떤 명절의 모임에 모여 우글거리는 것을 보고 곧 스스로 생각하되, '저 꾸물거리는 중생들이 백 년 뒤에는 다 없어지고야 말리라' 하고는 높은 누각에서 내려와 어떤 외도(外道)의 법을 따라 출가하였다.

이 때는 바로 세존께서 처음 성불(成佛)하시어 열여섯 큰 나라에서 아직 듣고 아는 이가 없으므로, 대자대비하신 여래께서 교화하시기 위해 아비(阿毘) 비구를 왕사성 성중에 보내 날마다 걸식하게 하셨던 때였다.

마침 사리불이 그 걸식하는 비구의 조용한 위의를 보고 생각하기를 **'이 사람이야말로 복덕이 훌륭하구나. 내가 이제까지 이러한 비구를 보지 못했노라'** 하고는, 곧 그 앞에 나아가 물었다.

"그대가 섬기는 스승이 누구이기에 법도가 그렇게 훌륭합니까?"

이때 아비 비구가 게송(偈頌)을 읊어 대답하였다.

나의 스승 하늘의 하늘께선
삼계에 더없는 높으신 이라

한 길 여섯 자척(尺)의 몸 모습 갖추어
신통으로 허공에 노니는 이네.

아비 비구가 이 게송(偈頌)을 읊고 아무 말 없이 서 있자, 이때 사리불이 아비에게 물었다.

"그대 스승의 용모와 신통은 내가 이미 들은 지 오래입니다. 무슨 도를 깨달았기에 그렇게도 거룩하십니까?"

아비 비구가 다시 게송(偈頌)을 읊어 대답하였다.

다섯 가지 쌓임오음(五陰)을 제거하고
열두 가지 감관근(根)을 끊어
천상과 세간의 향락을 탐내지 않고
청정한 마음으로 법문을 여시네.

사리불이 아비 비구에게 다시 물었다.

"그대의 스승께선 무슨 법을 닦으셨고, 또 얼마나 오랫동안 그 법을 설하셨습니까?"

아비 비구가 다시 게송(偈頌)을 읊어 대답하였다.

나의 나이 아직 어리고
법을 배운 지도 오래지 않거늘
어찌 그 바르고도 참되고 광대한

여래의 법 이치를 선설할 수 있으랴.

그러자 사리불이 아비 비구에게 또 거듭 물었다.

"그렇다면 그대의 스승께서 말씀하신 것을 좀 일러 주시오."

아비 비구가 다시 게송(偈頌)을 읊어 대답하였다.

**일체 법은 인연에서 자라날 뿐
공하여 아무런 주체가 없나니
마음 쉬고 근원을 통달했기에
그러므로 사문이라 말하느니라.**

사리불이 이 게송(偈頌)을 들음과 동시에 마음이 곧 개오(開悟)하여 수다원과(須陀洹果)를 얻었는데, 때마침 목련(目連)이 사리불의 그 기쁨에 넘친 얼굴빛을 보고 이렇게 물었다.

"그대와 내가 맹세한 바, **'누구라도 먼저 감로(甘露)의 법을 얻을 때엔 서로 알려 주자'** 고 하였는데, 이제 그대의 그 기뻐하는 얼굴 빛을 관찰하건대 감로의 법을 얻은 것이 틀림없구나."

사리불이 앞서 아비 비구에게 들은 게송(偈頌)을 목련에게 세 번 알려 주자 목련 역시 이 게송(偈頌)을 듣고 마음이 열리고 뜻을 이해하게 되어 수다원과를 얻었다.

　　사리불과 목련은 각각 그 도의 자취도취(道跡)을 얻은 기쁜 마음으로 처소에 돌아온 즉시 그의 제자 도중(道衆)들에게 위의 사실을 다 갖춰 설명하고 타일렀다.

　　"이제 나 스스로 부처님 처소에 나아가 출가(出家)하기를 결심하였으니, 너희들은 어떻게 하겠느냐?"

　　제자들은 각각 그 스승에게 대답하였다.

　　"이제 스승님께서 구담(瞿曇)의 법을 배우기 위해 출가하신다면 마땅히 제자인 저희들도 함께 따르겠습니다."

　　사리불과 목련은 이 말을 듣고 곧 자기들의 제자 각각이 2백50명을 거느리고 아비 비구의 뒤를 따라 죽림정사(竹林精舍)으로 들어갔는데, 마침내 사리불은 부처님 세존의 그 32상(相) 80종호(種好)로부터 널리 비추는 광명이 백천의 해와 같음을 보고 이내 환희심을 내어 부처님 앞에 나아가 예배하고서 출가하기를 원하였으며, 부처님께서도 곧 출가할 것을 허락하시면서 말씀하셨다.

　　"잘 왔도다, 비구여."

　　그러자 수염과 머리털이 저절로 떨어지고 법복이 몸에 입혀져 곧 사문의 모습을 이루었으며, 부지런히 도를 닦아 아라한과를 얻고 삼명(三明)·육통(六通)·팔해탈(八解脫)을 구족하여 온 천상과 인간 사람들에게 존경을 받았다.

　　한편 장조(長爪) 범지가 사리불의 그 출가 입도한 소식을 듣고서 진심을 내어 괴로워하며 생각하되, '나의 조카 사리불이야말로 본래 성품이 총명하고 학식이 넓어서 열여섯 나라의 덕망 있고 나이 많은 논사(論士)들도 다 그에게 복종하였거늘, 이제 무엇 때문에 홀연히 자신의 그 높은 명예를 버리고 구담을 받들어 섬길까' 하고는 부처님 처소에 이르러서 감히 부처님과 논의(論議)하기를 청하므로, 세존께서 장조 범지를 타이르셨다.

"지금 그대의 소견(所見)으로선 아직 참된 열반(涅槃)의 길이 될 수 없노라."

저 범지가 이 말씀을 듣고 나서 잠잠히 대답하지 않았는데, 이같이 세 번에 걸쳐 거듭 말씀하심에도 역시 대답하지 않고 잠잠히 서 있었다. 그런데 그때 허공에서 금강밀적(金剛密迹)[89]이 금강저(金剛杵)를 들고 범지의 이마를 견주면서 호령하였다.

"네가 끝내 대답하지 않는다면, 내가 이 금강저로써 너의 몸뚱이를 때려 부수겠노라."

그 제서야 범지는 겁나고 두려워서 때 묻은 땀을 흘리면서 스스로가 갈 곳을 모르고 낯을 들지 못해 곧 부처님 앞에서 엎드려 예배한 다음 출가하여 부처님 제자 되기를 원하였으며, 부처님께서도 곧 출가할 것을 허락하시고 말씀하셨다.

"잘 왔도다, 비구여."

그러자 범지의 수염과 머리털이 저절로 떨어지고 법복이 몸에 입혀져 곧 사문의 모습을 갖추게 되었으며, 부지런히 도를 닦아 아라한과를 얻었다.

여러 비구들이 이 사실을 보고 부처님께 아뢰었다.

---

89) 곧 금강역사(金剛力士)이다. 불법을 수호하는 천신(天神).

"세존이시여, 지금의 저 범지 비구는 전생에 무슨 복을 심었기에 삿된 길을 버리고 바른 법에 돌아왔으며, 또 무슨 인연으로 부처님을 만나서 출가 득도하게 되었나이까?"

이때 세존께서 여러 비구들에게 말씀하셨다.

"너희들은 자세히 들으라. 내가 이제 너희들을 위해 분별 해설하리라.

한량없는 과거세 때 이 바라날국에 어떤 벽지불이 산림 속에서 좌선(坐禪)을 닦고 있었는데, 때마침 5백이나 되는 뭇 도적이 남의 물건을 탈취한 다음 곧 산림 속으로 들어오기 위해 도적의 괴수가 먼저 한 사람을 보내어 산림 속에 사람이 있는가 없는가를 살펴보게 하였다.

마침 나무 아래에 단정히 앉아 있는 벽지불을 보고 곧 다가와서 온몸을 묶어 괴수 도적 앞으로 이끌어 가 함께 죽이려 하자, 그때 벽지불은 이렇게 염언(念言)하였다.

'내가 만약 말없이 저 도적들에게 죽음을 당한다면, 이는 그들의 죄업(罪業)을 더하여 지옥에 떨어져 고통을 벗어날 수 없게 하는 결과가 되리니, 그러기보다는 내가 이제 신통 변화를 나타내어 그들로 하여금 믿어 굴복하게 하리라.'

이와 같이 염언(念言)하고는 곧 허공으로 올라가서 동(東)쪽에서 몸을 솟아 서(西)쪽으로 사라지기도 하고, 남(南)쪽에서 몸을 솟아 북(北)쪽으로 사라지기도 하며,

몸에서 물과 불을 내기도 하고, 온 허공에 가득할 만한 큰 몸을 나타내는 반면 다시 조그마한 몸을 나타내기도 하며 그러한 열여덟 가지 변화를 차례로 일으켰다.

그때 뭇 도적(盜賊)들이 이 변화를 보자 매우 놀라고도 겁이 나서 제각기 온몸을 땅에 엎드려 정성껏 참회하였고 벽지불은 그의 참회를 받아들이니, 마침내 그들이 온갖 맛난 음식을 베풀어 벽지불에게 공양한 다음 발원하고서 떠났는데, 이 공덕으로 말미암아 저 도적의 괴수가 한량없는 세간을 겪는 동안 지옥·축생·아귀에 떨어지지 않고 항상 천상과 사람으로 태어나서 하늘의 쾌락을 받아 왔으며, 이제 또 나를 만나 출가 득도하게 된 것이니라.”

부처님께서 여러 비구들에게 말씀하셨다.

“알아 두라. 그 당시의 도적 괴수가 바로 지금의 이 **장조(長爪) 비구**니라.”

여러 비구들은 부처님의 이 말씀을 듣고 다 환희심을 내어서 받들어 행하였다.

100) 손타리(孫陀利)의 인연

❋**부처님께서는 왕사성의 가란타 죽림에 계시었다.**

바사닉왕(波斯匿王)의 부인이 임신을 하여 열 달 만에 아들을 하나 낳으니, 아이의 그 단정한 용모가 이 세

간에서 견줄 데 없었으며 밝고도 맑은 두 눈이 마치 구
나라 새구나라조(拘那羅鳥)와 같으므로 왕이 아이의 이름을
구나(拘那)라고 정하였다.

한편 온갖 영락(瓔珞)과 미묘한 옷으로 아이를 장엄
케 하여 일부러 사람을 시켜 아이를 안고 온 나라의 도
시와 촌락을 순회하면서 여러 사람들에게 물었다.

"이 세간에 이같이 단정한 아이가 혹시 있느냐?"

그러자 어떤 부락의 상인(商人)이 대왕에게 말했다.

"제가 어떠한 말을 하더라도 대왕께서 용서하시어
저를 겁박하지 않으신다면, 감히 진술하겠나이다."

왕이 곧 대답하였다.

"조금도 겁내지 말고 진술하라."

이에 상인(商人)이 곧 대왕에게 말했다.

"제가 살고 있는 부락에 손타리(孫陀利)90)란 조그마
한 아이가 있는데, 이 아이의 단정하고도 뛰어나며 미묘
한 용모는 마치 천상 사람과 같아서 왕자보다 백천만
배가 뛰어나 비교할 수 없습니다. 또 이 아이가 출생할
때 그 집안에 자연으로 솟아나는 샘천(泉) 하나가 나타나
차갑고도 아름다운 향수가 가득하고 온갖 값진 보물이
충만하였습니다."

바사닉왕은 상인의 말을 듣고 곧 그 부락에 사람을

---

90) 경전에서 손타리(孫陀利)라는 이름으로 두 인물이 잘 알려져 있는
데, 첫째는 외도(外道) 손타리로 석가모니 부처님을 음해하려는 외도
들의 모략에 의해 죽임을 당하였다. 둘째는 부처님의 이복동생인 난
타의 아내 손타리이다. 둘 다 여자이나, **본문에서 등장하는 손타
리는 남자로 다른 사람이다.**

보내어 명령하였다.

"내가 직접 부락에 가서 그 손타리라는 아이를 보겠노라."

이 명령을 전해 들은 부락 사람들은 함께 모여 의논하였다.

"이제 국왕께서 오신다면 우리가 무엇으로 대접하겠는가. 우리가 먼저 이 아이를 국왕에게 보내드리는 것이 좋으리라."

이렇게 의논을 모은 끝에 곧 아이 손타리를 장엄하되 온갖 영락을 채우고 미묘한 옷을 입혀서 국왕에게로 보내었다.

왕이 손타리의 그 단정하고도 뛰어나며 미묘한 용모가 이 세간에서 견줄 데 없음을 보고는, 매우 이상하게 여기는 한편 전에 없었던 일이라고 감탄하고는 곧 아이를 데리고 부처님 처소에 나아가서 아이가 이러한 몸을 받게 된 그 유래를 묻고자 하였다.

아이가 마침 부처님의 그 32상(相) 80종호(種好)로부터 백천의 해와 같은 광명이 널리 비춤을 보고 곧 환희심을 내어서 부처님 앞에 엎드려 예배한 다음 한쪽에 물러앉아 있었다.

부처님께서 곧 사제법(四諦法)을 설해 주시자, 곧 마음이 열리고 뜻을 이해하게 되어 수다원과(須陀洹果)를 얻고 출가하기를 원하였으며, 부처님께서는 말씀하셨다.

"잘 왔도다, 비구여."

그러자 수염과 머리털이 저절로 떨어지고 법복이

몸에 입혀져 곧 사문의 모습을 이루었으며, 부지런히 닦고 익혀 오래지 않아 아라한과를 얻었다.

이때 바사닉왕이 이 사실을 보고 나서 부처님께 아뢰었다.

"세존이시여, 이 손타리 비구는 전생에 무슨 복을 심었기에 출생할 때 자연 샘물이 솟아나 온갖 값진 보물이 그 속에 충만하며, 또 무슨 인연으로 이제 부처님을 만나서 출가 득도하게 되었나이까?"

부처님께서 대왕에게 말씀하셨다.

"내가 이제 대왕을 위해 분별 해설하겠으니 자세히 들으시오.

이 현겁(賢劫)에 가섭(迦葉)부처님이 바라날국에 출현하시어 1만 8천 비구들을 데리고 산림 속에 들어가 좌선(坐禪)을 닦고 계실 적에 어떤 장자가 길을 가다가 마침 이 비구들을 보고 곧 환희심을 내어서 그 길로 집에 돌아가 향수를 준비하여 여러 스님들을 목욕하게 하며, 한편으론 갖가지 맛난 음식을 베풀어 공양하고 값진 보물을 물 항아리에 넣어 보시하고는 발원(發願)하고서 떠났는데, 이 공덕으로 말미암아 저 장자가 나쁜 갈래에 떨어지지 않고 천상과 인간에 태어날 때마다 항상 향수의 샘물이 솟아남과 동시 온갖 값진 보물이 다 그 속에 충만하게 된 것이오."

세존께서 대왕에게 말씀하셨다.

"알아 두오. 그 당시 장자의 아들이 바로 지금의 이 **손타리 비구**이니, 그가 향수로써 스님들을 목욕(沐

浴)하게 하고 맛난 음식과 값진 보물로 공양했기 때문에 항상 단정한 몸을 받게 된 것이오."

대왕이 부처님의 이 말씀을 듣고 곧 환희심을 내어서 받들어 행하였다.

불기2566, 2022년 임인년 10월 5일
정변지사 난야에서
미타행자 제안 용하 합장

출판 자금을 내거나
독송 · 수지하는 사람과
여러 사람 여러 장소에
유통시키는 사람들을 위해
두루 회향하는 게송

경을 인쇄한 공덕과 수승한 행과

가없는 수승한 복을 모두 회향하옵나니,

원하옵건대 전생 현생의 업이 다 소멸되고,

업과 미혹이 사라지고 선근이 증장되며,

현생의 권속이 안락하고, 선망 조상들이 극락왕생하며,

시방찰토 미진수 법계, 공존공영하고 화해원만하며,

비바람이 항상 순조롭게 불고 세계가 모두 화평하며,

일체 재난이 없어지고 사람들이 건강 평안하며,

일체 법계 중생들이 함께 정토에 왕생하게 하소서.

平等布施
檀波羅蜜

보시布施를 행하는 사람은
부처님께 직접 공양 올리는 마음으로,
그 받는 대상이 누구이든지 간에
정성스럽게 보시해야 한다.
대가를 바라지 않으면서
성인이든 중생이든 평등한 마음으로
보시하는 것이 진정한 법보시이다.
- 유마경

묘희세계妙喜世界의 부동여래不動如來

유마거사維摩居士

찬집백연경

1판 1쇄 펴낸 날 2022년 11월 7일
한역漢譯 지겸 **편역** 제안용하
발행인 김재경 **편집** 허서 **디자인** 김성우 **마케팅** 권태형 **제작** 다산문화사
펴낸곳 도서출판 비움과소통
　　　　서울 금천구 가산디지털2로 43-14 한화비즈2차 7층 702호
　　　　전화 010-6790-0856 팩스 0505-115-2068
　　　　이메일 buddhapia5@daum.net

© **제안용하, 2022**
ISBN 979-11-6016-088-8　03220